中国校本教研与校本课程数字出版平台
中国校本教研网 www.schooledu.com.cn
◎特别推荐◎

科技部教育部『中小学科学探究学习与创新人才培养机制实验研究』项目研究成果

创新人才培养

特色校本课程开发与创新人才培养

清华附中『国际安全下的科学技术』课程构建与实施

王殿军 方 妍 赵鸿雁◎主编

组编单位 科技部教育部『中小学科学探究学习与创新人才培养机制实验研究』项目组

江苏教育出版社

图书在版编目（CIP）数据

特色校本课程开发与创新人才培养：清华附中“国际安全下的科学技术”课程构建与实施/王殿军，方妍，赵鸿雁主编. —南京：江苏教育出版社，2013.3

ISBN 978-7-5499-2602-2

Ⅰ.①特… Ⅱ.①王…②方…③赵… Ⅲ.①课程—教学研究—中学 Ⅳ.①G632.3

中国版本图书馆 CIP 数据核字（2012）第 312250 号

书　　名	特色校本课程开发与创新人才培养 ——清华附中“国际安全下的科学技术”课程构建与实施
主　　编	王殿军　方　妍　赵鸿雁
责任编辑	丁金芳　崔宏观
出版发行	凤凰出版传媒股份有限公司 江苏教育出版社（南京市湖南路 1 号 A 楼　邮编 210009）
苏教网址	http：//www.1088.com.cn
照　　排	润星之源文化有限公司
印　　刷	九洲财鑫印刷有限公司
厂　　址	河北省三河市灵山大口
开　　本	787 毫米×1092 毫米　1/16
印　　张	16.25
字　　数	266 千字
版　　次	2013 年 3 月第 1 版　2013 年 3 月第 1 次印刷
书　　号	ISBN 978-7-5499-2602-2
定　　价	30.00 元
网店地址	http：//jsfhjy.taobao.com
邮购电话	025-85406265,85400774　短信 02585420909
E - mail	jsep@vip.163.com
盗版举报	025-83658579

《创新人才培养系列》

编委会名单

序　言

在中国，对创新人才培养的期盼，从来没有像今天如此强烈。1999年，《中共中央国务院关于深化教育改革全面推进素质教育的决定》（中发〔1999〕9号）中就指出要转变教育观念，改革人才培养模式，积极实行启发式和讨论式教学，激发学生独立思考和创新的意识，切实提高教学质量，培养学生的科学精神和创新思维习惯。2001年，《国务院关于基础教育改革与发展的决定》（国发〔2001〕21号）及教育部颁布的《基础教育课程改革纲要（试行）》（教基〔2001〕17号）中，都进一步强调要重视培养学生的创新精神和实践能力，为学生全面发展和终身发展奠定基础。

在《国家中长期教育改革和发展规划纲要（2010–2020年）》中，对"创新人才培养"的论述更加深刻、全面。该文件指出，创新人才培养是一个系统工程，要努力发挥各学段、各环节、各要素在创新人才培养方面的积极作用；要做好小学、中学、大学有机衔接，教学、科研、实践紧密结合，学校、家庭、社会密切配合；大力推进教育教学改革，探索多种培养方式。

为贯彻中共中央、国务院关于创新人才培养的重要指示精神，从2009年起，我们积极承担了科技部"创新方法工作专项"中的重要课题"中小学科学探究学习与创新人才培养机制实验研究"（项目编号：2009IM010300），并成立了"中小学科学探究学习与创新人才培养机制实验研究"项目组，着重探索、研究在基础教育领域推进科学探究学习与创新人才培养的工作机制与模式。

在科技部条件财务司、教育部基础教育二司和21世纪议程管理中心的指导下，我们遴选当前基础教育领域的知名专家成立了项目专家指导工作组，并在全国建立起三大实验区和125所项目试点学校。经过近三年的研究、实践，该项目带动了试点校整体办学水平的提高，特别是促进了基于学科的科学探究活动的广泛开展和推广。各试点校呈现出中小学生主动参与科学探究活动，学习兴趣浓厚，积极思考、乐于交流的良好风气，有力地促进了中小学生的自主与个性发展，培养了积极健康的科学态度和科学精神。而且，很多学校还形成了有代表性的人才培养模式。

为更好地传播、推广项目研究成果，使更多中小学校师生受益，我们选编了部分项目研究成果，希望在更大范围内深入推进我国中小学校的科学探究学习与创新人才培养工作。

中小学科学探究学习与创新人才培养机制实验研究项目组

2012年12月6日

目　录

CONTENTS

第四章 课程资源的开发与建设 /123

前 言

FOREWORD

2009 年 5 月 25 日，朝鲜进行了一次核试验，震动了国际社会，国际关系顿时紧张。朝鲜核试验的背景是什么？为什么国际社会对原子武器这么敏感？朝鲜如果拥有了原子弹会造成什么样的影响？这些问题引起了清华附中学生们的思考。为贯彻高中新课程改革理念，培养学生的探究精神与创新品质，帮助学生拓宽国际视野，对国际问题进行深度分析，由清华附中教务处组织规划，邀请清华大学国际问题研究所李彬教授牵头设计，开始开发建设“国际安全下的科学技术”这门综合类校本课程。

2010 年，我校承担科技部课题“中小学科学探究学习与创新人才培养实验研究”的子项目“清华附中科技创新人才培养实验研究”，赵鸿雁任课题负责人。我校“基于校本课程进行探究学习与科技创新人才培养的教育模型”的建设提上日程。作为综合类校本选修课程的典型代表，“国际安全下的科学技术”课程建设引起了课题组的注意，课程开发与建设很快被纳入了课题研究规划。

在对这门课程进行大力建设的同时，课题组优先对我校“基于校本课程进行探究学习与科技创新人才培养的教育模型”进行了深入研究。由赵鸿雁负责，研发建设成以核心课程类、综合课程类、领导力课程类、学生自创课程类四大板块为依托的基础类、拓展类、研究型三级立体化学校课程体系，同时开展了相应的系列课程实践。由邱道学负责，研发出课程资源开发方案与课程评价设计方案，并对创新研究的理论基础进行了深入探讨。这些研究工作在着眼于课题整体研究的同时，对“国际安全下的科学技术”课程建设也起到了积极的推动作用。

在赵鸿雁主持下，经过两年艰苦努力，“国际安全下的科学技术”课程建设取得了丰硕成果，课程体系已经基本形成。课程主要内容有：国际安全概论（邱磊负责），化学与国家安全（陈新福负责），国际安全中的生物技术（吴丹丹负责），数学密码与国家安全（曾建川负责），物理原理与技术在国际安全中的应用（郎君轶负责），国际安全中的信息安全技术（曹洁负责）。同时，我们还对相应的课程资源进行了卓有成效的开发建设，主要有：校外资源开发与建设，网络互动平台资源开发与建设，活动资源开发与建设，素材性资源开发与建设，社会资源开发与建设，网络资源开发与建设。本课程校本化工作现已全部完成，完全由清华附中老师负责实施。

本书第一、二章由赵鸿雁、邱道学执笔，第三、四章由陈新福、吴丹丹、邱磊、曾建川、郎君轶、曹洁执笔，第五章及附录由赵鸿雁、陈新福、吴丹丹、邱磊、曾建川、郎君轶、曹洁、邱道学、苗琳达执笔。由赵鸿雁、邱道学负责最后的统稿工作。

赵鸿雁

第一章

特色校本课程概述

近些年，我们越来越深刻地认识到，对创新人才的培养，绝不只是大学教育，基础教育同样肩负着培养创新人才的责任。在中学阶段，首先要高度重视全体学生的身心健康发展，其次，对创新人才的培养要注重以下三个方面：一是知识，二是能力，三是人格。知识与技能、创新思维、创新人格是创新能力要素的核心内容，也是培养真正具有创新精神和实践能力的创新人才的基础。

第一节　对特色校本课程设置的思考

改革开放30多年来，我国的综合国力不断提升，经济总量现已跃居全球第二，因而建立创新型国家势在必行。创新型国家需要大量创新型人才，因此，国家培养创新人才的要求已经提上日程。最近几年，中国多所大学开展自主招生考试，以期在人才选拔方式上有所突破，从而推动创新型人才的培养。全国教育工作会议召开以后，我校认真学习并深入探讨和落实了胡锦涛总书记、温家宝总理的重要讲话，根据《国家中长期教育改革和发展规划纲要(2010—2020年)》中指出的“探索贯穿各级各类教育的创新人才培养途径”，“支持有条件的高中与大学、科研院所合作开展创新人才培养研究和试验”的精神进行教学创新。

在这样的时代背景下，结合清华附中的实际办学经验，我校拟开展科技创新人才培养实验，积极探索和发现培养创新人才的途径。经过谨慎研究，我校申请参加了“中小学探究学习与创新人才培养实验研究”的课题项目，决心开展“基于校本课程进行探究学习与科技创新人才培养的教育模型研究”，希望能够在已和国内外一大批知名大学、中学于培养人才、合作办学、科研协作等方面建立了长期密切合作的基础上，并在清华大学的强力支持下，为中小学科学探究与科技创新人才培养探索出一些有益经验。

一、对特色校本课程实施必要性的思考

“立足特色校本课程，开展科技创新人才培养”这一实践构想，来自于以下几个方面的考虑：

第一，科技的迅速发展和人才的竞争对学校科技教育提出了新的要求。当

前国际社会的竞争，是综合国力的竞争，是科技的竞争。归根到底是教育的竞争，是人才的竞争。在科学技术飞速发展的今天，科学教育具有重要意义。近年来，在世界范围内，杰出创新型科技后备人才的培养引起了各个国家的高度重视。因而，提高中小学生的科技意识和科技素养，为他们将来适应现代社会的发展打下良好基础，已是刻不容缓。所以，在中小学大力开展科技教育是科技迅速发展和人才激烈竞争的形势对学校教育提出的要求，开发特色校本课程进行科技教育理所当然地成为教育发展中的一项重要工程。

第二，新课程的实施对学校科技教育与校园文化建设提出了新的要求。高中课程改革将在多个方面实现突破，其中特别提到：要精选终身学习必备的基础内容，增强课程与社会进步、科技发展、学生经验的联系，引导学生进行创新与实践；赋予学校合理而充分的课程自主权，为学校创造性地实施国家课程、因地制宜地开发学校课程，为学生有效选择课程提供保障。新一轮基础教育课程改革带来了学生学习方式的深刻变革，改革也将更重视对学生创新精神和实践能力的培养，更重视学生的全面发展，而综合类课程对学生的全面发展尤为重要。

第三，清华附中自身的培养目标定位对学校科技教育也提出了新的要求。国家课程因其自身的特点与局限，没能充分考虑各地方、各学校的实际；不可能照顾到众多学习者的认知背景及其学习特点；更无力在学法指导与策略教学方面采取相应的、有针对性的措施。这恰恰是校本课程开发的意义所在。国家课程标准主要规定的是学习所要达到的基本标准，清华附中这样的优质中学要根据自身的培养目标，开发具有清华附中特色的校本化课程。

第四，探索专长型科技创新人才培养模式是时代的需要。过去的评价标准是看学生能否在短时间内接受更多的知识、获得更高的考试分数。为了考试得高分而进行的反复做题训练其实扼杀了学生的创新能力。随着时代的发展，这种培养学生的模式越来越受到批评。时代呼唤新的、有效的科技创新人才培养模式。

我校始终把推进素质教育，培养高质量、有特色、创新型人才作为发展目标之一。实践证明，学校为特殊人才的培养提供了肥沃的土壤，学生们也从中感受到了学习的乐趣、收获的喜悦。自 1978 年以来，我校进入清华大学、北京大学的优秀毕业生达 2000 多人。1988 年以来，在国际中学生奥林匹克学科竞赛中获奖牌 26 枚，其中 18 枚金牌、6 枚银牌、2 枚铜牌；在国际中学生体育比赛和全国中学生体育比赛中，共获得奖牌 314 枚。对于国际奥林匹克竞赛和国际、国内中学生体育比赛中的获奖奖牌数，我校在全国中学中排名领先。此外，我校培养了 112 名中学生国家一级运动员，已有 21 人达到国家级运动健将标准，4 人达到国际级运动健将水平。我校学生还多次在北京市和全国科技创新大赛中获奖，有 107 人先后获得北京市金帆奖、银帆奖，其中朱若辰同学因在 2006 年的英特尔国际科学与工程大赛中获一等奖，国际天文联合会用他的名字命名了一颗编号为 217311 的小行星。这些成绩（注：以上统计数据截至 2010 年底）表明，清华附中已经具备了培养创新人才的条件和实力。

第五，特色校本课程可以有效改变学生的学习方式。开设特色校本课程，也是高中新课程改革的重要内容。怎样把特色校本课程开设好，不仅是课程理论要研究的问题，还需要我们在教学实践中不断探索。特色校本课程还着眼于把学习的主动权交给学生，因而我们在教学中应进一步加强对转变学生学习方式的关注。促进学生学习方式的转变，是新课程改革力图解决的根本问题之一。只有在学生进一步发挥其学习主动性的活动中，学生的实践能力和创新精神才能得到更好的培养。课程设置问题和教学方式问题是紧密联系的，没有学生学习方式的进一步转变，课程资源的建构就很难实现。

二、对创新能力及其要素的思考

在普通高中各学科“新课程标准”以及《国家中长期教育改革和发展规划纲要（2010—2020 年）》的指导下，针对科技创新人才的培养，我们还对创新能力的要素与结构进行了探究。

通过研究，我们认识到，创新能力主要包括知识与技能、感知与记忆、创新思维、创新人格等方面的内容。我们将在创新能力理论的指导下，有步骤地开展特色校本课程的研发工作。

创新能力结构图

<table>
<tr><td colspan="4">实际</td></tr>
<tr><td rowspan="2">一般</td><td>实际的一般创新能力
在完成新颖任务过程中表现出的感知与记忆、思维与言语、情绪与行为、元认知调控等特征</td><td>实际的特殊创新能力
在完成新颖任务过程中表现出的特殊感知能力、思维能力和知识与技能水平</td><td rowspan="2">特殊</td></tr>
<tr><td>潜在的一般创新能力
通过测验推测的感知与记忆、思维与言语、情绪与行为、元认知调控等特征</td><td>潜在的特殊创新能力
通过测验或考试推测的特殊感知能力、思维能力和知识与技能水平</td></tr>
<tr><td colspan="4">潜在</td></tr>
</table>

创新能力要素与结构图

维度	内　容	要　　素
知识与技能	事实性知识	正确把握事实
		注意事物的细节
	概念性知识	用自己的语言表述概念
		形成完整的知识结构
	基本技能	科学探究能力 （发现问题、提出假设、搜集和分析资料）
		设计制作能力 （设计方案、搭建模型、测试和完善作品）
创新思维	逻辑思维	对事物进行归纳、比较和分类
		根据事实作出正确判断
	形象思维	提出新颖、独特的想法
	灵感和顿悟	快速作出反应，有较强的顿悟能力

续表

维度	内　容	要　　素
创新人格	认知特征	实事求是，不盲从，不迷信
		兴趣广泛，愿意接受新经验
		能接受不确定性，尊重反面意见
	情感特征	有较强的自信心
		有强烈的社会责任感
		乐观面对困难和挑战
	行为特征	既追求理想，也能适应现实
		能做到自我管理，能与他人合作
		敢于打破常规，并能坚持不懈

三、对课程设计具体措施的思考

其一，需结合北京市课改的基本要求，贯彻课改的基本精神，在本领域已有课程的基础上有所拓展、有所创新，以期创造性地实施课改。其二，需结合学生特点，进一步开设拓展类课程，要符合学科教学的基本知识和基本理论，注重学科思想方法的渗透。其三，需结合清华附中“创新人才衔接培养”发展目标和规划，整合各方力量，精选内容，形成学校特色课程，为建成创新人才基地打下坚实的基础。其四，需结合学生的基础知识和基本能力的差异及其所选方向、兴趣的差异，有针对性地加强个性教育，以利于创新人才的个性化特色发展。其五，需结合创新人才的成长规律，科学地选择课程内容，适当提高其难度，增加其挑战性和创新性，以激发学生的学习、研究兴趣。

在这些措施的保障下，我们进行课程研究与开发的具体思路是：①进行科学的基于科技创新人才培养的学校课程设置。②加大课程校本化程度，开发多种适合科技创新人才的课程资源。③形成具有清华附中特色的科技创新人才课程体系。

建设科技创新人才培养的特色课程体系，其内容应该包括：①加强校本精品课程建设。②建设大、中学衔接的课程体系。③结合清华附中自身的特点，做好国家课程校本化工作。

我们的主要工作有：①推进科技创新人才培养的精品课程及教材的开发，对学校科技创新人才培养的实践活动课程进行总结。②提高课程实施的质量和针对性，切实转变教学方式。减少集中授课时间，大力建设活动类课程，提倡启发式教学、研究性学习，加强教学中探究与创新实践环节的力度，把个性化学习空间还给学生，为发展学生的特长创造环境。③充分挖掘周边社会资源，构建多渠道探究性学习课程开发资源体系。比如，与清华大学联合开发适合高中生的校本课程，并拟进一步开发建设适合中国实际的 AP 课程；利用海淀区社会课堂资源、清华大学国家重点实验室、北京科技馆、博物馆、美术馆等教育资源，建立创新教学联合体；根据人才成长规律，尊重学生个性发展，借鉴国内外成功开发优质教育教学资源的经验，研发一大批用于科技创新人才试验的课程教材，注重提高学生的实验和动手能力，激发学生的学习兴趣。④构建清华附中科技创新人才培养的校本课程体系。在“基于校本课程进行探究学习与科技创新人才培养的教育模型”的探索过程中，我们在校本课程建设方面大胆革新，期望以课程建设带动科技创新人才培养。同时，我们对学校课程资源重新进行整合，不仅针对具体学科的特点开设相应的课程，而且将开设综合类科技创新人才培养课程，继而开发出包括综合类课程板块、核心类课程板块、领导力课程板块、学生自创类课程板块在内的科技创新人才培养课程体系。

第二节　跨学科综合类校本课程建设的思想原则

一、跨学科综合类校本课程体系建设的基本思想

第一，选择性。在整体规划课程的同时要加强选择性，关注不同禀赋学生的不同需求。

第二，挑战性。设置有深度的课程，给学生提供具有一定挑战性、竞争性

的问题，激发学生深入学习的兴趣和专业意向。

第三，探究性。设置趣味性课程，创设多种学习情境，激发学生的好奇心、兴趣和热情，让他们自己思考，自己提出问题，自己多途径地解决问题。

第四，创新性。设置有新意的课程，让学生通过不同于往常的课程内容和授课方式，进入到创新的情境中，进而提高自身的创新意识。

第五，整合性。设置一些与学生日常生活相关的课程，选择学生耳熟能详的内容，通过各种手段让学生打破学科限制，较为全面地去了解、分析和解决问题。

第六，应用性。设置有“产出”的课程，关注“应用”，关注“产出”，培养出“睿智的发明者”。

二、跨学科综合类校本课程体系建设的基本原则

第一，科学性原则。坚持科学性原则是本课题实施的出发点，在具体施行过程中，通过对已有理论进行反复研究和探讨，对已开展的实践进行分析和整理，在此基础上，结合本校现状进行讨论，以确保研究的科学性。

第二，创新性原则。本课题是推动清华附中实施高中课改的创新之举，每前进一步都要有所创新，都要有所突破，从这方面讲，该课题属于原创性研究。课题组的每一个成员都要以创新精神，开拓性地面对新问题，思考新举措，避免低效重复。

第三，人本性原则。本课题是针对学有余力、能力突出的学生，在建立机制、开发资源等方面，我们坚持以人为本，探求创新人才的真实需求。

第四，实效性原则。在机制框架搭建的基础上，课题组根据实践条件，采用分步推进的方式，将研究成果与具体的推进实验相结合，使实验能够在理论指导下有效进行，并在实践过程中打造出一些精品课程和特色课程。

三、跨学科综合类校本课程方案的基本原则

为了全面贯彻国家和北京市有关高中课程设置的基本精神和要求，结合清华附中实际情况，我们在整体性、选择性、科学性、实效性原则的基础上设置

和安排了必修、选修、校本课程，体现了基础教育课程改革的基本精神，为学生和学校发展提供了更多的选择，突出了清华附中“少、精、严、活”的办学特色。清华附中跨学科综合类校本课程体系建设的课程方案还需严格遵循下列五个原则：

第一，以学生全面发展为本。在全面实施教育部《普通高中课程方案》的基础上，整体构建清华附中科技创新人才培养课程体系，打通文、理科界限，培养文理兼通、博学全面的高素质人才。

第二，承认个体差异，切实做到因材施教。这一原则体现了基础教育课程改革的基本精神，为我校高中学生发展和学校整体发展提供更多的选择机会，能够发挥我校学生优势，使我校高中学生在达到国家课程方案和课程标准所规定的基本要求的基础上学有所长，同时促进我校在均衡发展的基础上办出自己的特色。

第三，倡导师生重视动手实践、重视能力提升、重视探究创新，促进师生共同进步。遵循基础教育教学规律，重视探究实验，师生互动，相互沟通，相互补充，从而达到共识、共享、共进。开设学生自创类课程、科技探究类课程、跨学科综合类课程，实现师生在课程改革中的共同提升。

第四，拓宽国际视野，实现中西合璧的开放办学。强调教学与最新高科技研究接轨，实行开放办学，开阔学生视野，提高学生的科学素养、活跃学生的思维。

第五，德育课程与学科课程并举。重视德育，开发德育课程，鼓励创新，把德育、智育放到人才培养的同等高度，为各行各业的领袖人才培养奠定良好的道德基础。

四、符合创新型人才培养的原则

（一）创新意识与创新行为

创新意识包括：创新需要、创新动机、创新兴趣、创新热情、创新理想、创新信念、创新世界观等。

创新行为包括：对权威性结论的挑战或否定；不同于常人、常规的做法或观点；强烈的好奇心和探索精神；科学的怀疑精神；善于质疑问难；丰富的想象力；创造性解决问题等。

（二）创新思维

创新思维是构成创新素质的核心成分之一，它是创新素质的重要心理操作系统。创新思维包括创造思维和创造想象两个组成部分。

1. 创造思维

创造思维是指运用独特的、新颖的方式来解决问题的思维活动，它与再造性思维相对。创造思维需以丰富的知识为基础，常带有突发性和顿悟性，是一切创造性活动所必需的。创造思维包括：发散思维与聚合思维、直觉思维与分析思维、横向思维与纵向思维、逆向思维与正向思维、潜意识思维与显意识思维等。

2. 创造想象

创造想象是形象化的创新思维，是人对头脑中已有表象进行加工改造而形成新形象的心理过程。想象具有超时间性和超空间性，而创造想象又具有首创性、独立性和新颖性等特点。所谓首创性，即指创造者所获创造性成果是在个人或人类知识视野中首次出现的。所谓独立性，是指创造成果虽由已有表象加工制作而成，但却不是原有表象的简单再现或组合，而是独立于已有表象之外的新形象。所谓新颖性，是指与业已存在的事物进行比较，创造想象具有某些已有表象或再造想象从未有过的特点。创造想象一般是通过黏合（把客观事物中从未结合过的属性、特征等结合在一起）、夸张（又称强调，对客观事物某些特点加以突出夸大）、典型化等几种形式实现的，它是创新思维重要的、不可缺少的组成部分。

（三）创新人格

从大量的创新实践观察中可以得出创新人才应具备的人格特质包括：责任心、自信心、宽容性、独立性、坚韧性、合作性等个性特征。

清华附中跨学科综合类校本课程的开发与建设，必须符合“创新意识、创新行为、创新思维与创新人格”的要求。秉承“一切为了学生的发展”这一理念，促使各学科教学通力合作，形成合力，充分利用优势资源，开发适合创新人才发展需要的跨学科综合课程。

第三节　跨学科综合类校本课程实施的资源优势

一、清华附中的特色及优势

清华附中是教育部直属大学附中、北京市示范高中、国家级体育传统项目学校、中国数学奥林匹克委员会“中学生数学奥林匹克培训基地”，先后被国家教委和北京市评为“德育先进校”“北京市校园环境示范校”“北京市首批示范性普通高中”等。学校各种教学设施设备齐全，师资队伍不断壮大，生源质量全面提高，对外交流广泛、频繁，学校不断焕发出勃勃生机。

清华附中厚重的教育创新历史，丰富的课程资源，为学生的发展提供了强有力的保障。清华附中在自身发展的各个历史时期，为我国基础教育的发展提供了许多有价值的经验，在教育思想和理念方面做出了重要的贡献。清华附中在20世纪60年代即创办了大学预科班，积累了具有重要价值的大学预科课程实践经验，并有较为深入的理论总结；1980年暑假，清华附中招收了粉碎“四人帮”后的第一届高中三年制学生，成为北京市首批开办三年制高中的14所学校之一；80年代，清华附中还创办了全国理科实验班和马约翰体育特长班；2000年以来又创办了美术特长班、组建民乐团、科技俱乐部等。我校不断创新的历史丰富着开设相关课程的理论与经验。清华附中还率先组织开展学生军训、农训和综合社会实践等活动；在教育部和清华大学的支持下，学校积极开展创新人才和各类专长人才的“一条龙”培养实验，取得了显著成绩。学校已经形成了“以教学为主体，学科竞赛人才培养、高水平体育人才培养、高素质的文艺美术人才培养以及科技创新人才培养”的一体多翼的办学格局。

学校的办学理念是：以育人为中心，以学生为主体。

学校的育人目标是：坚持素质教育，努力形成教书育人、管理育人、服务育人、环境育人的氛围和学校、家庭、社会相结合的育人体系。以培养具有国际视野的合格公民为己任。

在课程建设方面，清华附中以科学发展观为指导，始终全面贯彻教育部和市教委高中课程改革实验文件精神，结合清华附中的自身特色和办学优势，边实验、边总结、边创新。在创新与实践的基础上构建特色鲜明的“核心课程＋综合课程＋领导力课程＋学生自创课程”的课程体系，促进学生全面而有个性地发展，提高教师的专业化发展水平，全面提升教学质量，促进学校有内涵、有特色地发展。

在开发校本课程进行探究学习与科技创新人才培养方面，我校的优势还有：

第一，具有专业基础扎实、勇于实践、大胆创新的师资队伍。我校共有特级教师 18 名，市区骨干教师 71 名，他们在海淀区、北京市的新课程教学和开发中起着引领作用。35 岁以下的青年教师 90 人，具有良好的教育背景，多毕业于清华大学、北京大学、复旦大学、北京师范大学等国家一流高等院校，他们大部分在市区级的各种活动中有突出表现。我校高级教师所占比例已达到 53％，教师的硕士、博士学位比例已经达到 41％。（以上数据截至 2010 年底）我校教师现已开发校本课程百余种，有较强的教学能力和课程开发能力，每年均有百余人获得各种科研奖项。

第二，硬件设施齐全。我校有配置完备的机房、实验室、画室、操场、音乐楼、心理教室等，有各种实验室 36 个，其中高端数字实验室 5 个；我校有供开设各种校本课程的专用教室 40 个；并设有满足学生个性需求的专业教室，如美术专业实验室、民乐小课教室、舞蹈室、跆拳道室、体育馆等；学校图书馆藏书 10 万余册，引进有国际数字化图书系统，并设有外文图书室。我校教学区共有 A、C、D、N 四栋教学楼，是开展各类相关课程的坚实后盾。

第三，我校研究和探索课程建设的实践效果显著。我校教师已开发校本课程百余种，有较强的教学科研和课程开发能力，并已经推出校级精品课程 36 门。精品课程中包含国家课程中校本化比较成熟的课程内容，及自主开发的校本课程中深受学生喜爱、蕴含丰富学科思想、适应学生个性化发展需求的内容，如“国际安全下的科学技术”就是一门涉及六个学科的综合类精品课程。精品课程以教育思想和教育观念的转变为先导，通过改革教学内容，改进教学方法和教学手段，从根本上保证课程建设在培养学生的知识水平、能力、素质等方面发挥基础性作用。

第四，我校学生有较高的基本素质，对学校课程有较高的要求。目前，我校已经开设学生自创课程近 20 门，这些课程以学生个性与能力发展为核心，以基础、拓展、研究型课程内容为载体逐步推进，已经成为我校课程建设的积极推动力量。

第五，我们还参加了全国、北京市、海淀区等各级科研项目 10 余项，有海淀区的专家团队做指导，我们在课程建设中已经取得了很大成效。

二、背靠清华大学的资源优势

清华附中背靠清华大学，在科技创新人才培养方面具有独特优势。清华大学连续多年为清华附中开设校本课程，有多个国家级重点实验室持续向清华附中学生开放，清华附中每年都会挑选多名具备科技创新能力潜质的学生进入清华大学各实验室接受专门的培养。

丰富的课程资源，是我校学生发展的强有力保证。我校依托清华大学，充分利用清华大学的师资力量和各种软、硬件设施。比如，请大学教授来校全职或兼职开设前沿性课程，学生到大学实验室与大学生一起开展研究性、探究式实验。又如，清华附中与清华大学联合举办的“一条龙英语”，赢得了有关专家、教师、家长和学生的广泛好评，在全国基础英语教育界享有很高的声誉，在社会上引起了较大反响，并且清华大学于 2006 年授予这个项目教学成果一等奖。因而，清华大学是清华附中培养科技特长生的坚实而强大的后盾。

第四节　跨学科综合类校本课程的地位与由来

一、我校跨学科综合类校本课程简介

为了更好地突出学校课程建设的设计思路，我校将十大学习领域按人才培养需求划分为四大板块：核心类课程板块、综合类课程板块、领导力课程板块、学生自创类课程板块。这里重点介绍“国际安全下的科学技术”这门课程所属的综合类课程板块。

我校综合类课程板块将国家课程和校本课程进行整合，分别依据提高学生科学素养、提高学生人文素养和审美情趣以及促进学生身心健康的不同目的共分为科技与社会、人文与艺术、运动与健康三个科目，每个科目有基础类课程、拓展类课程、研究型课程三个层次。

1. 科技与社会

（1）基础类课程（培养基本素质—知识技能思维）包括：趣味化学实验、飞机模拟训练、建筑及其设计、多媒体技术应用、人工智能探秘、手持技术与数学整合、机器人活动及工程设计等。

（2）拓展类课程（拓展衔接接轨）：VB 程序设计、c＋＋程序设计、生物学实验技能拓展、物理实验拓展、趣味力学仪器制作等。

（3）研究型课程（培养科学探索精神与创新精神）：国际安全中的科学技术、北京青少年科技俱乐部、科技后备人才培养计划项目、学生科学工作室等。

2. 人文与艺术

（1）基础类课程：庄子与先秦寓言、影视视听语言鉴赏与运用、古典诗歌发展史、文学欣赏、日语及日本文化、欧美文化、英美名校名人演讲赏析、音乐剧赏析与表演、电声乐队赏析与演奏、西乐合奏、围棋、桥牌等。

（2）拓展类课程：花、茶、禅、影视欣赏与英美文化、JA 经济学—企业管理、大家系列之经济学家、大家系列之走近中西哲学大家、外国文学作家介绍与作品导读、清华附中社会大讲堂等。

（3）研究型课程：悲剧的力量、世界风云人物系列等。

3. 运动与健康

（1）基础类课程：足球、散打、羽毛球、篮球、田径等。

（2）拓展类课程；心理成长小组、关爱自己关注健康、走进大自然探密系列活动等。

（3）研究型课程：马约翰体育特长班学生探究体育锻炼如何与学习相结合等课题。

以上课程，最突出的特色是：跨学科，综合性。所谓跨学科，是指这些课程都是由多门学科组成，所有学科针对同一教学目标，依托各自的学科特点构建彼此有机协调的课程体系。所谓综合性，则指课程不是由单一学科构建，而是由多学科共同构建完成的，学科之间并非互不相干，而是相互补充、相互依托的关系。

二、我校跨学科综合类校本课程的由来

为贯彻高中新课程改革理念，培养创新人才，清华附中综合类校本课程“国际安全下的科学技术”于2009年由清华附中教务处组织规划，清华大学国际问题研究所李彬教授（李彬，清华大学教授，博士生导师，主要负责军备控制项目）牵头设计和开发实施。在新课标实施之前，与国际安全有关的各类课程已经在清华附中开设。这些课程涉及数学、物理、化学、生物、政治等学科，学生反响热烈。为适应科技创新人才培养的进一步需要，学校在清华大学的有力支持下，将之前开发的课程整合为“国际安全下的科学技术”这门综合类选修课。该课程校本化工作已全部完成，现完全由清华附中老师负责实施。

2010年，我校承担科技部课题“中小学科学探究学习与创新人才培养实验研究”子项目“清华附中科技创新人才培养实验研究”，由此我校“基于校本课程进行探究学习与科技创新人才培养的教育模型”建设提上日程，作为综合类校本选修课程的典型代表，“国际安全下的科学技术”课程的建设广受重视。

在我校综合类课程板块的“科技与社会”科目下，作为一门研究型课程，本课程建设背景如下：

2009年5月25日，朝鲜进行了一次核试验，震动了国际社会，国际关系顿时紧张。朝鲜核试验的背景是什么？为什么国际社会对原子弹这种武器如此敏感？朝鲜如果拥有了原子弹会造成什么影响？……所有这些问题同样引起了清华附中学生的思考，他们通过网络、报纸、杂志，通过请教老师，对此获得了初步认识，但他们的好奇心和求知欲仍不能得到满足，那么我们能不能给学生提供更加广阔的视角、更为专业的帮助呢？

能！利用我们清华附中独一无二的资源——我们所依托的清华大学是全国最好的大学之一，这所大学拥有全国最高水平的教育资源。清华大学国际关系学院著名国际问题专家李彬教授本科就读于北京大学核物理专业，研究生阶段利用自己的技术背景改修国际关系，深厚的理科背景加上专业的文科训练，使

李教授兼具严密的逻辑思维能力和广阔的社会学视角——他就是我们要找的人。李教授对我们的提议非常感兴趣，因为他本人就非常热衷于研究高中与大学的衔接，他认为高中生就开始思考国际问题，有利于我们国家国际关系人才的培养。

李教授的肯定给了我们很大的鼓舞，学校又把目光放到了更加长远的地方——李教授可以来讲一个学期，但是不可能常年在附中开设选修课，怎样把李教授的课“转化”成我校自身的课呢？我们了解到李教授的课包括三个部分——政治方面、技术方面、外语方面。政治方面就是介绍国际关系学的基本原理、国家之间的历史关系、核公约等；技术方面就是介绍核武器的原理，杀伤效用等；外语方面就是介绍在国际关系学中常用的术语等。于是，学校委派三位老师分别负责学习政治、技术、外语三个部分。通过一个学期的学习，我们吸收消化了这门课，并使之在校本化的基础上成为我们清华附中的一门精品课程。

2010年清华附中首次以中国学校的名义受到CIF的邀请。清华附中能够获得邀请正是缘于“国际安全下的科学技术”这门课程的开设。

CIF（Critical Issues Forum）是美国加州蒙特雷国际关系研究院（Monterey Institute of International Studies）下属核不扩散研究中心（Center for Nonproliferation Studies）主办的世界中学生论坛。该论坛于1998年创办，主要就“核安全”进行教育与交流，论坛每年都会设置一个主题，如“朝鲜核危机”“中东核问题”“福岛核泄漏”等。

CIF通过秋季教师会议由美方研究院专家对来自不同学校的中学项目志愿教师进行培训，在此后的半年中，由志愿教师回到本学校进行相关项目的推动，指导学生完成CIF要求的相关论文与报告，其中每一份准备好的论文都要提交CIF学术指导进行审核批改并上传到公共主页与其他学校分享交流。

参加CIF论坛，是对“国际安全下的科学技术”课程的有益补充，同时对培养学生的学术意识、提升其综合能力、扩展其国际视野，也是极好的机会。这样的国际交流项目，在当今日益国际化的教育环境中将会成为一种发展趋势，同时也会促进综合课程的发展。

第二章

课程目标与总体实施方案

“国际安全下的科学技术”体现了清华附中跨学科综合类校本课程的精髓，融合了清华大学本科教学特色，贯彻了高中“新课程改革”思想，从实用的角度研究与国际安全有关的概念、政策和分析方法，力求为中国的国际安全学科储备复合型创新人才。本章从整体着眼，主要分析了本课程的目标、主题规划，完整地展现了该课程的资源开发方案及评价设计方案等内容，并进一步思考了科技创新人才培养机制的改进问题。

第一节　课程目标与主题规划方案

一、课程整体规划

1. 课程目标

清华附中“国际安全下的科学技术”课程，融合了清华大学本科教学特色，贯彻了高中新课程改革思想，立足于本校学生的基本素质，同时结合数学、物理、化学、生物、计算机等学科的知识，以研讨战略武器的基本原理、发展现状、对国际安全的影响等为背景，并从实用角度研究与国际安全有关的概念、政策和分析方法，通过对国际安全主题的跨学科综合内容的教学，为中国的国际安全学科储备复合型创新人才。

本课程目标如下：①关注时政热点，提高学生参与政策讨论的兴趣，增强学生的国防科技意识，提高其政策分析能力。②通过各学科综合实践及国际交流活动，拓展学生的国际视野，增强其合作交流能力，激发学生自主学习的热情，促使学生改变学习方式。③培养学生在课堂内外主动获取信息、分析资料的能力，提高学生的学术研究原创能力。④提高学生的科学素养，培养其人文情怀和爱国主义精神，使之热爱和维护世界和平。

2. 课程内容

2.1　第一阶段（20 课时）

主题名称	主题内容
主题一：国际安全概论	1. 国际关系中的安全问题 ①安全体系与机制　②安全观　③传统安全与非传统安全 2. 新十年的国际安全 ①军备竞赛　②资源竞争　③无核竞争　④其他问题

续表

主题名称	主题内容
主题二：化学与国家安全	分阶段展开“化学与战争”“化学武器”“化学炸药”等问题的探究与讨论，使学生加强国家安全意识，初步树立新时代安全观。
主题三：国际安全中的生物技术	1. 国际安全中的转基因生物安全 2. 国际安全中的生物入侵 3. 实验：食品中亚硝酸盐含量的测定（或质粒 DNA 的提取） 4. 小组专题研讨
主题四：数学密码与国家安全	介绍密码的发展简史及其在二战中的重要地位。介绍几种简单的数学加密方法。
主题五：物理原理与技术在国际安全中的应用	1. 核的应用——原子弹与核电站 ①核物理基础知识 ②原子弹的构造、效能及防护知识 ③核电站相关知识 2. 卫星与反卫星武器 ①卫星技术的物理知识 ②反卫星武器与外层空间的国际安全 3. 参观北京正负电子对撞机
主题六：国际安全中的信息安全技术	1. 国际安全中的网络安全 2. Google Hacking

2.2 第二阶段（20 课时）

主题名称	主题内容
主题一：研讨交流（一）	在清华大学听“组会”
主题二：考察实践	参观防化学院、清华大学国家重点实验室
主题三：活动体验	本校学生体验活动
主题四：研讨交流（二）	本校学生报告
主题五：研讨交流（三）	国际交流
主题六：深度拓展	通识报告
主题七：创新表述	论文写作指导

3. 课程实施（第一阶段）

第一阶段（20 课时）			
课程具体内容	负责人	课时	备注
主题一：国际安全概论	邱磊	3 课时	硕士
主题二：化学与国家安全	陈新福	4 课时	特级教师
主题三：国际安全中的生物技术	吴丹丹	4 课时	硕士
主题四：数学密码与国家安全	曾建川	2 课时	高级教师
主题五：物理原理与技术在国际安全中的应用	郎君轶	5 课时	博士
主题六：国际安全中的信息安全技术	曹洁	2 课时	硕士

4. 教学方式

本课程以学生自主活动为主要学习方式。学生组织小组合作，搜集、查阅并分析资料，进行实验研究、实地考察；学生还将开展交流报告与体验活动，参加清华大学学生组会，参与国际交流。教师负责通识报告与部分讲座的讲解内容，着重指导学生有效学习。

5. 评价方式的设计原则

（1）关注核心内容的教学关键问题及重要策略；关注学生参与时政评论的深度与广度；关注学生在集体中的贡献及个性化研究。

（2）关注学生搜集和整理资料的能力以及在小组交流中的合作与表达能力，关注学生的实验能力，关注学生在参观访问时获取信息的能力。

（3）评价要如实反映学生的学习过程，体现学生创新能力的发展情况。要为每个学生建立纸质文档。注意对活动过程的记录。

（4）注重观点的原始创新性，如学生撰写论文的原创性等。

二、主题规划方案

主题一　国际安全概论

1. 课程目标

（1）总览国际安全概况，研习相关研究资料，提高学生关注时事的兴趣，增强其新闻分析能力和多角度思维能力。

（2）提高学生的学术要求，拓宽学生的学术视野，加强学生的科研基本素质训练和学术规范训练。

（3）穿插国防问题的讲授与讨论，增强学生的国家安全意识，促其树立新时代安全观。

2. 课程内容

主题（或单元）名称	主题（或单元）内容简介
国际关系中的安全问题	本课总领国际安全基本概念，使学生通过对"安全"这一学术概念及对安全事例的了解，全景式把握课程，以便引出"安全与科学技术""核问题与国际安全"的研究。涉及内容：安全（safety 与 security）引领；横向涉及国家安全（安全目标与安全利益）、国际安全（安全体系、安全机制、安全观念）；纵向涉及传统安全、非传统安全。
新十年的国际安全	贴近时代，坚持科学技术与国际关系相渗透的理念，通过对近十年的国际安全问题进行分析、归类，在探究过程中让学生选好学术兴趣点，从而为各学科进行安全教育做好准备。涉及内容："911 事件"及其影响——新十年的开始、新十年对传统的延续、新十年的不同安全问题。

3. 主题（或单元）教学目标及课时规划

3.1　单元教学目标

（1）知识与技能

①通过参加专题讲座、小组讨论及模拟扮演，正确把握国际政治相关信息，掌握国际安全基本概念，能够辨别案例或事件的细节差异，并能通过部分线索举一反三，推导出更多信息，进行丰富的联想。②通过问题设计、角色互换，让学生能多角度、多层面思考同一问题，尝试逆向思维，能对不同于主流评价的见解自圆其说。③通过课题研究、小组交流、课堂汇报，能在理解国际安全理论的基础上，用自己的语言点评国际安全重大事件，在表述中呈现思维的原创性与独特性。

（2）过程与方法

①案例讨论、头脑风暴：训练观察问题的直觉与洞察力，针对复杂的国际

安全事件，在进行具体理性分析之前能迅速找到问题所在并提出解决办法。②角色扮演、问题交流：提高倾听与谈话的注意力，固化思维碰撞与专业合作趋势，注意结合辩证思维方法，贯彻矛盾分析原则。③主题研究报告：掌握基本的科学研究方法，强化信息搜集、甄别能力，不断提高资料利用的有效性，加快质疑与自我质疑的频率，强化问题意识。

（3）情感态度与价值观

①针对国家利益，学会调控心理，尽量避免情绪波动对理性分析造成影响。②在课题研究中，坚持对原创、独立的肯定态度，完善独立人格，保持科学研究的新鲜感与创造性。③小组讨论中，提高对群体功能的尊重，主动参与团队合作。

3.2　课时规划

课　　题	课时	核心教学活动
国际关系中的安全问题	1	讲授：基本概念（安全、国家安全、国际安全）。 材料分析：国际安全机制与观念（上海合作组织的“前世今生”、地缘政治学意义的“中国影响”）。 时政讨论：传统安全与非传统安全（角色模拟针对“朝鲜天安号事件”的各国立场与经济、政治、文化、科技各方专家的看法）。
新十年的国际安全（上）	1	观看视频：《揭秘 9·11》 查找资料：“9·11 事件”的前因后果。 分组讨论：“9·11 事件”对近十年国际安全的影响。 小组汇报：“9·11 事件”与国际安全。 讲授：“9·11 事件”与军事、政治、经济、文化安全。
新十年的国际安全（下）	1	小组选择研究题目：“军备竞赛”“领土争端”“核军控”“能源与水资源”“毒品买卖”“恐怖主义”。 课下研究：在教师指导下，阅读专业书籍，查找官方网站，小组形成报告论文。 课堂呈现：小组互评，组织答辩。

4. 评价设计

活动表现评价设计

学生表现	评价标准			
	A	B	C	D
问题意识				
资源寻找意识				
团队讨论参与度				
汇报配合表现				
论文的原创性				

主题二　化学与国家安全

1. 课程目标

（1）培养学生学习化学的兴趣，提高学生的实验操作能力。

（2）培养学生的逻辑思维能力、创新意识和创新能力。

（3）通过"化学与战争""化学武器""化学炸药"等问题的讲授与讨论，使学生增强国家安全意识，初步树立新时代安全观。

2. 课程内容

主题（或单元）名称	主题（或单元）内容简介
化学与战争	有人类社会就有军事战争。本单元主要介绍战争使用的武器，包括冷兵器和热兵器。了解不同时期的战争中所运用的化学知识，从而进一步了解化学与战争的关系。
化学炸药	战争使用的武器中，热兵器就是化学炸药。本单元主要介绍我国化学炸药的发展历史、现代化学炸药的发展、现代炸药的分类、爆炸的化学原理等。 了解化学炸药的有关知识，理解化学炸药的原理和炸药在国家安全中的作用。
化学武器	有军事战争就有化学武器，化学武器是通过化学药剂来对人造成危害甚至是杀人的。主要介绍：化学武器的发展和使用、化学武器的分类、化学武器的防护措施等。
化学炸药的相关实验	在实验室中模拟制作一些简单的化学炸药，如硝化纤维、黑火药和烟花等。通过做实验来提高学生学习化学的兴趣，提高学生的实验能力。

3. 主题（或单元）教学目标及课时规划

3.1　单元教学目标

(1) 知识与技能

①了解化学炸药、化学武器、化学与战争的关系。

②理解化学武器、化学炸药的制造原理。

③理解化学学科在国家安全中的作用。

(2) 过程与方法

①培养学生获取信息的能力、评价质疑信息的能力和参与竞争合作的能力。

②培养学生的逻辑思维能力，培养学生的创新意识和创新能力。

(3) 情感态度与价值观

①增强学生的民族自豪感，培养其爱国主义精神。

②培养学生学习化学的兴趣，提高其搜集与加工信息的能力、竞争与合作的能力、自我反省与监控的能力。

3.2　课时规划

课程“化学与国家安全”共安排4个课时，具体如下：

“化学与战争”1个课时；

“化学炸药”1个课时；

“化学武器”1个课时；

“化学炸药的相关实验”（活动课）1个课时。

主题三　国际安全中的生物技术

1. 课程目标

(1) 引导学生关注生物技术对国际安全的影响。

(2) 培养学生的逻辑思维能力、创新意识和创新精神。

(3) 培养学生的科学探究能力和设计方案的基本实验技能。

(4) 使学生初步树立新时代国家安全观，增强社会责任感。

2. 课程内容

主题（或单元）名称	主题（或单元）内容简介
国际安全中的生物技术	1. 国际安全中的转基因技术 2. 国际安全中的生物入侵 3. 不同食品加工或贮藏方式中亚硝酸盐含量的测定：背景知识学习和实验方案设计以及实验操作

3. 主题（或单元）教学目标及课时规划

3.1 单元教学目标

（1）知识与技能

了解转基因技术、生物入侵和食品安全对国家安全的威胁。

（2）过程与方法

①通过分析转基因技术的利弊，提高学生的逻辑思维能力和正确作出决策的能力。

②通过设计实验方案及实验操作，培养学生的科学探究能力。

（3）情感态度与价值观

①关注转基因技术带来的安全问题，探讨转基因技术的发展与人类社会的伦理道德规范间的关系。

②关注生物多样性等生态安全问题，权衡其利弊并作出相应的判断。

③关注食品添加剂含量是否超标及其对人体健康的威胁，增强学生的社会责任感。

3.2 课时规划

主题（或单元）名称	课时	核心教学活动
国际安全中的转基因技术	1	学习和了解转基因植物、动物和微生物可能带来的安全问题，了解生物技术的应用，对生物技术发展和伦理道德规范间的关系问题提出自己的见解。
国际安全中的生物入侵	1	通过学习生物入侵对生物多样性的影响以及对入侵生物特点的归纳，设计实验方案以验证入侵植物的特点。

续表

主题（或单元）名称	课时	核心教学活动
国际安全中的食品安全——亚硝酸盐含量的测定（含实验设计和实验操作）	2	针对蔬菜、粮食种植，食品加工、储存和再加工等过程中可能增加亚硝酸盐含量的隐患环节，提出亚硝酸盐含量测定的不同方案，进行实验，并分析交流，形成实验报告。

4. 评价设计

4.1 活动表现评价设计

包括对行为态度表现、交流表达能力、设计实验方案及提交实验报告等方面的评价。

4.2 档案评价设计（略）

主题四　数学密码与国家安全

1. 课程目标

（1）培养学生学习数学的兴趣。

（2）培养学生的创新意识和创新能力。

（3）通过对国防问题的讨论，使学生加强国家安全意识，初步树立新时代安全观。

2. 课程内容

主题（或单元）名称	主题（或单元）内容简介
密码学的历史	介绍密码学的历史和密码学的基本概念。 让学生了解数学在二战中起到的重要作用。密码学作为理论数学的应用分支之一，在战争中的地位可谓极其重大，甚至有人认为“二战盟军的密码破译工作使战争提前好几年结束”。引导学生了解密码学的基本概念，并通过查阅资料了解较为简单的几种加密方法，为下节课做好准备。
现代密码技术	1. 近代密码时期的开端和体制。 2. 现代密码技术，密钥与算法的分离。 3. 现代密码学的体系：对称加密体系和非对称加密体系。 4. 讲解 RSA 加密系统。

3. 主题（或单元）教学目标及课时规划

3.1　单元教学目标

（1）知识与技能

①密码学的基本概念。

②加密技术在现代通讯中的重要地位。

③古典密码时期的几种加密方法。

④RSA 加密系统。

（2）过程与方法

①通过查找资料进一步了解密码学的有关知识。

②通过讨论深入理解密码在国家安全中的作用。

③培养学生获取信息的能力和逻辑思维能力，培养其创新意识和创新能力。

（3）情感态度与价值观

①增强学生的民族自豪感，培养其爱国主义精神，使学生树立国家安全意识。

②培养学生学习数学的兴趣，提高其研究学习的能力。

3.2　课时规划

“密码学的历史”1 课时；

“现代密码技术”1 课时。

主题五　物理原理与技术在国际安全中的应用

1. 课程目标

（1）培养学生学习物理的兴趣，培养学生的逻辑思维能力、创新意识和创新能力。

（2）提高学生的自主学习能力，培养学生搜集资料与交流合作的学习习惯。

（3）加强学生国家安全意识，使之初步树立新时代安全观。

2. 课程内容

主题（或单元）名称	主题（或单元）内容简介
核物理基础知识	核物理知识是高中物理的重要内容之一，它关系到学生对整个物理体系的架构和对物理学的整体认识。本单元将带领学生走进微观物理，领略一个由量子效应做主导的不一样的世界，以此拓宽学生的视野。
核物理在国家安全中的应用——从原子弹到核电站	在学生了解了核物理基础知识之后，本单元涉及核物理知识在国家安全中的应用。本课程的设计突出让学生通过网络等途径直接查找和整理资料、获取信息，自主了解关于原子弹和核电站的知识。在课程的学习中同样涉及高中物理知识，使学生加深对物理规律的理解。
卫星与反卫星武器	本单元内容主要针对卫星与反卫星武器这个主题。目的是让学生们掌握卫星与反卫星武器的基本知识以及相关的太空国际安全策略。天体运动知识既是高中物理的重要内容之一，关系到学生整个物理体系的架构和对物理学的整体认识，也是当今国际安全问题的一个热点。本节课将带领学生走进太空，体会大国们在太空中的角逐。
参观北京正负电子对撞机	本单元属于参观活动课，内容是参观北京正负电子对撞机。北京正负电子对撞机（Beijing Electron－Positron Collider，BEPC）于1988年建成，是我国唯一的一台高能粒子对撞机，主要进行高能物理实验研究，同时还可进行同步辐射实验研究、中能核物理实验研究和慢正电子实验研究等，属于多功能的大型科学实验装置。

3. 主题（或单元）教学目标及课时规划

3.1　单元教学目标

（1）知识与技能

①了解核武器、核电站以及卫星与反卫星武器。

②理解核物理及天体物理的基础知识。

③理解物理学科在国家安全中的作用。

（2）过程与方法

①通过查找资料了解核武器与核电站、卫星与反卫星武器的有关知识。

②通过讨论进一步理解物理学科在国家安全中的作用。

③培养学生获取信息的能力、评价和质疑信息的能力以及参与竞争合作的能力。

④培养学生的逻辑思维能力，培养学生的创新意识和创新能力。

(3) 情感态度与价值观

①增强学生的民族自豪感，培养其爱国主义精神。

②培养学生学习物理的兴趣，引导学生学习物理学家的伟大人格和科学探索的不懈精神。

3.2 课时规划

“核物理基础知识”1个课时；

“核物理在国家安全中的应用——从原子弹到核电站”1个课时；

“卫星与反卫星武器”1个课时；

“参观北京正负电子对撞机”(活动课) 2个课时。

主题六 国际安全中的信息安全技术

1. 课程目标

(1) 培养学生关注网络安全等信息科学的意识。

(2) 培养学生的逻辑思维能力、创新意识和创新精神。

(3) 提高学生的信息素养。

(4) 引导学生初步树立新时代国家安全观，增强社会责任感。

2. 课程内容

主题（或单元）名称	主题（或单元）内容简介
国际安全中的生物技术	1. 国际安全中的网络安全 2. Google Hacking

3. 主题（或单元）教学目标及课时规划

3.1 单元教学目标

(1) 知识与技能

①介绍网络安全的战略意义、网络安全的发展历史及其存在的问题。

②掌握 Google Hacking 技术。

(2) 过程与方法

①通过对网络安全的介绍、国防中网络安全历史的讲解等，让学生对国防

中的网络安全有初步的认识。

②激发学生的学习热情，培养学生对网络的探索兴趣以及安全防范意识。

③通过教师演示、学生上机实践等途径，让学生了解网络信息搜集的一般技术，并能够使用特定的搜集足迹的方法。

（3）情感态度与价值观

①了解国防中的网络安全。

②提高学生使用互联网时的网络安全意识。

③培养学生对互联网信息安全技术的兴趣。

3.2 课时规划

课　题	课时	核心教学活动
国际安全中的网络安全	1	通过对网络安全的介绍、国防中网络安全历史的讲解等，让学生对国防中的网络安全有初步的认识。
Google Hacking	1	通过教师演示、学生上机实践等途径，让学生了解网络信息搜集的一般技术，并掌握特定的搜集足迹的方法。

4. 评价设计

4.1 活动表现评价设计

包括对行为态度表现、动手操作实验、撰写提交报告等方面的评价。

4.2 档案评价设计（略）

第二节 课程资源开发方案

一、“国际安全下的科学技术”资源开发总体方案

项　目	规　划
课程名称	国际安全下的科学技术

续表

项　　目	规　　划
课程内容简介	1. 国际安全概论。 2. 科技与国际安全。 3. 核之魅。 4. 专题探讨（朝核、伊核、北斗导航卫星等问题）。 5. 国际关系研究方法。 6. 外交与科技。
课时	36
负责人	赵鸿雁
课程开设条件具体要求	1. 清华大学国际问题研究所全力支持。 2. 清华附中所有领导、相关教师及相关部门全力配合。 3. 与美国蒙特雷研究院教授、清华大学国际关系研究所研究生进行相关交流活动。 4. 学校确保学生动员及活动场地。 5. 提供其他条件。
课程目标及关键问题解决策略	1. 关注时政热点，提高学生参与政策讨论的兴趣，培养学生的国防科技意识。 2. 提高学生采取技术手段分析政策问题的能力。 3. 培养学生学习科学技术的兴趣，提高其公民政治素养，储备复合型人才，结合素质活动与学科教育的优势探究高中教学新方法。 4. 培养学生在课堂内外搜集资料的能力，提高学生的学术研究原创能力。
创新能力点基础	1. 融合清华大学本科教学特色，结合各学科知识，贯彻北京市“高中新课程改革”思想，立足于本校学生素质与要求，组织学生进行相关探究。 2. 介绍战略武器的原理、发展现状、对国际安全的影响，以及中国的战略安全环境等。本课程还从实用角度出发介绍了与国际安全有关的概念、政策和分析方法等。
学习档案管理方式	请根据具体情况灵活处理，要求能如实反映学生的学习过程，体现学生创新能力发展情况。（如作业情况、访谈记录、问题视角的选择经过、录像材料等）

续表

项　目	规　划
教学评价方式	1. 关注学生在集体中的贡献。 2. 关注学生的个性化研究。 3. 关注核心内容的教学关键问题及重要策略。 4. 关注教学的其他方面。
教学反思	1. 反思教学策略及其使用效果，反思教学设计改进的过程及进一步改进的建议。 2. 专家点评的相关内容。 3. 对学生学习及创新情况的反思。 4. 其他方面的反思。

二、主题规划设计方案

1. 国际安全概论

项　目	规　划
课程名称	国际安全概论
课程内容简介	1. 国际关系中的安全问题 ①安全体系与机制；②安全观；③传统安全与非传统安全。 2. 新十年的国际安全 ①军备竞赛；②资源竞争；③无核竞争；④其他问题。
课时	3
负责人	邱磊
课程开设条件具体要求	1. 学校政治组教师的合作和支持。 2. 公共教室（带投影仪器）。

续表

项　目	规　划
课程目标及关键问题解决策略	1. 通过国际关系专著及专家研究的介绍，规范学生学科概念，拓宽学生学术视野。 2. 通过结合当前国际时政热点，引导学生关注时事，提高学生的新闻分析能力，加强学生多角度思维训练。 3. 通过学生集体探究，加强学生的科研基本素质训练，规范其学术表达技巧。 4. 通过国防问题的讲授与讨论，加强学生国家安全意识，使之初步树立新时代安全观。
创新能力点基础	1. 结合美国中学生学术研究方法，增强中国学生在时政研究课题上的学术规范性。 2. 既要重视学术研究前沿理论，也要重视引用素材的时效性与贴近性，努力实现学生的理论逻辑与时政逻辑的双结合。
学习档案管理方式	1. 课堂讨论小总结。 2. 课题领取与分步骤小论文。
教学评价方式	1. 关注学生进行时政评论的深度与广度。 2. 关注学生撰写论文的规范性与原创性。
教学反思	1. 信息量较大，学生需要一个接受与反馈的过程，因而可以根据学生的具体要求着重讨论相关问题。 2. 对于课题的选择，既要考虑课程要求，也要根据学生具体的知识储备，分阶段地分配任务。

2. 化学与国家安全

项　目	规　划
课程名称	化学与国家安全
课程内容简介	分阶段展开课程，将中学化学与国家安全相结合，实现课程教学方式的多元化，与学校“科技创新人才培养”的课题相衔接。
课时	4
负责人	陈新福

续表

项　　目	规　　划
课程开设条件具体要求	1. 学校具体安排讲课的地点（有多媒体设备）。 2. 要求本校化学实验老师参与。 3. 邀请防化学院老师讲课或带学生参观防化学院。
课程目标及关键问题解决策略	1. 培养学生学习化学的兴趣。 2. 提高学生实验操作能力。 3. 培养学生的创新意识和创新能力。 4. 通过国防问题的讲授与讨论，加强学生国家安全意识，使之初步树立新时代安全观。
创新能力点基础	1. 不断通过化学实验改进和创新实验设计，培养学生的创新意识和创新能力。 2. 通过上网查资料和小组讨论，培养学生获取信息的能力、评价和质疑信息的能力以及参与竞争合作的能力。 3. 让学生通过对化学炸药的理解和设计，培养其逻辑思维能力和创造性解决问题的能力。
学习档案管理方式	1. 为每个学生建立纸质文档。 2. 进行活动过程记录。
教学评价方式	1. 必要的基础知识测试和小论文考评。 2. 讨论与交流评价。 3. 活动评价。
教学反思	根据学生的兴趣和要求及时调整备课方向和内容。

3. 国际安全中的生物技术

项　　目	规　　划
课程名称	国际安全中的生物技术
课程内容简介	1. 国际安全中的转基因生物安全。 2. 国际安全中的生物入侵。 3. 实验：食品中亚硝酸盐含量的测定（或质粒DNA的提取）。 4. 小组专题研讨。
课时	4

续表

项　　目	规　　划
负责人	吴丹丹
课程开设条件具体要求	1. 清华附中生物实验室支持。 2. 小组专题研讨需要使用计算机教室。 3. 实验试剂和经费支持。
课程目标及关键问题解决策略	1. 通过学习转基因植物、动物和微生物可能带来的安全问题，了解生物技术的应用，对生物技术发展和伦理道德规范间的关系问题提出自己的见解。 2. 通过学习生物入侵对生物多样性的影响，提出保护生态系统的具体可行的措施。 3. 尝试检测食品中亚硝酸盐的含量，能尽量把握其规律，并尝试根据实验结果对生活进行指导。 4. 通过小组研讨，搜集和分析资料，进行组内和组间的交流。
创新能力点基础	1. 创新思维的逻辑思维能力，能正确作出判断。 2. 创新人格的情感特征，有强烈的社会责任感。 3. 创新知识与技能维度的科学探究基本能力。
学习档案管理方式	1. 课前和课后访谈。 2. 小组实验报告：侧重于考查实验结果和分析过程。
教学评价方式	1. 对转基因技术发展的态度变化。 2. 对生物入侵的关注度的变化。 3. 针对实验操作的规范性，客观分析实验结果。 4. 关注搜集和整理资料的能力以及在小组交流中的合作与表达能力。
教学反思	反思教学策略的使用与教学目标的达成。

4. 数学密码与国家安全

项　　目	规　　划
课程名称	数学密码与国家安全
课程内容简介	1. 介绍密码的发展简史，及其在二战中的重要地位。 2. 介绍几种简单的数学加密方法。
课时	2

续表

项　　目	规　　划
负责人	曾建川
课程开设条件具体要求	学校具体安排讲课的地点（有多媒体设备）。
课程目标及关键问题解决策略	1. 培养学生学习数学的兴趣。 2. 培养学生的创新意识和创新能力。 3. 通过国防问题的讲授与讨论，加强学生国家安全意识，使之初步树立新时代安全观。
创新能力点基础	让学生对“加密”有一定的认识，了解现在流行的RSA加密方法。
学习档案管理方式	课前和课后访谈。
教学评价方式	1. 关注学生的逻辑思维能力和创新能力。 2. 关注资料的搜集和整理能力以及在小组交流中的合作与表达能力。
教学反思	根据学生的兴趣和要求及时调整备课方向和内容。

5. 物理原理与技术在国际安全中的应用

项　　目	规　　划
课程名称	物理原理与技术在国际安全中的应用
课程内容简介	1. 核的应用——原子弹与核电站 ①核物理基础知识；②原子弹的构造、效能及其防护；③核电站相关知识。 2. 卫星与反卫星武器 ①卫星技术的物理知识；②反卫星武器与外层空间的国际安全。 3. 参观北京正负电子对撞机
课时	5
负责人	郎君铁
课程开设条件具体要求	1. 能够参观北京正负电子对撞机。 2. 公共教室（带投影仪器）。

续表

项　目	规　划
课程目标及关键问题解决策略	1. 通过对物理知识和技术的介绍，规范学生的学科概念，拓宽学生的学术视野。 2. 结合现代科学技术与国际安全知识，提高学生关注时事的兴趣，加强多角度思维训练。 3. 通过学生集体探究，增强学生的科研基本素质，规范其学术表达技巧。 4. 通过国际安全问题的讲授与讨论，加强学生国家安全意识，使之初步树立新时代安全观。
创新能力点基础	1. 通过对物理知识的学习，促进学生形成完整的知识结构。 2. 对于核武器的应用及防护，能够提出自己的构想，尝试设计新型的卫星和反卫星武器，培养创新思维。 3. 通过做小论文培养学生强烈的好奇心和探索精神。
学习档案管理方式	1. 课题小论文。 2. 参观与访谈过程中的表现。
教学评价方式	1. 关注学生的想象力和思维的新颖度。 2. 关注学生撰写论文的规范性与原创性。
教学反思	1. 对于这些物理知识，学生需要一个接受和消化的过程。 2. 学生的想象力还有所欠缺，需要多加启发。

6. 国际安全中的信息安全技术

项　目	规　划
课程名称	国际安全中的信息安全技术
课程内容简介	1. 国防中的网络安全 ①介绍网络安全的战略意义；②介绍网络安全的历史；③网络安全存在的问题。 2. Google Hacking ①介绍网络信息搜集技术的基本技术：Google Hacking；②通过网络搜索引擎查找特定安全漏洞或私密信息的方法：网络扫描技术。 3. 搜索自己的互联网足迹/网络扫描实验

续表

项　　目	规　　划
课时	2
负责人	曹洁
课程开设条件具体要求	1. 带大屏幕投影及计算机设备的普通教室。 2. 网络环境。
课程目标及关键问题解决策略	1. 通过对网络安全的介绍、对国防中网络安全历史的讲解等，让学生对国防中的网络安全有初步的认识。进一步让学生在生活中提高网络安全意识，养成好的互联网使用习惯。 2. 高一学生虽然没有接触过网络原理及计算机组成原理等知识，但大多具备互联网初步搜索和使用能力。通过“网络信息搜集的演示＋网上动手实践”，培养高一学生使用计算机进行互联网信息搜集的兴趣。
创新能力点基础	1. 通过对网络安全知识的学习，促使学生思考网络与国防安全的联系。 2. 通过对 Google Hacking 的介绍与讲解，促使学生对这门新技术加以学习和运用。 3. 通过 Google Hacking 实战，培养学生理论与实践结合的能力。
学习档案管理方式	Google Hacking 成果。
教学评价方式	1. 关注学生的想象力和思维的新颖度。 2. 关注学生在 Google Hacking 过程中表现出来的理解力与实践力。
教学反思	由于学生的计算机网络基础参差不齐，因而需要思考如何因材施教，通过分层教学达到好的效果。

第三节　课程评价设计方案

我们针对科技创新人才培养的校本课程，经反复探究，研发了科学、合理的评价标准。

一、课程评价

我校关于科技创新人才培养这一校本课程的评价包括两个方面：一是对课程开发和实施情况的评价，二是对学生选修学习情况的评价。

首先，校本课程的质量直接关系到学生的发展与清华附中创新人才培养基地的建设，因而课程开发和实施的评价标准需参照以下方式不断改进：一是课程开发前的背景性评价，即根据学生的实际需求、师资状况、环境条件所作出的综合性判断；二是开发中的实质性评价，即判断开发出的课程是否与开发前所建立的课程框架相一致；三是实施中的诊断性评价，即根据实施效果判断课程的优缺点；四是实施后的反思性评价，即根据完整实施后的整体性评价结果，反思课程存在的问题以及改进的方式。

其次，对学生选修学习情况的评价则是按照选修课程的目标，依据方式多样、注重过程的原则，综合运用观察、交流、测验、动手操作、作品成果、自评与互评等多种手段，为每一个学生建立成长档案袋，逐步建成多元、动态的发展性学生评价体系。

另外，我校校本课程评价特别注重以下四个方面：

其一，课程目标与课程计划的评价。此项评价主要用于课程的立项，只有通过该项评价的课程才能获得正式的立项，并列入校本课程计划。

其二，课程准备与实施评价。此项评价是开课的必备条件，立项的课程只有通过此项评价才能被正式排入学生选课表中供学生选修。

其三，课程实施过程评价。此项评价主要是对教学的评价，评价集中在教师的“教”和学生的“学”两个方面。评价结果用于对教师校本课程教学工作的考核。

其四，课程实施效果的评价。此项评价主要是针对某门课程的目标达成度、学生的发展情况、学生的满意度、专家评估及其他方面效果的评价。

二、课程评价量表

表1 课程目标与课程计划的评价（满21分方可立项）

指标	评价标准及得分			
	4分	3分	2分	1分
课程目标及意义	课程目标清晰，对学生综合素养的提高具有显著作用。	课程目标清晰，对学生素养的提高具有促进作用。	课程目标基本清晰，对学生的发展具有一定促进作用。	课程目标不够明确；或对学生发展的意义不大。
课程的创新能力点	创新能力目标明确，方向清晰，构想合理性强，对学生的创新能力要求有较为明晰的阐释，在课程设置中有合理而具体的规划。	创新能力目标明确，方向清晰，构想尚需改进，对学生的创新能力要求还需要进一步阐释，课程设置规划还不够具体。	创新能力目标基本明确，方向基本清晰，缺乏合理构想，对学生的创新能力要求阐释不够，课程设置还未进行具体规划。	创新能力目标不够明确，对学生的创新能力要求没有阐释，课程设置无具体规划。
与学校培养目标的一致性	拓展、深化国家和地方课程，完全体现了学校的培养目标。	对国家和地方课程有一定拓展，基本体现了学校的培养目标。	基本体现了学校的培养目标。	某些方面体现了学校的培养目标。
与学校课程改革的相容性	完全符合学校整体课程计划的要求，并有所创新。	符合学校整体课程计划。	与学校课程总体安排基本符合，但还存在些微偏差。	与学校整体课程计划不一致。
课程设计的完整性	有独立的知识体系和培养目标。	知识体系的建构基本完整。	内容结构不完整，与学校课其他程有交叉。	可能会与学校的其他课程目标的达成产生冲突。

续表

指标	评价标准及得分			
	4分	3分	2分	1分
课程内容的科学性与适用性	课程内容选择科学合理、结构清晰，呈现方式与学生发展水平相适应。	课程内容选择基本科学合理、结构清晰，课程呈现性基本与学生发展水平和特点相适应。	课程内容结构基本合理，课程内容的呈现不太适合学生的发展水平与特点。	课程内容结构缺乏逻辑性或完整性，明显高于或低于学生现阶段发展水平。
课程开设的条件和基础	教师的知识基础、学生知识储备、学校现有的条件均完全支持课程的开设。	教师的知识基础、学生知识储备、学校现有的条件基本充分，有可行的解决方案。	课程开设基础与条件中有目前难以解决的问题，但经过努力能够解决。	课程设计中存在近期无法克服的困难或无法解决的问题。

表2 课程准备与实施评价（至少需要满15分才能获得通过）

指标	评价标准及得分			
	4分	3分	2分	1分
教学方式设计情况及关键问题解决策略	对教学方式有合理预设，对关键问题解决策略有充分准备，教学设计有前瞻性。	对教学方式有一定预设，但对关键问题解决策略还没有充分准备，教学设计缺乏前瞻性。	对教学方式预设不充分，对关键问题解决策略没有准备，教学设计没有前瞻性。	对教学方式没有预设，对关键问题解决策略没有准备，教学设计没有前瞻性。

续表

指标	评价标准及得分			
	4分	3分	2分	1分
师资评估情况	教师能胜任本课程的教学，有开设本课程的经验；合作教师已有充分的知识准备。	本校教师基本可以胜任本课程的教学，但没有该课程的授课经验；主要依靠校外的课程专家，本校合作教师有了初步的准备。	本校教师目前无法胜任该课程的教学；主要依靠校外专家，本校合作教师准备不充分。	本校无法找到合适的教师负责该课程的教学；联系相应的校外专家也比较困难。
教学材料准备情况	教师系统全面掌握了本领域的知识，课程计划完整、成熟，教材或讲义已经可以使用。	教师全面掌握了本领域的知识，课程计划基本完整成熟，教材或讲义等教学材料基本准备完毕。	教师基本掌握了本领域知识，课程计划还在修改，教材或讲义处于选编中。	教师部分掌握本领域的知识，没有完整的课程计划，没有相应的教材或讲义。
教学设计与教学组织准备情况	有完整的教学设计与教学安排，有成熟的学生学业成绩评价方案。	教学计划与教学组织安排已经确定，尚需要继续完善，有学生评价办法。	教学计划与教学组织只有初步考虑，学生学业成绩评价正在酝酿。	没有明确的教学计划与教学组织安排，没有学生评价办法。
教学设施准备情况	教育教学设施需求已完全落实（有考察参观要求的已经落实接待单位）。	教育教学设施的使用基本落实，但需要进一步明确。	教育教学设施有初步安排（有考察参观要求的已经联系意向单位），但没有具体落实。	教育教学设施还没有安排（考察参观或社会实践正在选择中）。

表 3　课程实施过程评价（13 分为合格，14—17 分为良好，18 分以上为优秀）

指标	评价标准及得分			
	4 分	3 分	2 分	1 分
教师的教学态度	有极强的责任心，精心组织教学，能根据课堂情境和学生反应而不断改进教学计划。	有较强的责任心，能够认真组织教学，注意听取学生意见，完成计划的教学内容。	基本能够认真组织教学，基本能够完成教学任务。	缺乏充分的课前准备，无法保证计划得到全面执行。
学生学习档案管理方式	学习档案管理方式能有效体现学生学习的全过程，反映学生学习的动态特点，学习档案管理方式有效促进了学生的学习进步，且可操作性强。	学习档案管理方式能体现学生学习的过程，也能反映学生学习的某些动态特点，学习档案管理方式可以促进学生的学习进步，具有可操作性。	学习档案管理方式能体现学生学习的某些过程特点，但不能反映学生学习的动态特点，学习档案管理方式某些方面能促进学生的学习进步，具有一定的可操作性。	学习档案管理方式不能有效体现学生学习的过程，不能反映学生学习的动态特点，学习档案管理方式的可操作性较弱。
教师的教学方法	教师娴熟运用各种教学技巧，能借助各种教学手段提高教学效果，能充分调动学生积极性。	教学技巧运用不够娴熟，能有意识运用多种教学手段，学生有一定程度的参与。	较少运用教学技巧，教学手段单一，学生较少参与。	教学手段单一，学生缺乏参与的积极性。
课堂教学状况观察	课堂气氛活跃、师生互动积极，学生有很高的学习兴趣，参与度高。	课堂气氛比较活跃，师生有一定互动，基本没有学生做其他无关事情。	课堂教学气氛有些沉闷，师生互动较少。	课堂沉闷、缺乏师生互动、半数以上学生不能集中精力于教学中。
学生对课程实施的评价	学生对该课程评价很高，多数学生愿意向其他同学推荐该课程。	学生对该课程评价较高，部分学生愿意向同学推荐该课程。	学生对该课程评价较低，极少有学生愿意推荐该课程。	学生对该课程评价较差，没有学生愿意推荐该课程。

表 4　课程实施效果的评价（12 分为合格，13—15 分为良好，16 分为优秀）

指标	评价标准及得分			
	4 分	3 分	2 分	1 分
本门课程目标的实现程度	完全达到了课程计划所设定的教学目标，部分方面甚至超过了预设目标。	基本达到了课程设计的目标，部分目标根据实际有所调整。	多数课程目标已经实现，部分目标未能达到，或者教学目标达成的质量不高。	勉强完成计划的教学任务，实施效果与计划目标差异较大。
后续探究性问题的形成与发展	大多数学生提出了探究性的问题、完成了探究性作业，一定数量的课题进入后续研究性学习。	较多的学生提出了探究性问题、完成了探究性作业，但很少形成后续研究性学习的课题。	部分学生提出探究性问题、完成了探究性作业，基本没有形成后续的研究性课题。	个别学生提出了探究性问题、完成了探究性作业，没有形成后续的研究性学习课题。
学生的满意度	学生调查表明，85%以上的学生对本课程非常满意和比较满意。	学生调查表明，70%以上的学生对本课程非常满意和比较满意，非常不满意的比例不高于 5%。	学生调查表明，50%以上学生对本课程非常满意和比较满意，非常不满意的比例不超过 10%。	学生调查表明，学生对本课程非常满意和比较满意的比例低于 50%，或非常不满意的比例高于 10%。
专家评估意见	对该课程的总体评价很高。	对该课程的总体评价较好。	对该课程的总体评价一般。	对该课程的总体评价较差。

三、学业评价量表

（1）报告设计与汇报交流评价量表

评价指标		评价等级				
报告设计	问题明确	好	较好	一般	较差	差
		问题意图一目了然，便于选择	问题区分度较高，容易选择	有一定区分度，意义较清楚	问题较含糊	问题指向不明，影响判断
	信息完整	好	较好	一般	较差	差
		各要点都包含于提纲中	大部分要点包含于提纲中	关键要点包含于提纲中	部分要点包含于提纲中	没有涉及任何国际关系要点
	贴合实际	好	较好	一般	较差	差
		设计源自学生的实际观察与思考，真实度高	出于想象，与国际时政相符	按照书本知识，较符合时政实际	符合书本知识	胡编乱造，不符合现实
教师建议						
汇报交流	准备充分	好	较好	一般	较差	差
		资料充分，访问分析透彻	有一定资料，访问分析到位	有一定知识储备，对访问有分析	有一定知识，对访问分析很少	对访问几乎无分析，且无资料
	观点清晰	好	较好	一般	较差	差
		观点鲜明，论据结合很贴切	有观点，有论据	有观点，与论据结合不太严密	观点较模糊，缺少论据	无观点，就事论事
	表达清楚	好	较好	一般	较差	差
		语言练达，简明扼要	语言流畅，较清楚	能较完整陈述自己的观点	能表达一定的观点	陈述不清
教师点评						

（2）论文、活动评价量表

<table>
<tr><td colspan="2">评价指标</td><td colspan="3">评价等级</td></tr>
<tr><td rowspan="8">论文完成</td><td rowspan="2">论点明确</td><td>优</td><td>良</td><td>及格</td></tr>
<tr><td>论点符合社会学和自然科学原理。</td><td>论点有可欣赏之处。</td><td>论点稍偏。</td></tr>
<tr><td rowspan="2">材料充分</td><td>优</td><td>良</td><td>及格</td></tr>
<tr><td>自主搜集论据，材料充分可靠。</td><td>材料足够支持论点。</td><td>材料较少。</td></tr>
<tr><td rowspan="2">逻辑清晰</td><td>优</td><td>良</td><td>及格</td></tr>
<tr><td>论证过程有条理，有说服力。</td><td>论证的逻辑和思路有不足之处。</td><td>逻辑稍混乱，勉强支持论证。</td></tr>
<tr><td rowspan="2">文笔可观</td><td>优</td><td>良</td><td>及格</td></tr>
<tr><td>语言简洁有力。</td><td>语言不够简洁。</td><td>语言相对较差，不能吸引人。</td></tr>
<tr><td colspan="2">教师建议</td><td colspan="3"></td></tr>
<tr><td rowspan="6">活动总结</td><td rowspan="2">准备充分</td><td>优</td><td>良</td><td>及格</td></tr>
<tr><td>活动前主动查资料，有充足准备。</td><td>活动前有些准备，但是不充分。</td><td>准备不足。</td></tr>
<tr><td rowspan="2">观察细致</td><td>优</td><td>良</td><td>及格</td></tr>
<tr><td>活动时能仔细观察，善于发问。</td><td>有观察，但是不细致。</td><td>只求大概，走马观花。</td></tr>
<tr><td rowspan="2">总结到位</td><td>优</td><td>良</td><td>及格</td></tr>
<tr><td>总结报告非常认真仔细，有思考。</td><td>总结报告较仔细。</td><td>总结相对不认真。</td></tr>
<tr><td colspan="2">教师点评</td><td colspan="3"></td></tr>
</table>

（3）课堂观察评价表

项目	因素	等级			说明
		a	b	c	
情感态度与价值观	听讲情况				a=认真，b=一般，c=不认真
	参与情况				a=积极，b=一般，c=不积极
	大胆质疑别人的想法				a=经常，b=一般，c=很少
	大胆表达自己的想法				a=经常，b=一般，c=很少
知识与技能	在理解的基础上能运用于实际情况				a=能，b=基本，c=不能
	结合生产、生活具体情境，将所学知识或技能应用于新情境中				
交流与合作	认真听取别人的意见并询问				a=能，b=基本，c=不能
	积极、科学地表达自己的意见				
	科学、规范地完成小组分配的任务				
创新能力	对实验方案提出建设性意见				a=能，b=基本，c=不能
	活动结束后能进行反思				
备注	评定等级栏中，a=10分，b=8分，c=5分				

（4）实验报告评价表

项目	因素	等级			说明
		a	b	c	
实验问题	有研究价值，有一定的可行性				a=符合，b=几乎符合，c=不符合
	能联系生活实际				
实验方法	方法合理				
	原理科学				
实验操作	操作规范				
	积极合作并完成各自的任务				
实验讨论	能对实验结果进行合理讨论				
	能根据实验结果进一步提出问题				
备注：评定等级栏中，a=10分，b=8分，c=5分					

（5）作业评价方案表

年级：			班次：			任课教师：			
序号	姓名	作业			课堂表现	考勤	其他	考试成绩	总评成绩
		预习作业	平时作业	论文					
分数给定标准			10%	20%	20%	20%		30%	100%
1									
2									
3									
5									
6									
7									
8									
9									
10									
11									
12									
13									
14									
15									
16									
17									
18									
19									
20									
21									
22									

续表

年级：		班次：			任课教师：				
序号	姓名	作业			课堂表现	考勤	其他	考试成绩	总评成绩
		预习作业	平时作业	论文					
分数给定标准			10%	20%	20%	20%		30%	100%
23									
24									
25									
26									
27									
28									
29									
30									
31									
32									

（6）清华附中 2011 级（高一年级）学生校本课程评价记录表（示例）

学号	姓名	论文 1	论文 2	论文 3	作业 1	作业 2	作业 3	考勤	课堂表现	测试	其他	过程总评
G110828	温心怡	优	优	优	优	优	优	（4 次）全勤	优	98 分		优

温心怡同学能按时且满勤参加我们的“化学与国家安全”课程，每次保质保量地完成课堂及课外作业。按照要求所写的几篇论文，论文质量都很好。她课堂表现很积极，能够积极、大胆地发言，很有自己的想法和见解。

四、改进科技创新人才培养的评价机制

（一）关于科技创新人才培养的思考

目标要求：立足于培养全面发展的人才，突出培养科技创新型人才。

主要任务：对人才培养模式进行创新，全面推进素质教育。坚持因材施教，建立学校创新人才重点培养制度，实行“特殊人才特殊培养”。改革招生考试制度，建立健全多元招生录取机制，提高人才培养质量。建立社会参与的人才培养质量评价机制。

对于科技创新人才的选拔标准，我们有如下认识：

（1）热爱祖国、热爱党，有较高的思想觉悟和道德水平，思想健康，品行端正。热爱科学，有理想，有抱负。

（2）有扎实的知识基础，具有超越同龄人的学习潜力。在数、理、化、天、地、生等门类的知识方面或人文社会知识方面有较高水平；具有较强的外语、计算机等应用能力。

（3）有较高的认知能力。能轻松地归纳和形成概念；善于举一反三，能将学到的知识原理主动迁移到新的领域，或用于解决新问题；具有批判性和创造性思维；能够运用抽象思维分析因果关系；思维敏捷、理解力强。

（4）有较高的思维能力和较强的好奇心。有较强的求知欲，乐于探求事物的奥秘，寻找问题的答案；好奇、好问、有洞察力，乐于探讨无确定答案的课题；对感兴趣的事情能长时间地高度集中注意力；对不寻常的事物有强烈的探究欲望。

（5）具有较高的敏感性和创造性。有很强的创造力和想象力；善于概括事物或数量之间的关系；观察力敏锐，常能发现一般人注意不到的现象或问题；有较强的动手能力，能根据自己的兴趣或优势自觉地、创造性地学习，力求把自己的想法付诸实践；乐于创新，不喜欢循规蹈矩，在解决问题或完成任务的过程中，能运用新的思想或方法。

（6）有较强的学习内在动力。任务明确、目标坚定、自我引导能力强；能长久专注于某一个问题；独立思考、独立判断，有主见，不从众，敢于向权威思想挑战。

（7）有良好的交流能力。为完成某项任务，能排除干扰，克服困难，坚持完成；人际交往能力强，对别人的需要敏于察觉；有影响或控制他人的意愿，能起领导作用；具有同能力、水平相当者进行交流的强烈愿望。

（8）在相关领域有较为突出的学科特长或特殊的才能。在某一学科有较为突出的潜力；动手实践能力高于同龄学生；研究意识较强，具有一定的创造能力和创新能力。

（二）对科技创新人才评价机制的思考

目标要求：完善人才评价标准，改进人才评价方式，拓宽人才评价渠道。把评价创新人才和发现创新人才结合起来。

主要任务：建立各类人才能力素质标准，完善社会认可的创新人才评价机制，完善多渠道、多角度发现和识别人才的机制。

良好的评价机制，不仅可以对学生的学习能力、潜力、水平进行客观的评价，而且能够促进学生严格要求自己，培养自身良好的学习习惯和严谨的科学态度。我们的评价机制主要包含以下几个方面：

①学习态度：考查学生是否能按照项目计划，按时、认真参加学习和实践探索环节。②学习能力：考查学生接受新知识的能力、自学的能力、采取多种方式获取知识的能力、综合运用知识和方法的能力，旨在进行学习能力的综合评价。③学习水平：老师通过讨论、交流、考查、提问等方式，客观评价学生对培养计划所要求的学习内容的掌握水平。④研究能力：主要通过了解学生在专题研究探索过程中发现问题、分析问题、解决问题的能力，评价学生的研究能力。⑤发展潜力：基于学生整体学习和探索研究的基本情况，老师对学生在本领域成为创新人才的潜力和学生追求卓越的愿望，给出一个关于学生未来发展潜力的主观评价。⑥合作精神：合作学习研究也是未来科学发展的必然趋势，因此，学生能否在项目实施过程中体现出良好的合作精神，也是关系其未来发展潜力的一个重要方面。因而可以通过老师评价、学生互评等方式，对学生的合作精神进行评价。

（三）对健全科技创新人才激励保障机制的思考

目标要求：充分体现科技创新人才价值，不断激发创新人才活力，维护创新人才培养的激励保障机制。坚持精神鼓励和物质奖励相结合，形成学校、社会和家庭相结合的人才激励体系。

主要任务：建立激励制度，制定科学的科技创新人才评价标准；保持人才流动渠道的畅通，建立学校宏观调控、公平竞争、人才自主选择的流动机制；促进优质生源高效培养；在统一规范、更加开放的基础上，进一步破除人才流动的体制性障碍，引导各类创新人才合理分布。

第三章

课程案例设计与具体实施方案

本章继续对“国际安全下的科学技术”这一跨学科综合类校本课程进行深入的分析和探讨，就“国际安全概论”“化学与国家安全”“国际安全中的生物技术”“数学密码与国家安全”“物理原理与技术在国际安全中的应用”“国际安全中的信息安全技术”等内容的案例设计和实施方案进行了具体的分析，包括教学目标、教学重点和难点、教学过程、板书设计、作业要求、教学反思及改进措施等内容，充分展现了该课程的教学特色。

第一节　国际安全概论

课时教学设计（一）

构建与实施说明：

“国际安全概论”题目很大，一堂课要想囊括政治学、外交学、国际关系学甚至世界历史等领域的相关知识，是有一定难度的。作为本门课的敲门砖，面对中学生这一受众群体，必然要对宏大叙事进行浓缩，做好“加法”“减法”的基本工作。

维果斯基提出课堂要重视学生的“最近发展区”，难度的梯次设置是调动学生积极性的关键，基于此，该课的着力点被紧紧锁定在“安全”与“科技”上。由此，我们设置了连贯且层级分明的问题：什么是“安全”？如何保证“安全”状态？传统安全与非传统安全的区别是什么？科技在新安全问题中又占据怎样的位置？……解决一个问题，再面向新问题，是将理论扁平化的有效途径，这样，学生能够在40分钟内不断运用现有的知识储备，通过教师提示与网络资源的查找获得新认识。

对于这堂课的取舍，我们也立足于学生解决问题的现有水平和潜力，并根据这门课的特点，尽量“减掉”繁杂的理论解释，着重“加上”时政热点或者历史案例，案例主要用于学生探讨，让他们有话可说、有理可辨。建构主义者强调学生要在与外部环境的信息交流中获得新知，因而本课每个问题的设置都会尽量用耳熟能详的实例作为导入，如“阿拉伯之春”“钓鱼岛问题”“四警察的由来”“天安号事件”“湄公河惨案”等。

综上，这堂课的整体构思原则是：梯度问题为线索，热点实例为载体，运用多种手段使学生初步树立安全意识，以便接触和学习后续课程。

教学的基本信息	
课题	国际安全下的科学技术
主题	国际关系中的安全问题

教学内容分析及学习者分析

1. 教学内容分析

（1）本课地位：本课是整个选修课的开篇课程，总领“国际安全”基本概念，让学生通过对相关学术概念与安全事例的了解，全景式把握课程。本课力求做好理论铺垫，以便引出安全与科学技术、核问题与国际安全的研究。

（2）本课逻辑：安全（safety与security）引领，横向涉及国家安全（安全目标与安全利益）、国际安全（安全体系、安全机制、安全观念），纵向涉及传统安全、非传统安全。

2. 学习者分析

（1）北京学生普遍视野开阔，选修本课的学生以男生居多，他们对国际时政较为关心，且能够运用一些新闻术语对案例进行充分评析。

（2）能够得到家庭、学校的支持，学生的网络技术较为熟练，能运用一定的信息技术探究课程。

（3）接受新课改教育，对于课堂活动的体验主导及其探究方法更为熟悉。

（4）学生接受的专业训练不足，其知识呈碎片化，另在谈论国家安全时，他们容易产生民族情绪。

教学目标

1. 知识与技能

（1）通过专题讲座、小组讨论，正确把握国际政治相关信息，掌握国际安全的基本概念，辨别案例事件的细节差异，能通过部分线索举一反三，推导出更多信息，并有丰富的联想。

（2）通过问题设计，多角度多层面思考同一问题，尝试逆向思维，能够对不同于主流评价的见解自圆其说。

（3）通过小组交流、课堂汇报，在理解国际安全理论的基础上，能用自己的语言点评国际安全重大事件，在表述中呈现思维的原创性与独特性。

2. 过程与方法

（1）案例讨论、头脑风暴：训练观察问题的直觉与洞察力，针对复杂的国际安全事件，在进行具体理性分析之前能迅速找到问题所在并提出解决办法。

（2）角色扮演、问题交流：提高倾听与谈话的注意力，固化思维碰撞与专业合作趋势，注意结合辩证思维方法，贯彻矛盾分析原则。

（3）主题研究报告：掌握基本的科学研究方法，强化信息搜集、甄别能力，不断提高资料利用的有效性，加快质疑与自我质疑的频率，强化问题意识。

3. 情感态度与价值观

（1）针对国家利益，学会调控心理，尽量避免情绪波动对理性分析造成影响。

（2）在课题研究中，坚持对原创、独立的肯定态度，完善独立人格与创造性，保持科学研究的新鲜感。

（3）小组讨论中，提高对群体功能的尊重，主动参与团队合作。

续表

<table>
<tr><td colspan="4">教学重点和难点</td></tr>
<tr><td colspan="4">教学重点：安全概念的具体体现。
教学难点：学生由讲座的倾听者转化为参与者。</td></tr>
<tr><td colspan="4">教学流程示意</td></tr>
<tr><td colspan="4">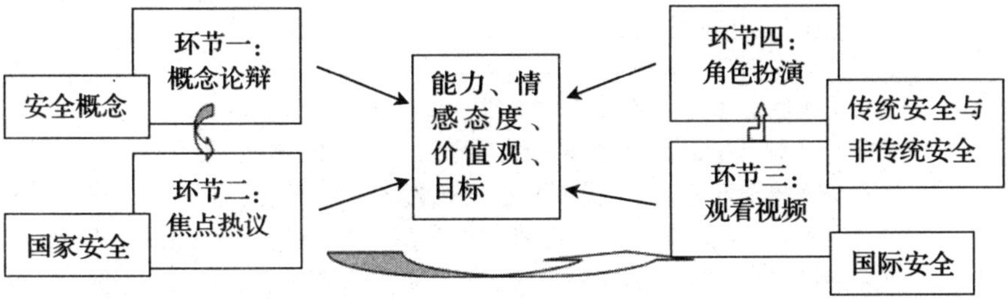
</td></tr>
<tr><td colspan="4">教学过程</td></tr>
<tr><td>教学环节</td><td>教师活动</td><td>学生活动</td><td>设计意图</td></tr>
<tr><td>活动一
概念论辩：什么是安全</td><td>给出题目并事后总结：
safety 与 security：“Safety”，与自然的或事故的伤害相对。“Security”一方面是指安全的状态，即免于危险，没有恐惧；另一方面是指对安全的维护，包含安全措施和安全机构。</td><td>查资料、论辩分析；列举国际时政中体现安全的实例（如阿拉伯之春、朝鲜核问题、伊朗核危机）。</td><td>理清安全概念，联系时政，加强反馈。</td></tr>
<tr><td>活动二
焦点热议：“钓鱼岛问题”的来龙去脉</td><td>布置探究任务：
网络查找“钓鱼岛问题”的由来；
国家安全：保护国家免受系统性的人为伤害；
最基本的国家安全目标：保护国民的生命、国民及国家的财产、国家的领土；
相关概念：安全威胁、军事威胁、军事安全问题、传统安全问题、战略研究、非军事安全、非传统安全。</td><td>通过网络找出相关线索：钓鱼岛与国家安全。</td><td>强化课堂信息运用能力，鼓励学生综合已有信息进行整理提炼，加强交流，提高国家安全意识。</td></tr>
</table>

续表

活动三 观看视频：《世界历史——从威斯特伐利亚体系到维也纳体系》	播放视频（节选关键部分） 国际安全：国际关系总体上不存在危险、国际社会成员的重要利益未受威胁的状况，表现为现实中国际社会的和平、发展和合作得到可靠保障，以及人民、国家与国际组织等行为体之间的正常关系得以维持。 国际安全的具体体现： （1）国际安全体系 指国际体系中的行为体为维护国家安全及国际和平与稳定而相互影响、相互作用，从而形成一个由特定行为规范和运行机制构成的整体。 表现：国际舞台几大力量中心形成的相对稳定的结构；几个大国之间的均势；形成一定的制度与秩序。 主要阶段：威斯特伐利亚体系，维也纳协调体系，凡尔赛－华盛顿体系，雅尔塔体系，一超多强结构。 （2）国际安全机制 指国家之间为减少安全威胁，增进信赖，创建对话与合作框架的一种设计，从而在国际安全领域逐步发展和形成的一系列原则、规则、规范和决策程序，是维护国际安全的保障。 相关链接：上海合作组织 （3）国际安全观念 ①传统安全观：威慑与核威慑论、地缘政治论、均势论、霸权稳定论、安全博弈论、安全困境论。 ②自由主义安全观：国家不是唯一的行为体；经济、社会、生态问题也具有重大意义；军事力量让位于制度化的合作。 ③新安全观：安全主体多元化；强调社会、经济、科技、文化、生态、信息安全，国际安全的基本条件是共同的安全利益，以及相互间的信任与合作；安全合作最主要的目标是防止军事冲突和对抗；通过对话加强对安全利益的共识。 相关背景：视频《何亮亮：美地缘政治学家描绘"中国影响力地图"》	观看视频，讨论维持国际安全的要素，试论历史中各国的努力是否能有效维持国际安全。	了解历史，训练观察问题的直觉与洞察力，针对复杂的国际安全事件，在进行具体理性分析之前能迅速找到问题所在并提出解决办法。

续表

<table>
<tr><td>活动四：角色扮演“天安号事件”中的各方代表</td><td>给出背景，选定学生，归纳观点
（1）传统安全
国际关系（专指民族国家系统内的国家之间的关系）的主题，针对与国家间军事行为有关的冲突。
（2）非传统安全
由非传统安全因素引起的，能够对国家安全、社会稳定、经济发展、人民生命财产和人类生存构成威胁的安全问题，主要包括经济安全、金融安全、生态环境安全、信息安全、资源安全、恐怖主义、武器扩散、疾病蔓延、跨国犯罪、走私贩毒、非法移民、海盗、洗钱等。</td><td>了解新闻，以国家立场分角色模拟。</td><td>角色扮演、问题交流，提高倾听与谈话的注意力，固化思维碰撞与专业合作趋势，注意结合辩证思维方法，贯彻矛盾分析原则。</td></tr>
<tr><td colspan="4" align="center">板书设计</td></tr>
<tr><td colspan="4">安全 Safety/Security
— 国家安全：国家安全目标、国家安全利益
— 国际安全：国家安全机制、国家安全体系、国家安全观念
→ 传统安全/非传统安全</td></tr>
<tr><td colspan="4" align="center">作业要求</td></tr>
<tr><td colspan="4">选做其一：
小论文《“钓鱼岛问题”的现状与解决》——主要从我国国家安全角度进行分析，着重理论阐述，避免空洞的建议与想象。
文献综述《“天安号事件”中的各国声明》——注重资料来源的规范性，要有总结归纳，避免新闻或资料的堆砌赘述。</td></tr>
<tr><td colspan="4" align="center">教学反思及改进措施</td></tr>
<tr><td colspan="4">（1）课堂容量过大，学生的学习进度不理想，学生需要一个接受的过程，也需要空间进行反思与反馈，因而可以根据学生的具体要求着重讨论相关问题。
（2）对于课题的选择，既要考虑课程要求，也要根据学生具体的知识储备，分阶段地分配任务。
（3）课程理论水平不突出，建议教师制订参考书目，在选课前鼓励学生自我学习。</td></tr>
</table>

续表

特别关注
对教学条件的要求：有投影仪器的活动教室（最好是网络教室），方便学生通过信息技术参与活动。 教学组织与实施中的难点：学生参与讨论的深度以及对时间的把握。 学习资源： 1. 凤凰资讯网：http：//news. ifeng. com/。 2. 王帆，卢静．国际安全概论．世界知识出版社，2010 年。

课时教学设计（二）

构建与实施说明：

这一堂课是“概论”的延续，其目的仍然是让学生了解国际安全并在课程的学习中重点分析科学技术的显著作用。怎样才能引起学生的兴趣与思考呢？选择的讲授内容一定是让他们有所感触的事件，即这个问题对他们的生活有所影响，而且这一影响还不是简单、直接的，这是因为经过思考而获得的答案往往更让人振奋、印象也更为深刻。

一开始我们选择了几个切入点，如钓鱼岛，但觉得这个问题离学生太近，容易让学生产生倦怠感；而如果选择利比亚，又觉得这个问题太远，会被当作一堂简单的时事课而处理掉。正好赶上“9・11 事件”十周年的纪念，这个事件对中国人似远而近，如果能通过这堂课让学生将“9・11 事件”与中国的联系抽丝剥茧地分析出来，一定能达到非常好的效果；而且各种专家评论与解析在网络上十分活跃，这对学生的学习非常有利——他们可以通过课后的探究来思考课上谈到的问题。鉴于此，我们把“9・11 事件”对过去十年以及未来十年的世界安全（包括军事、经济、政治文化等方面）的影响作为课堂学习的重点。

需要说明的是，核安全问题需要作为单独的重点内容进一步讲授，这和本校实际情况有关：由于这门校本课程整体上要与美国蒙特雷国际研究院的“核安全教育项目”合作，因此，在谈论科技问题前有必要对学生进行相关知识的引领与强化。

<table>
<tr><td colspan="2">教学的基本信息</td></tr>
<tr><td>课题</td><td>国际安全下的科学技术</td></tr>
<tr><td>主题</td><td>新十年的国际安全</td></tr>
<tr><td colspan="2">教学内容分析及学习者分析</td></tr>
<tr><td colspan="2">1. 教学内容分析
（1）本课地位：本课贴近时代，通过对近十年的国际安全进行分析、归类，贯彻科学技术与国际关系相渗透的理念，在探究过程中让学生选好学术兴趣点，从而为各学科进行安全教育做好准备。
（2）本课逻辑：9·11事件及其影响——新十年的开始——新十年对传统的延续——新十年的不同安全问题。
2. 学习者分析
（1）北京学生普遍视野开阔，选修本课的学生以男生居多，他们对国际时政较为关心，且能够运用一些新闻术语对案例进行充分评析。
（2）能够得到家庭、学校的支持，学生的网络技术较为熟练，能运用一定的信息技术探究课程。
（3）接受新课改教育，对于课堂活动的体验主导及其探究方法更为熟悉。
（4）科学技术的知识储备相对不足。</td></tr>
<tr><td colspan="2">教学目标</td></tr>
<tr><td colspan="2">1. 知识与技能
（1）通过专题讲座、小组讨论，梳理近期国际安全的相关案例，分析案例的前因后果。
（2）通过视频研究、课后读书，多角度、多层面思考同一问题。
（3）通过小组交流、课堂汇报，能在理解国际安全理论的基础上，用自己的语言点评国际安全重大事件，在表述中呈现思维的原创性与独特性。
2. 过程与方法
（1）案例讨论、头脑风暴：训练观察问题的直觉与洞察力，针对复杂的国际安全事件，提高把握能力。
（2）主题研究报告：掌握基本的科学研究方法，强化信息搜集、甄别能力，不断提高资料利用的有效性，加快质疑与自我质疑的频率，强化问题意识。
3. 情感态度与价值观
（1）在课题研究中，坚持对原创、独立的肯定态度，完善独立人格与创造性，保持科学研究的新鲜感。
（2）小组讨论中，提高对群体功能的尊重，主动参与团队合作。</td></tr>
</table>

续表

教学重点和难点
教学重点： 对“9·11事件”的理解，多角度分析国际安全问题。 教学难点： 引导学生改变单向度思维习惯，做到举一反三。
教学流程示意
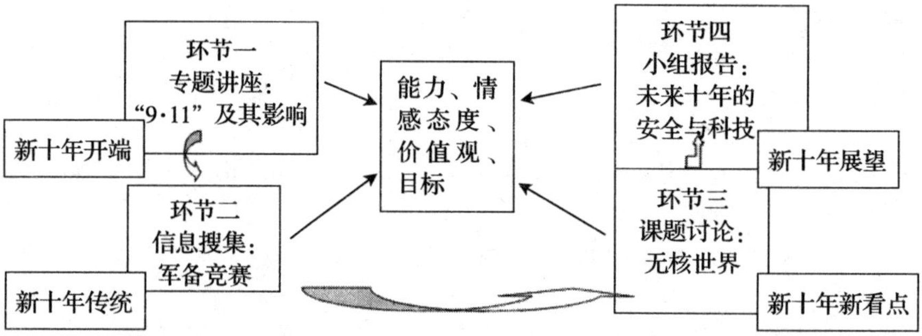

教学过程			
教学环节	教师活动	学生活动	设计意图
活动一 专题讲座： “9·11”及其影响	1. 准备新闻背景材料与视频 《“9·11”的真相》 2. 引导讨论 “9·11”对国际安全的影响：恐怖主义、政治军事干涉、经济影响联动。	听讲座、观视频、分析案例、参与讨论。	进行新闻检索训练，培养多角度分析问题的意识。
活动二 信息搜集： 十年军备竞赛的变与不变	1. 布置探究任务 通过网络查找世界主要军事国家的军备情况：①中美军事力量对比；②全球军备竞赛水平；③2010年中国周边军事演习。 2. 组织辩论活动 军备竞赛是否有利于国际安全。 3. 相关概念 军备竞赛是指和平时期敌对国家或潜在敌对国家互为假想敌、在军事装备方面展开的质量和数量上的竞赛。各国之间为了应对未来可能发生的战争，竞相扩充军备，增强军事实力，是一种预防式的军事对抗。	分小组选择相关主题作报告；小组辩论。	强化信息搜集能力，训练辩证思维。

续表

活动三 课题讨论：无核化世界的可能	1. 讲解“无核化”涉及的主要方面 ①核军控与核裁军 ②核废料污染处理 ③核恐怖主义 2. 播放视频 《切尔诺贝利核泄漏》 3. 组织课堂讨论 无核化世界是否能变为现实（试从中美两国角度分析）。	听讲座，观看视频，讨论无核世界的可能性。	直观核危机，多方面了解历史，训练问题探究与论辩能力。
活动四 小组报告：国际安全的未来预测	给出话题，供学生选择，分小组汇报 1. 领土争端 ①南海问题——20 世纪 60 年代开始，越南、菲律宾、马来西亚等国以军事手段占领南沙群岛部分岛礁，在南沙群岛附近海域进行大规模的资源开发活动甚至提出主权要求。对此，中国政府一再严正声明，这些行为是对中国领土主权的严重侵犯，是非法的、无效的。 ②北极问题——北极地区 5 国俄罗斯、加拿大、美国、挪威、丹麦争夺北极领土和资源的斗争日益激烈。 ③南极问题——在当初正式对南极洲提出主权要求的 7 个国家中，澳大利亚、法国、新西兰、挪威 4 国互相承认各自要求，而阿根廷、智利、英国 3 国所要求的领土互相重叠，各方坚持自身利益，互不承认他方的主权要求。 2. 各国针对能源问题的政策 ①美国：“绿色新政”；②俄罗斯：“不排除以军事力量”保卫；③英国：核能、可再生能源和清洁煤“三位一体”；④印度：建立 90 天的能源储备制度；⑤中国：抓实节能减排，依靠科技创新，促进煤炭的绿色开采和清洁利用，建设以电力为核心的智慧能源网络。 3. 其他问题 ①资源争端；②粮食危机；③食品安全；④传染病；⑤自然灾害；⑥武器、毒品买卖。	信息搜集，小组研讨，写出报告，课堂答辩。	培养学术素养，加强信息交流，提高形成文本能力。

续表

<table>
<tr><th>板书设计</th></tr>
<tr><td>“新十年”的国际安全
- “9・11”及其影响
  - “9・11”的真相
  - “9・11”的影响体系
    - 恐怖主义
    - 干涉主义
    - 经济波及
- 新十年的表现
  - 军备竞赛
  - 无核世界
  - 新十年展望</td></tr>
<tr><th>作业要求</th></tr>
<tr><td>必做：小论文《“切尔诺贝利事件”反思》——论据充分，可联系我国核电事业实际。
必做：准备小组报告《国际安全的未来预测》（见教学环节“活动四”）。</td></tr>
<tr><th>教学反思及改进措施</th></tr>
<tr><td>（1）课堂讲授内容稍多，缺乏充分的讨论时间，学生的参与热情需要鼓励。
（2）学生交流还停留于案例的表层，相关理论深度不够，之后的教学应多留时间给学生进行答辩。
（3）视频的观赏占用时间较多，建议申请额外时间完成。</td></tr>
<tr><th>特别关注</th></tr>
<tr><td>对教学条件的要求：有投影仪器的活动教室（最好是网络教室），方便学生通过信息技术参与活动。
教学组织与实施中的难点：学生参与讨论的深度以及对时间的把握。
学习资源：
1. 凤凰资讯网：http：//news. ifeng. com/。
2. 国际原子能机构官方网站：http：//www. iaea. org/。</td></tr>
</table>

第二节　化学与国家安全

课时教学设计（一）

构建与实施说明：

我们在进行本节教学设计时，首先想到了令国家不安全的“冲突和战争”。

自从人类社会形成以来，由于部落之间资源、信仰等方面的差别，流血冲突从未间断。当这种冲突发展到一定程度，军事战争也就出现了。

战争使用的武器，可以分为冷兵器和热兵器。

最初的战争，使用的是最简单的武器：石块、木棒、石斧等。可以说，武器也是劳动、狩猎的简单工具。这些工具主要是利用人自身的力量，采用砍、刺、砸等方法，造成敌人的物理性损伤。由于这种武器发挥作用时不伴随着发光发热的剧烈化学反应，所以被称为冷兵器。

热兵器，则是指利用爆炸反应短时间产生的大量高温气体冲击波，推动抛射物攻击目标或直接破坏目标的一类武器。这种武器的主要成分是化学炸药，其杀伤力强，是近现代战争中最主要的武器。

<table>
<tr><th colspan="2">教学的基本信息</th></tr>
<tr><td>课题</td><td>化学与国家安全</td></tr>
<tr><td>单元
（或主题）</td><td>化学与战争</td></tr>
<tr><th colspan="2">教学内容分析及学习者分析</th></tr>
<tr><td colspan="2">1. 教学内容分析
本单元内容在“化学与国家安全”中起到引入和开篇的作用，其结构图如下：
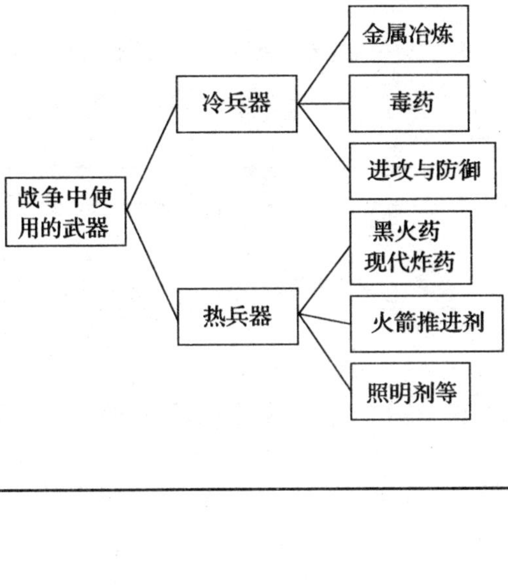
</td></tr>
</table>

续表

(1) 通过查找资料了解不同时期的战争中运用的化学知识。培养学生搜集与加工信息的能力、竞争与合作的能力。 (2) 通过讨论理解化学与战争的关系，训练学生的逻辑思维能力。通过小组讨论学习，培养学生评价和质疑信息的能力以及参与竞争合作的能力。 2. 学习者分析 (1) 高一学生虽对金属冶炼的相关知识学得不多，但是他们在初中学过金属铁的冶炼原理，即氧化铁在加热时能被一氧化碳还原成铁，同时生成二氧化碳。 $Fe_2O_3+3CO\xlongequal{高温}2Fe+3CO_2$ (2) 学生对“另类”战争——暗杀比较感兴趣，但他们对毒药的知识以及解毒的原理不甚了解，需要补充相关知识；还要补充火箭推进剂、照明剂、闪光剂、烟幕剂等知识内容。
教学目标
1. 知识与技能 (1) 了解不同时期的战争中所运用的化学知识。 (2) 理解战争与化学的关系。 2. 过程与方法 (1) 通过查找资料了解不同时期的战争中运用的化学知识。培养学生搜集与加工信息的能力、竞争与合作的能力。 (2) 通过讨论理解化学与战争的关系，训练学生的逻辑思维能力。通过小组讨论学习，培养学生评价和质疑信息的能力以及参与竞争合作的能力。 3. 情感态度与价值观 (1) 增强学生的社会责任感和国家安全意识，培养学生的创新人格。 (2) 培养学生学习化学的兴趣以及与他人合作的能力。
教学重点和难点
教学重点： 理解战争与化学的关系，培养学生的社会责任感和国家安全意识。 教学难点： 如何组织学生查资料、讨论问题。

续表

<table>
<tr><td colspan="5">教学流程示意</td></tr>
<tr><td colspan="5">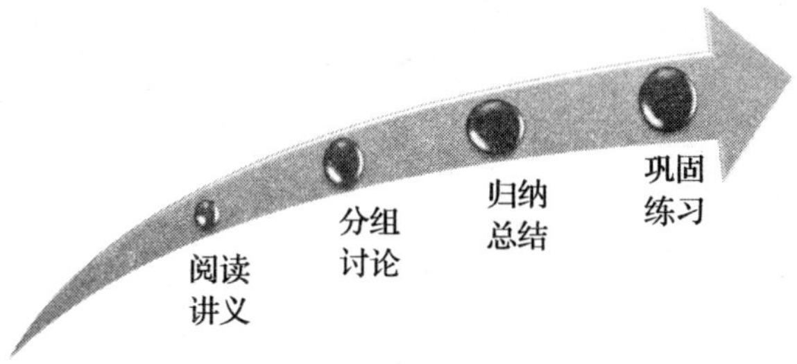
</td></tr>
<tr><td></td><td>阅读讲义</td><td>分组讨论</td><td>归纳总结</td><td>巩固练习</td></tr>
<tr><td>教学素材</td><td>网络资源和讲义。</td><td>适当给出几个讨论大纲。</td><td>学生发言的总结材料。</td><td>出一些练习题。</td></tr>
<tr><td>教学目标</td><td>提高学生的信息处理能力。</td><td>提高学生的总结能力、表达能力和逻辑思维能力。</td><td>提高学生归纳和甄别信息的能力。</td><td>培养学生的迁移能力和创新能力。</td></tr>
<tr><td colspan="5">教学过程</td></tr>
<tr><td>教学环节</td><td>教师活动</td><td>学生活动</td><td>设计意图</td><td>评价</td></tr>
<tr><td>1. 阅读讲义</td><td>人类社会为什么会有战争？在战争中使用了哪些化学知识？化学与战争的关系怎样？创设情境引入新课。布置任务：把学生分几组，让学生通过网络或图书查找资料，阅读讲义。</td><td>查找资料；阅读讲义。</td><td>培养学生的信息处理能力、团结协作能力。</td><td>根据学生的学习情况进行评价和指导。</td></tr>
</table>

续表

2. 分组讨论	可根据具体情况写出讨论大纲。	每组派代表进行汇报，并由本组成员作补充，其他组员质疑提问。	培养学生的总结能力、表达能力和逻辑思维能力。	老师对学生的讨论活动给予中肯的评价。
3. 归纳总结	总结不同时期的战争中用到的化学知识。 教师只起到适当点拨的作用，要以学生为主体。	多让学生总结发言，不同小组之间进行交流。	通过归纳和提炼，提高学生甄别信息的能力。	老师对学生的讨论和总结进行评价，学生之间也要互相评价。
4. 巩固练习	教师根据具体的知识点出一些练习题。	学生讨论后进行知识巩固。	培养学生的迁移能力和创新能力。	老师对学生活动作出评价，并对本节课进行总体评价。
板书设计				
第一章　化学与战争 一、冷兵器时代的化学 1. 金属冶炼 2. 矛与盾——进攻与防御 3. 冷兵器时代的“热武器”——火 4. “另类”战争——暗杀 二、热武器时代的化学 1. 热武器的先驱——黑火药 2. 现代炸药——单质炸药、混合炸药 3. 火箭推进剂 4. 烟火剂				
作业要求				
1. 完成部分氧化还原反应的方程式，并标明氧化剂、还原剂。 2. 写一篇关于“化学与战争”的论文。				

续表

教学反思及改进措施
（1）事先把学生分成 8 组，每组 3—4 人，每组针对一个问题上网搜索资料，两组互相讨论这一问题，然后归纳整理出观点，推举一人汇报。 （2）给学生提供一些网站和方法。 （3）可以给出问题的讨论提纲让学生讨论，这样可以控制他们讨论的方向；也可以给出几个发散性问题，让学生自由讨论。
特别关注
学习资源： 1. 快乐化学网：http：//chem188. cn/Article/ShowArticle. asp？ ArticleID=4329＃。 2. 维基百科网：http：//zh. wikipedia. org/wiki/％E5％8C％96％E5％AD％A6％E6％AD％A6％E5％99％A8。 3. 国防科技信息网：http：//www. dsti. net/。 4. 军人网：http：//www. junren. net/。 5. 中国八一军人网：http：//www. 81ren. com/。 6. 中国知网：http：//epub. edu. cnki. net/grid2008/index. htm。 7. 中国科学院网站：http：//www. scichina. com/new _ web _ Fa/index. asp。
教学条件要求
带有多媒体的电脑教室（能容 40 人左右）和网络互动平台。

课时教学设计（二）

构建与实施说明：

无论我国古代四大发明之一的黑火药还是西方现代的黄色炸药，在人类的发展历史中都起到很重要的作用。古代的火药跟现代意义上的炸药是不同的，火药一般是用作弹药的推进剂，让弹药飞射出去。而炸药是现代才出现的，炸药自身带有爆炸性能，我们常提到的 TNT，就是炸药的一种。炸药在燃烧过程中还会发生其他化学反应，释放出巨大的爆炸能量，产生冲击波。而古代黑火药只是利用了它的推射能量，故而把冷兵器的能量放大。现代炸药在工业革命时期也起到了很重要的作用，如矿山开发、河道挖掘、铁路修建等工程都需要大量烈性炸药。那么，什么是炸药？它有什么样的发展历史？化学炸药的分类及其爆炸原理是怎样的？

<table>
<tr><th colspan="2">教学的基本信息</th></tr>
<tr><td>课题</td><td>化学与国家安全</td></tr>
<tr><td>单元
（或主题）</td><td>化学炸药</td></tr>
<tr><th colspan="2">教学内容分析及学习者分析</th></tr>
<tr><td colspan="2">1. 教学内容分析
（1）通过网络了解：什么是炸药？它有什么样的发展历史？化学炸药的分类及其爆炸原理是怎样的？
（2）本节讲义内容有：①我国化学炸药的发展历史；②现代化学炸药的发展；③现代炸药的分类；④爆炸的化学原理及其改进措施等。
以上这些知识是本节讨论课的基础，是进行创新设计的前提，学生通过归纳、类比和提炼可以理解化学炸药的原理及其在国家安全中的作用，并能创造性地设计出新的炸药。
2. 学习者分析
（1）高一学生虽然对有机物的相关知识了解不多，但是他们已经学过了燃烧、爆炸的概念，以及氧化还原反应的原理。
（2）通过归纳、类比和提炼可以理解化学炸药的原理和炸药在国家安全中的作用，并可以尝试设计新的炸药。
（3）有机化学的学习和新炸药的设计是学生学习的难点。</td></tr>
<tr><th colspan="2">教学目标</th></tr>
<tr><td colspan="2">1. 知识与技能
（1）了解古代化学炸药与现代化学炸药的发展历史。
（2）了解化学炸药的分类。
（3）理解化学炸药的原理及其在国家安全中的作用。
2. 过程与方法
（1）通过查找资料了解化学炸药的有关知识，培养学生搜集与加工信息的能力、竞争与合作的能力。
（2）通过讨论理解化学炸药的原理及其在国家安全中的作用，训练学生的逻辑思维能力。
（3）通过小组讨论学习，培养学生评价和质疑信息的能力以及参与竞争合作的能力。
3. 情感态度与价值观
（1）增强学生的民族自豪感，培养其爱国主义精神。
（2）培养学生学习化学的兴趣以及与他人合作的能力。</td></tr>
</table>

续表

教学重点

1. 教学重点：
理解化学炸药的原理。
2. 教学难点：
如何组织学生上网查资料、讨论化学问题。

教学流程示意

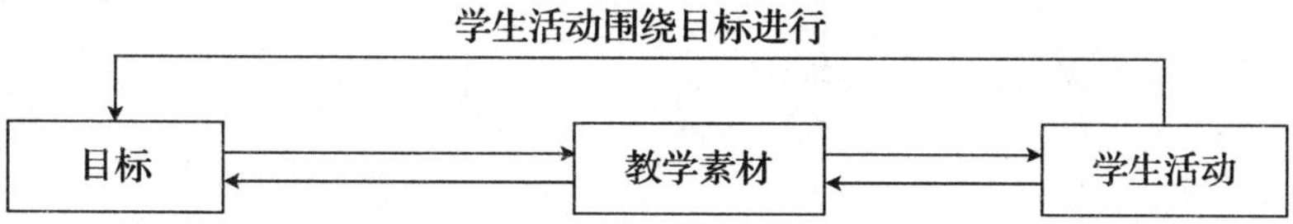

（1）网上查找化学炸药的发展史、炸药分类和化学炸药原理等。
（2）讨论，归纳、类比，提炼原理。
（3）联系运用所学知识解决实际问题。

网络资源→查资料
展示讨论大纲→讨论
炸药分子结构图→应用、设计

教学过程

教学环节	教师活动	学生活动	设计意图	评价
1. 布置任务（上课时在大屏幕上打出）	创设情境。布置任务：把学生分8组，让其通过网络或图书查找资料。 搜索：“古代化学炸药”“现代化学炸药”“化学炸药的分类”“化学炸药原理及其改进措施”等。	查找资料；汇总资料；确定汇报人。	培养学生的信息加工能力、团结协作能力。	巡视并指导。
2. 学生讨论	可根据学生具体情况写出讨论大纲。	每组找代表汇报；本组成员补充；其他组成员质疑。	培养学生的总结能力、表达能力和逻辑思维能力。	老师对学生的讨论活动进行评价。

续表

3. 教师归纳、点拨	明确爆炸原理：在这些化合物中都含有某些特殊的基团，如硝酸酯基（$—ONO_2$）、硝基（$—NO_2$）、氯酸根（$—ClO_3$）、高氯酸根（$—ClO_4$）都具有氧化性，在高温下可以提供氧。分子中的 H、C 则具有还原性，它们之间发生氧化反应生成 H_2O、CO 等。因在瞬间完成了上述氧化还原反应，释放巨大的能量，从而发生爆炸。	达成共识，形成新的知识和理论。	通过归纳、类比和提炼，提高学生甄别信息的能力。	老师对学生活动进行评价，学生之间互相评价。
4. 归纳总结、应用	回归教学目标，深化对炸药的认识，力求设计出新的炸药。明确安检中的易燃易爆物品有哪些。	力求创造性地设计出新的炸药。	培养迁移能力和创新能力。	老师对学生活动的评价，老师对本节课的评价。
板书设计				
第二章　化学炸药 一、我国化学炸药的发展历史 二、现代化学炸药的发展 三、现代炸药的分类 四、爆炸的化学原理				
作业要求				
1. 写出制备酸化甘油、TNT、苦味酸的化学方程式。 2. 总结化学炸药爆炸的原理，试着设计一款炸药。 3. 写一篇关于“化学炸药”的论文。				

续表

教学反思及改进措施
1. 如何调控学生查资料的方向？ （1）事先把学生分成8组，每组3～4人，每组针对一个问题上网搜索资料，两组互相讨论这一问题，然后归纳整理出观点，推举一人汇报。 （2）给他们提供一些网站和方法。在学生查资料时老师要不时巡视，防止他们玩游戏。 2. 如何调控学生讨论问题的方向？ 可以给出几个问题让学生讨论，这样能够控制他们讨论的方向；也可以给出几个发散性问题，让学生自由讨论。
特别关注
学习资源： 1. 黄文尧，颜事龙．炸药化学与制造．冶金工业出版社，2009年。 2. 王泽山．火炸药科学技术．北京理工大学出版社，2002年。 3. 吕春绪．工业炸药理论．兵器工业出版社，2003年。 4. 快乐化学网：http：//chem188. cn/Article/ShowArticle. asp？ArticleID=3985。 5. 豆丁网：http：//www. docin. com/p—388740515. html。 6. 国防科技信息网：http：//www. dsti. net/。 7. 军人网：http：//www. junren. net/。 8. 中国八一军人网：http：//www. 81ren. com/。 9. 中国知网：http：//epub. edu. cnki. net/grid2008/index. htm。 10. 中国科学院网站：http：//www. scichina. com/new _ web _ Fa/index. asp。
教学条件要求
带有多媒体的电脑教室（能容40人左右）和网络互动平台。

课时教学设计（三）

构建与实施说明：

谈到战争，就不得不提及第二次世界大战。谈到第二次世界大战，就不得不讲“化学武器”。什么是化学武器？它的发展和使用状况怎样？化学武器的分类及其特点是什么？化学武器的防护措施有哪些？

教学的基本信息	
课题	化学与国家安全
单元（或主题）	化学武器

教学内容分析及学习者分析

1. 教学内容分析

（1）通过网络了解：什么是化学武器？它的发展和使用状况怎样？化学武器的分类及其特点是什么？化学武器的防护措施有哪些？

（2）本节讲义内容有：①化学武器及其由来；②化学武器的发展和使用；③化学武器的分类及其特点；④化学武器的防护措施等。

以上这些知识是本节讨论课的基础，学生通过归纳、类比和提炼可以理解化学毒剂的共同特点是：都有比较活泼的非金属元素，如F、Cl、N、S、P、As等。

2. 学习者分析

（1）高一学生虽然对有机物的相关知识了解不多，但是他们已经学过了一些非金属元素的性质。化学武器的知识书本上没有，需要学生通过网络获得这些知识。

（2）学生通过归纳、类比和提炼可以理解化学毒剂的原理和化学武器的防护措施在国家安全中的作用。通过本课的这些活动学生能够提高自身的逻辑思维能力和信息甄别能力。

（3）学生对“中毒”的理解可能存在问题。中毒是化学毒剂使人体组织的蛋白质、核酸、酶等发生变化而引起的。

教学目标

1. 知识与技能

（1）了解化学武器的由来、化学武器的发展和使用。

（2）了解化学武器的分类及其特点、化学武器的防护措施。

（3）理解化学毒剂的原理和化学武器的防护措施在国家安全中的作用。

2. 过程与方法

（1）通过查找资料了解化学毒剂的有关知识，培养学生搜集与加工信息的能力、竞争与合作的能力。

（2）通过讨论理解化学毒剂的原理和防护措施在国家安全中的作用，训练学生的逻辑思维能力。

（3）通过小组讨论学习，培养学生评价和质疑信息的能力以及参与竞争合作的能力。

3. 情感态度与价值观

（1）增强学生的民族自豪感，培养其爱国主义精神。

（2）培养学生学习化学的兴趣以及与他人合作的能力。

续表

教学重点和难点
理解化学毒剂的原理和化学武器的防护措施在国家安全中的作用。
教学流程示意

	阅读讲义	分组讨论	归纳总结
教学素材	网络资源和讲义。	适当给出几个讨论大纲。	学生发言的总结材料。
教学目标	提高学生的信息处理能力。	提高总结能力、表达能力和逻辑思维能力。	进行归纳和提炼，提高甄别信息的能力。

教学过程

教学环节	教师活动	学生活动	设计意图	评价
1. 阅读讲义	创设情境引入新课。布置任务：把学生分几组，让学生通过网络或图书查找资料，阅读讲义。	查找资料，阅读讲义。	培养学生的信息处理能力、团结协作的能力。	根据学生的学习情况进行评价和指导。
2. 分组讨论	可根据具体情况写出讨论大纲。	每组派代表汇报，并由本组成员作补充，其他组员质疑提问。	培养学生的总结能力、表达能力和逻辑思维能力。	老师对学生的讨论活动给予中肯的评价。
3. 归纳总结	归纳化学毒剂的共同特点，以及中毒的实质。(教师只起到适当点拨的作用，要以学生为主体)	多让学生总结发言，不同小组之间进行交流。	通过归纳和提炼，进而提高学生甄别信息的能力。	老师对学生的讨论和总结进行评价，学生之间也要互相评价。

续表

板书设计

第三章　化学武器

一、化学武器及其由来

二、化学武器的发展和使用

三、化学武器的分类及其特点

四、化学武器的防护措施

作业要求

1. 总结化学武器是如何毒害人类的。
2. 写一篇关于化学武器的论文。

教学反思及改进措施

(1) 事先把学生分成 8 组，每组 3～4 人，每组针对一个问题上网搜索资料，两组互相讨论这一问题，然后归纳整理出观点，推举一人汇报。

(2) 给他们提供一些网站和方法。在学生查资料时老师要不时巡视，防止他们玩游戏。

(3) 可以给出几个问题让学生讨论，这样可以控制他们讨论的方向；也可以给出几个发散性问题，让学生自由讨论。

特别关注

学习资源：

1. 王强，杨清镇编．化学武器与战争．国防工业出版社，1997 年。
2. 快乐化学网：http：//chem188. cn/Article/ShowArticle. asp? ArticleID=1870。
3. 国防科技信息网：http：//www. dsti. net/。
4. 军人网：http：//www. junren. net/。
5. 中国八一军人网：http：//www. 81ren. com/。
6. 中国知网：http：//epub. edu. cnki. net/grid2008/index. htm。
7. 中国科学院网站：http：//www. scichina. com/new _ web _ Fa/index. asp。

教学条件要求

带有多媒体的电脑教室（能容 40 人左右）和网络互动平台。

课时教学设计（四）

构建与实施说明：

炸药的发明源于我国古代劳动人民四大发明之一——火药的发展。经过2000多年的发展，尤其是近百年来，人们认识到炸药蕴藏着巨大的势能。当受到一定的外界作用时，炸药会发生剧烈的化学反应，并释放出大量的气体和能量，对周围的介质及物体产生强烈的破坏作用。炸药已经成为现代工程爆破技术中广泛使用的特种能源，因此被誉为“能源工业的能源、基础工业的基础”。随着军事、工程技术、采矿工业和化学工业等科学技术领域的发展，炸药的品种逐渐增加，其各种物理和化学性能不断得以改善，业已形成军用炸药和民用炸药两大发展方向。

学生了解了化学炸药的原理后，可以尝试验证一下简单化学炸药的制备方法。百闻不如一见，百说不如一练。通过本次实验，能更好地提高学生的化学实验操作能力。

<table>
<tr><th colspan="2">教学的基本信息</th></tr>
<tr><td>课题</td><td>化学与国家安全</td></tr>
<tr><td>单元
或主题</td><td>化学炸药的相关实验</td></tr>
<tr><th colspan="2">教学内容分析及学习者分析</th></tr>
<tr><td colspan="2">1. 教学内容分析
本节课是活动课，设计了两个化学实验——“硝化纤维的实验室制法”及“黑火药和烟花的配方”。通过本节课的化学实验的基本操作，可以培养学生学习化学的兴趣，提高其化学实验能力以及与他人合作的能力。
2. 学习者分析
学生已经掌握了一定的化学实验的基本知识和操作技能，还学习过氧化还原反应、焰色反应，在老师的指导下完全可以完成这两个实验的操作。（但是仍要强调实验的安全性）</td></tr>
</table>

续表

教学目标

1. 知识与技能
(1) 了解纤维素的硝化反应原理和氧化还原反应的原理。
(2) 理解两种浓酸混合的方法和原理。
(3) 提高用托盘天平称量药品的技能。
2. 过程与方法
(1) 通过化学实验的操作，可以培养学生学习化学的兴趣，提高其化学实验能力。
(2) 通过化学实验可以培养学生与他人合作的能力。
3. 情感态度与价值观
(1) 培养学生学习化学的兴趣。
(2) 培养学生与他人合作的能力。

教学重点和难点

两种具有强烈腐蚀性的浓酸混合的方法和原理。

教学流程示意

教学过程

教学环节	教师活动	学生活动	设计意图	评价
1. 讲解两个实验的原理和安全措施	在屏幕上打出具体实验原理，包括纤维素的硝化反应原理、氧化还原反应的原理以及焰色反应的原理。反复强调安全注意事项。	学生要多思考，多讨论化学实验方案和实验步骤。	培养学生的安全意识；提高学生的化学实验能力。	
2. 具体实验操作步骤	在屏幕上打出两个实验的具体实验步骤。	学生做实验。	培养学生的实验操作能力。	多走动巡视。

续表

<table>
<tr><td>3. 反思、总结</td><td>教师多引导学生进行反思。</td><td>学生要多讨论、多反思。</td><td></td><td></td></tr>
<tr><td colspan="5">板书设计</td></tr>
<tr><td colspan="5">第四章　化学炸药的相关实验
一、硝化纤维的实验室制造
二、黑火药和烟花的配方</td></tr>
<tr><td colspan="5">作业要求</td></tr>
<tr><td colspan="5">写出黑火药爆炸的化学方程式，并标明氧化剂、还原剂，同时计算其质量配比。</td></tr>
<tr><td colspan="5">教学反思及改进措施</td></tr>
<tr><td colspan="5">注意两个实验的改进方法。注意脱脂棉放进混酸后的时间长短，硝化纤维很重要。</td></tr>
<tr><td colspan="5">特别关注</td></tr>
<tr><td colspan="5">学习资源：
1. 黄文尧，颜事龙．炸药化学与制造．冶金工业出版社，2009 年。
2. 王泽山．火炸药科学技术．北京理工大学出版社，2002 年。
3. 吕春绪．工业炸药理论．兵器工业出版社，2003 年。
4. 国防科技信息网：http：//www. dsti. net/。
5. 军人网：http：//www. junren. net/。
6. 中国八一军人网：http：//www. 81ren. com/。
7. 中国知网：http：//epub. edu. cnki. net/grid2008/index. htm。
8. 中国科学院网站：http：//www. scichina. com/new _ web _ Fa/index. asp。</td></tr>
<tr><td colspan="5">教学条件要求</td></tr>
<tr><td colspan="5">两个配有实验器材和药品的实验教室（能容 40 人左右）。</td></tr>
</table>

第三节 国际安全中的生物技术

构建与实施说明：

在进行“国际安全中的生物技术”这一校本课程的设计时，我们难于决定要选用哪些生物技术作为教学内容。然而，若我们的学生了解了国际安全中重要的生物技术或其他科学技术后，不能很好地运用这些技术造福人类，甚至将它们用在了不该用的地方，这是不是有悖于教育的根本目的？经过深入的思考，我们决定利用这仅有的几节课，培养学生强烈的社会责任感，使他们能够依据事实作出正确的判断，基于这个目标，我们选用了“转基因技术”。而目前影响国家安全的典型生物现象是“生物入侵”，这一点学生并不陌生：不论是海关检查中的种种要求，还是身边自然环境受破坏的新闻，比比皆是。另外，在生活实践中我们时常提到的“食品安全”问题，不仅关系到国家内部安全稳定，也会影响我国在世界上的战略地位，与之相关的一个实验——“泡菜中亚硝酸盐的测定”是高中生物课的选修内容，这个实验的开展及其实验设计的拓展都有利于提高学生的科学素养。

综上，我们将转基因技术及其带来的安全和伦理问题作为第一节课的讨论主题，力求使学生通过本节课的教学活动，体会科学技术的应用是把“双刃剑”，学会从多个角度分析生物技术的利弊以及如何趋利避害，以此培养学生的创新思维、提高学生的逻辑思维能力。第二节课，通过判断“生物入侵”现象来提高学生的警惕性，通过相互讨论实验设计帮助学生形成“实事求是、不盲从、不迷信”的创新人格。在“食品安全”一节中，通过对近期食品安全问题的案例分析，使学生理解其中的科学原因，并让学生亲手检验某些食品中的亚硝酸盐是否超标，从而体会食品安全监督的重要作用，并提高学生的实验与探究能力。

课时教学设计（一）

教学的基本信息	
课题	国际安全中的生物技术
单元（或主题）	国际安全中的转基因技术

教学内容分析及学习者分析

1. 教学内容分析

转基因技术及其带来的安全和伦理问题是本节课的讨论重点，通过本节课的学习，学生根据转基因技术的应用领域，从转基因技术对环境及其他生物、对人类自身健康乃至对国家安全影响的角度来分析：如何趋利避害，既能促进生物技术的发展为人类造福，又能避免对生物多样性安全、环境安全、食品安全造成危害。同时不能因噎废食，不能为了避免负面影响就停止生物技术的研究和应用，理解科学技术的应用是把“双刃剑”。

2. 学习者分析

高一学生并未学习遗传变异的相关内容，也不了解转基因技术的操作过程，所以本节课的知识目标之一是让学生了解转基因技术的大致流程。

培养决策能力是本节课的能力目标之一。所以本节课期望通过案例展示出学生在实际生活中可能会遇到的诸如“你是否选择食用转基因食品?”“你认为商家是否需要在商品上标明来自转基因原料的标识?”等问题来促进学生之间、师生之间的讨论，从而使学生在权衡利弊后作出正确决策。

教学目标

1. 知识与技能

（1）简单说出转基因技术的大致流程。

（2）通过了解转基因生物的现状，举例说明转基因动物、植物和微生物所涉及的安全问题。

2. 过程与方法

通过分析转基因技术的利弊，提升逻辑思维能力。

3. 情感态度与价值观

（1）关注转基因技术带来的安全问题，探讨转基因技术的发展与人类社会的伦理道德规范间的关系。

（2）面对转基因技术的发展与人类社会的伦理道德之间的关系，能在生活中作出正确决策。

续表

教学重点和难点

教学重点：

分析转基因技术可能带来的安全问题以及如何对此作出正确决策。

教学难点：

1. 关注转基因技术的发展和人类社会的伦理道德规范，尝试作出正确决策。

2. 总结作出决策的过程，归纳如何才能正确作出决策。

本节课的活动组织难点：

由于高一学生未接触过转基因技术，如何在学生对转基因技术及相关危害零认知的情况下，进行讨论，并尝试根据利弊分析来作出正确决策。

教学流程示意

目标	教学素材	学生活动
1. 大致了解转基因技术流程	转基因操作流程示意图	看图说话，说出流程
2. 转基因技术应用的举例	展示转基因动物、植物、微生物图片	举例，并和老师一起归纳
3. 作出决策，说明理由	案例 1（见讲义） 讨论 1：是否食用转基因食品。 案例 2（见讲义） 讨论 2：是否支持转基因食品需要标识。 案例 3（见讲义） 讨论 3：是否赞成转基因农作物。	参与讨论，并说明作出该决策的理由

4. 归纳——如何正确作出决策

(1) 可以列出该事件的利弊（见板书的表格示例）。

(2) 所有的决策都需要事实、实验结果等佐证。

续表

教学过程				
教学环节	教师活动	学生活动	设计意图	评价
分析活动 1	出示《科学》杂志封面“棉铃虫的一顿美餐”和转基因技术示意图，总结转基因技术的大致流程：获取目的基因——构建表达载体——将重组DNA导入受体细胞——目的基因的检测与表达。 （强调关键点：可实现远缘杂交）	观看，同时进行思考；听讲，重点思考转基因生物如何实现远缘生物之间的基因交流。	引起学生兴趣，引出主题；归纳转基因技术大致流程，为后续讨论做铺垫。	对流程的小结和评价：是否关注到目的基因与受体细胞间的亲缘关系可以很远。
讨论活动 1	提问：说出你所知道的转基因生物，它们分别在哪些领域起到了重要作用。 1. 农业生产：高产，抗虫、抗旱、抗寒等抗逆性，增加农作物的品质，如提高微量元素的含量。（指向转基因食品） 2. 畜牧业：增产，提高牛羊肉的品质。（指向转基因食品） 3. 环境保护方面：转基因微生物分解难降解物，如石油泄漏等。（指向转基因生物解决环境问题）	联系生活经验，举例说出自己所知道的转基因技术及其应用，并进行归纳。	师生一起归纳，举例说出转基因技术的应用，为后期引导学生分析相关的转基因技术做铺垫。	评价：是否能联想到该转基因生物与实际生活的联系。
分析活动 2	展望：转基因技术可能给我们的生活带来巨变，归纳其利弊。 1. 利：实现远缘物种基因的交流，实现物种的人为短期改造。 2. 弊：短期内改造生物，产生了世界上从来没有的生物性状，可能由于基因片段插入的随机性带来人类所无法预料的后果。	举例说明转基因生物给人类带来的巨大改变。	通过案例分析，在师生探讨后形成较为正确的决策。	评价落点：是否能兼顾利弊。

续表

讨论活动 2	案例 1：普斯陶教授专访，关于小鼠食用转基因小鼠后的反应。 案例 2：引用方舟子博客博文。 讨论 1：你个人是否接受转基因食品？ 案例 3：2003 年，朱燕翎状告“雀巢”案。 讨论 2：你购买商品时是否注意其转基因标识，如果有转基因原料但没标识，你作何想法？ 案例 4：康奈尔大学关于“斑蝶食用转基因玉米花粉后 44%死亡”的视频。 案例 5：盲蝽象和转基因抗虫棉。 讨论 3：你是否赞成转基因农作物？你是否同意应用转基因食品根除饥饿或营养不良？	讨论 3 个案例，分别作出决策，并说出理由。	通过案例分析，师生讨论，听取学生的意见，让每位同学根据掌握的科学依据，对某一现象作出自己的决策。	评价落点：学生在互动讨论中，是否具备交流和倾听的能力，是否能做出自己的选择，并说明做出选择的过程和原因。
总结提升活动	“通过以上讨论和分析，你觉得怎样才能作出较为正确的决策？”归纳如下： (1) 可以列出该事件的利弊（见板书的表格示例），进而根据利弊大小或严重程度，决定是否继续从事该活动；还可以从整体和局部、主要矛盾和次要矛盾等角度理解，进而作出决定。 (2) 所有的决策都需要事实、实验结果等佐证。面对抉择，需要收集足够的信息和资料，经分析和整理作为自己的决策依据。	总结归纳。	通过总结方法，提高决策能力，指导今后的生活、生产实践。	评价落点：学生是否能在该活动中总结出作决策的一般方法，并指出决策依据的科学性和重要性。

续表

板书设计

如何作出正确决策？

	对人类影响小	对人类影响中等	对人类影响大
对动物（环境/健康）影响小			
对动物（环境/健康）影响中等			
对动物（环境/健康）影响大			

作出正确决策需要：事实、证据、实验结果等并权衡利弊。

作业要求

调查你身边的人对转基因食品的态度，并加以汇总。

教学反思及改进措施

教师对转基因技术的利弊还应更客观地陈述，以免主观性地影响学生对转基因技术使用的立场。

特别关注

对教学条件的要求：

能使用多媒体的教室。

教学组织与实施中的难点：

在本节课的学习中，学生相关知识方面的基础较为薄弱，这就使得“如何引导学生深入参与讨论”成为难点。

学习资源：

1. 国家质量监督检验检疫总局网站：http：//www.aqsiq.gov.cn/。
2. 中国生物信息网：http：//www.biosino.org。
3. 中国国家生物安全信息交换所网站：http：//www.biosafety.gov.cn/。
4. 北京师范大学附属中学生物教研组．生命的凝视．教育科学出版社，2009 年。

课时教学设计（二）

教学的基本信息	
课题	国际安全中的生物技术
单元（或主题）	国际安全中的生物入侵
教学内容分析及学习者分析	
1. 教学内容分析 生物入侵的现象是常常见诸报纸、杂志的新闻。但具体怎样的情况算是生物入侵？从国际安全角度分析，对我国生物安全造成影响的生物入侵都是怎样的？哪些生物具有导致生物入侵的潜在危害？这些内容在教材中不会提及，但通过对现象的分析可以得到答案。本节课准备以分析生物入侵为入口，以培养探究设计能力为目标，在相互讨论交流中使学生形成“实事求是，不盲从、不迷信”的创新人格。 2. 学习者分析 学生有过一定的实验设计训练。在实际生产需要引进新品种进行生物防治时，必须考虑该措施是否会造成生物入侵，这就需要准确把握入侵生物的特点。	
教学目标	
1. 知识与技能 （1）通过了解北京地区入侵物种的案例，尝试归纳“生物入侵”现象的特点。 （2）通过了解入侵物种的危害，说出生物入侵在国际安全中的重要意义。 2. 过程与方法 通过讨论分析入侵生物的繁殖特点，尝试设计实验以深入了解生物入侵的特点。 3. 情感态度与价值观 （1）关注入侵物种对当地生物多样性的影响。 （2）对生物入侵的早期案例进行分析，关注生物多样性，增强社会责任感。	
教学重点和难点	
教学重点： 1. 引导学生设计实验，验证并归纳入侵生物的特点。 2. 通过了解入侵物种的危害，说出生物入侵在国际安全中的重要意义。 教学难点： 归纳入侵物种的特点和危害。 本节课的活动组织难点： 学生有过一定的设计实验训练，但对于其生物特性比较陌生的入侵植物，如何设计实验来验证其在新环境中的竞争优势，以及实验题目是否合理且具有价值，实验方案是否可操作等，还需要及时交流并加以引导。	

续表

教学流程示意

花友会论坛案例引发对生物入侵的关注并作合理判断 → 分析入侵生物的特点及其对生物安全的危害 → 根据实验设计原则，设计实验并验证之前归纳的假设 → 小组代表发言，提问、交流并评价

教学过程

教学环节	教师活动	学生活动	设计意图	评价
讨论活动 1	案例分析引入：针对小李在网络花友会论坛上碰到的情况，如果你是小李将如何回答？	作出合理判断。	引出课题，引起学生兴趣。	是否能从生物安全的角度作出合理判断。
分析活动 1	展示北京秋天的另一种红叶——火炬树，以及苍耳、豚草、后海水葫芦的生长情况。分析有意或无意引入的植物造成生物入侵的危害，以及这些生物之所以能入侵的原因。	了解现象，观察并归纳入侵现象的危害，总结入侵植物的共同特点。	通过现象归纳入侵植物的危害和特点。	能否初步归纳出入侵植物的特点。
讨论活动 2	如何设计实验，以验证所归纳的入侵生物的特点？（根据学生归纳的特点提出具体研究题目） 如何设计实验，以探究水葫芦的繁殖能力？（如有性繁殖产生的种子的多少，无性繁殖的方式和速度等具体研究方向） 如何设计实验，以探究水葫芦的竞争优势？（如对光照的利用、对其他浮游植物或水生动物的危害等具体研究方向）	根据所归纳的入侵植物的特点，选择大小适合的实验题目，设计实验以验证假设。	引导学生用实验设计来分析入侵植物的特点。	探究实验题目大小是否合理，有无操作价值。

续表

<table>
<tr><td>分析活动 2</td><td>听取小组代表发言，汇报内容包括入侵植物特点的归纳、具体研究题目的提出、实验大体步骤和预期结果及结论等。</td><td>小组代表发言，小组间讨论。</td><td>交流组间相互提问。</td><td>老师对汇报结果和提问问题的质量进行打分。</td></tr>
<tr><td>点评小结</td><td>针对小组汇报，就研究价值、实验设计方案的科学性和可行性等方面进行总结。</td><td>听讲，作记录。</td><td>归纳小结。</td><td></td></tr>
<tr><td colspan="5">板书设计</td></tr>
<tr><td colspan="5">国际安全中的生物入侵
1. 入侵生物的危害
2. 入侵生物的特点
3. 设计实验的题目</td></tr>
<tr><td colspan="5">作业要求</td></tr>
<tr><td colspan="5">1. 在自己所居住的社区附近寻找老师上课所提到的入侵生物，请记录地点、数量，并拍照。
2. 若你的社区周围出现了入侵植物，请问你可能采取什么措施？</td></tr>
<tr><td colspan="5">教学反思及改进措施</td></tr>
<tr><td colspan="5">对小组汇报的评价是否需要进一步量化？</td></tr>
<tr><td colspan="5">特别关注</td></tr>
<tr><td colspan="5">对教学条件的要求：有多媒体的教室。
教学组织与实施中的难点：小组设计实验时的及时巡视和指导。
学习资源：
1. 孙儒泳，李庆芬．基础生态学．高等教育出版社，2002 年。
2. 钱芳．生物入侵及其危害．生物学教学，2003，(11)。</td></tr>
</table>

课时教学设计（三）

<table>
<tr><td colspan="2">教学的基本信息</td></tr>
<tr><td>课题</td><td>国际安全中的生物技术</td></tr>
<tr><td>单元
（或主题）</td><td>国际安全中的食品安全——食物中亚硝酸盐的测定（共2课时）</td></tr>
<tr><td colspan="2">教学内容分析及学习者分析</td></tr>
<tr><td colspan="2">1. 教学内容分析
亚硝酸盐是一种有毒物质，它与蛋白质的分解产物在酸性条件下发生反应，易产生亚硝胺类致癌物。亚硝酸盐在蔬菜种植、食品加工和贮藏等过程中都会残留或产生，亚硝胺类化合物在腌肉、香肠、熏肉、鱼干、虾皮、鱿鱼丝等动物性食品中含量较高。蔬菜生产过程中过量施用化肥，采后贮藏不合理，也会加速硝酸盐和亚硝酸盐的累积。桶装水在饮水机上放置时间过长，反复加热也会导致亚硝酸盐的形成。
日常生活中哪些食品或食品加工贮藏方法中亚硝酸盐的含量较高？在国家批准的亚硝酸盐作为添加剂的食品中，亚硝酸盐是否超标，这就需要根据亚硝酸盐测定原理来进行测定。科学的实验设计，严谨的结果分析，简练的报告交流，是创新人才所要具有的重要的科学与探究能力。
2. 学习者分析
学生在日常生活中听说过食品安全特别是添加剂的问题，也有一定的化学实验操作基础，但未能将食品安全与国家安全联系到一起。不同加工或贮藏条件下，食品中的亚硝酸盐含量的变化情况也未接触和测定过。</td></tr>
<tr><td colspan="2">教学目标</td></tr>
<tr><td colspan="2">1. 知识与技能
说出食品安全与国家安全的关系。
2. 过程与方法
（1）小组设计实验方案并与其他小组进行交流。
（2）根据小组方案测定亚硝酸盐含量，客观分析实验结果，得出实验结论。
3. 情感态度与价值观
关注食品安全与国家安全的关系。</td></tr>
</table>

续表

教学重点和难点

教学重点：
1. 食品安全对国家安全的影响。
2. 亚硝酸盐对人体的危害，及影响亚硝酸盐含量的条件。
3. 测定亚硝酸盐含量，客观分析实验结果。

教学难点：
1. 组织小组设计实验方案，并指导组间交流。
2. 关注资料的搜集和整理能力以及在小组交流过程中的合作与表达能力。

教学流程示意

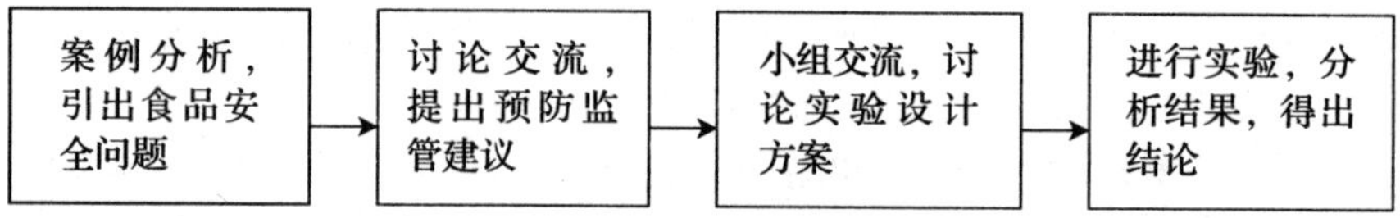

教学过程

教学环节	教师活动	学生活动	设计意图	评价
第一课时				
分析和讨论	以“女童吃鸡翅致死”的新闻引出课题，以地沟油、毒豆芽、染色馒头等我国2011年食品安全问题引发学生思考：食品安全与国家安全的关系，如何加强对食品安全的监管（主要从技术角度）。	思考食品安全问题与国家安全的关系，如何从监管入手，加强对食品安全事故的预防。	关注社会热点，引出课题。	能否对“食品安全如何影响国家安全”这一问题进行分析，就“如何加强监管”提出建议。

续表

讨论交流活动	日常生活中有哪些食品的原材料中含有亚硝酸盐？这些材料在食品加工、熟食贮藏和再加工的过程中，其亚硝酸盐含量是否会变化？如何设计实验进行验证？ 实验设计的原则：科学性原则、可操作性原则、对照原则、单一变量原则、重复性原则等。	关注食品加工、熟食贮藏和再加工的过程中亚硝酸盐含量的变化，小组提出具体研究课题，从实验设计的原则出发，设计测定亚硝酸盐含量的实验方案。	根据实验设计原则，科学严谨地设计实验，为下节课的实验做好准备。	实验设计方案是否符合设计原则。
第二课时				
实验活动及分析交流	根据实验方案选取实验器材和药品。 按照上一节课设计的实验步骤完成操作，客观记录实验结果，严谨分析实验原因（包括失误原因），尝试得出实验结论并与其他小组进行交流。	实验操作、分析实验结果，与预期结果进行对比，得出实验结论。	根据方案自主选择器材、药品，增强实验的设计性。与预期对比，客观地分析结果，保持严谨的实验态度。	是否客观记录实验结果，是否能严谨分析实验结果，与预期对比后能否得出正确结论，以及实验报告情况如何。
板书设计				

国际安全中的食品安全

组别	实验设计题目	预期结果和结论

作业要求
调查家庭一周的饮食组成，列举有可能含有亚硝酸盐的食品。
教学反思及改进措施
实验报告要在第一课时完成一部分设计，包括预期结果与结论。 第二课时完成实验并补充实验结果和结论。

续表

特别关注
对教学条件的要求： 经费支持，提供实验室场所、器具、试剂等。 教学组织与实施中的难点： 对实验方案可行性的评价，以及在实验阶段对结果的分析和解读。 学习资源： 1. 潘静娴，张艳，张莹，毛云云．不同利用方式对几种叶菜亚硝酸盐含量的影响．食品工业科技，2011，(2)。 2. 耿慧霞，季晓辉，王来．桶装纯净水内亚硝酸盐含量的影响因素．职业与健康，2011，(21)。

第四节　数学密码与国家安全

构建与实施说明：

随着计算机网络的普及，网络走进了千家万户，而同时网络的安全问题也显得尤为重要。不管是发送电子邮件，还是通过网上转账进行购物，传输过程都需要进行加密。如何使网络传输的加密内容不被他人破解，已经成为国际密码界的一项重要课题。

在高中阶段的数学学习中，有的学生可能会产生这样的困惑——学习数学有什么用处？学生的这一困惑也要求我们在教育过程中将理论研究转化为实际的运用，让数学活起来。2011 年 12 月的“密码门”事件中，用户的口令在数据库中均为明文存取，导致黑客轻而易举地得到了大量用户的登录名和密码。因此，安全意识的培养同样是时代的需要，而密码学与数学之间的关系非常密切，可以说，数学的发展铸就了密码学的发展。

本节主要介绍密码学发展的几个重要阶段和几种具有代表性的加密、解密的方法，力求通过本节课的教学活动，让学生了解密码与数学之间的关系，激发学生的学习兴趣，培养学生严密的逻辑思维能力和创新精神。

课时教学设计（一）

教学的基本信息

课题	数学密码与国家安全
单元（或主题）	密码学的历史

教学内容分析及学习者分析

1. 教学内容分析

介绍密码学的历史和密码学的基本概念。

让学生了解数学在二战中起到的重要作用。密码学作为理论数学的应用分支之一，在战争中的地位可谓极其重大，甚至有人认为“二战盟军的密码破译工作使战争提前好几年结束”。引导学生通过查阅资料了解较为简单的几种加密方法，为下节课做好准备。

2. 学习者分析

喜欢二战历史的学生对这方面有大致的了解，但是大部分学生对如何加密、解密还是比较陌生的。通过介绍密码学在二战中的重要作用，激发学生了解这方面知识的兴趣，让学生自己查阅相关资料，自主学习。

教学目标

1. 知识与技能

（1）密码学的基本概念及其在二战中的作用，加密技术在现代通讯中的重要地位。

（2）古典密码时期的几种加密方法（着重讲解栅栏加密和凯撒密码）。

2. 过程与方法

（1）通过介绍密码的发展史及其在二战中的重要作用，激发学生的学习热情。

（2）通过讲解一些简单的加密、解密的方法，加深学生对密码的认识，揭开加密和解密的神秘面纱。

3. 情感态度与价值观

（1）让学生体会数学之美。

（2）增强学生的国防意识。

教学重点和难点

教学重点：

介绍密码学的基本概念。

教学难点：

基本概念的理解；栅栏加密和凯撒密码。

续表

教学流程示意

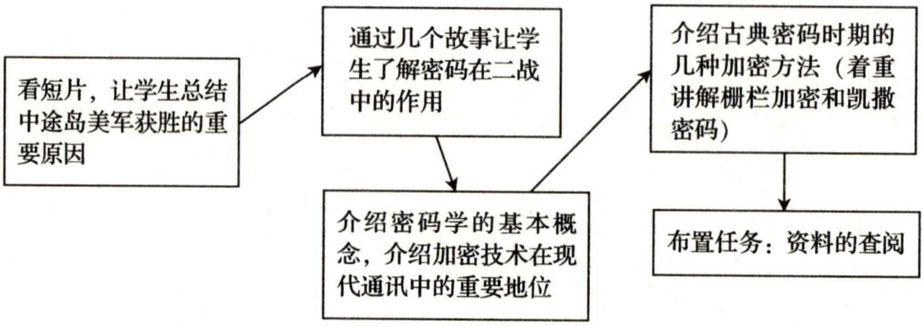

教学过程

教学环节	教师活动	学生活动	设计意图
引入	播放《中途岛之战》的视频片段。	观看短片，总结美军获胜的原因。	引出密码在战争中的重要作用。
介绍密码学的历史	讲解几个相应的故事。	进一步了解密码在国防中的重要地位。	
介绍密码的基本概念	问题：计算机开机密码、银行密码、QQ密码等是密码吗?	通过学生的讨论进而形成概念。	了解口令与密码的区别。
介绍密码学在现代通讯中的重要作用	讲解几个相应的例子。	学生举例。（无线电、计算机网络等）	
介绍古典密码时期的几种加密方法	重点讲解栅栏加密技术和凯撒密码。	学生分组讨论如何破解单字母替换的加密方法。	初步了解加密的算法以及解密的方式。

续表

布置课后的资料查阅	讲解几种简单的加密算法，特别是RSA加密方法。	课后上网查阅相关资料。	
教学反思及改进措施			
由于学生所学数学知识及其对加密、解密领域了解的有限性，在组织讨论的过程中，部分学生无从下手。对此，可以让学生在课前查阅相关资料。			
特别关注			
教学组织与实施中的难点：学生的相关知识太少，组织讨论时有困难。			

课时教学设计（二）

教学的基本信息	
课题	数学密码与国家安全
单元（或主题）	现代密码技术
教学内容分析及学习者分析	
1. 教学内容分析 （1）近代密码时期的开端及其体制。 （2）现代密码技术，密钥与算法的分离。 （3）现代密码学的体系：对称加密体系和非对称加密体系。 （4）讲解 RSA 加密系统。 2. 学习者分析 上节课布置了学习任务，即让学生查阅关于现代加密方法的资料，学生对此有了初步的了解，进而基于大数分解的难度引入 RSA 加密算法。	

续表

教学目标

1. 知识与技能

（1）现代密码技术，密钥与算法的分离。

（2）现代密码体系。

（3）大数分解与 RSA 加密系统。

2. 过程与方法

（1）通过对加密和解密的介绍，让学生深入了解数学的重要作用，激发学生的学习热情。

（2）通过讲解 RSA 系统的加密方法，加深学生对密码的认识，揭开加密和解密的神秘面纱。

3. 情感态度与价值观

（1）领会数学的重要作用。

（2）增强国防意识。

教学重点和难点

教学重点：大数分解与 RSA 加密系统。

教学难点：RSA 加密系统。

教学流程示意

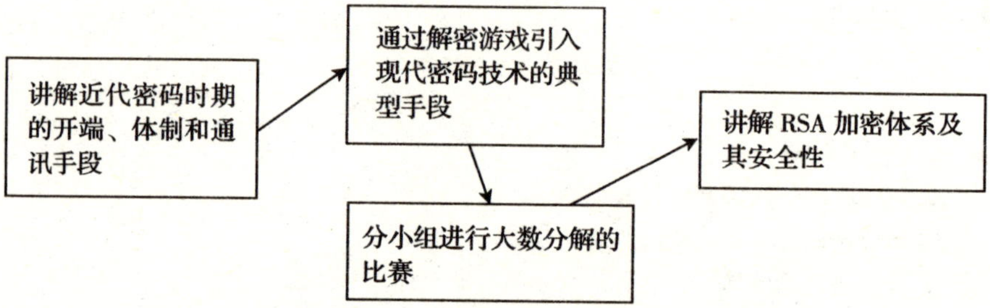

教学过程

教学环节	教师活动	学生活动	设计意图
近代密码时期	讲解近代密码时期的开端、体制、通讯手段及其安全性能。	了解有了电报、电话后，加密在通讯中的重要地位，增强自身的国防安全意识。	

续表

<table>
<tr><td>现代密码技术的引入</td><td>教师在活动中引导学生得出结论。</td><td>分组讨论和解密练习。</td><td>密钥与算法的分离。</td></tr>
<tr><td>大数分解</td><td>逐步增大分解数。</td><td>采用小组比赛的方式进行大数分解。</td><td>让学生在实践中明白分解的难度。</td></tr>
<tr><td>讲解 RSA 加密系统</td><td>由大数的分解和数论的相关知识引入 RSA 加密方法。</td><td>理解 RSA 加密方法及其安全性。</td><td></td></tr>
<tr><td colspan="4">课后作业</td></tr>
<tr><td colspan="4">选择一种加密方式，对下面的原文进行加密：
“There were two brothers，John and Peter. John was two years younger than Peter but he was a clever boy. He was good at English and Maths. Peter was not a clever boy. He was not good at anything. John helped Peter to do his homework but he was always in trouble with his teachers. One day the boys went to a new school.”</td></tr>
<tr><td colspan="4">教学反思及改进措施</td></tr>
<tr><td colspan="4">本节课的难点在于学生在数论知识上的不足，难于理解 RSA 加密体系的具体过程。</td></tr>
<tr><td colspan="4">特别关注</td></tr>
<tr><td colspan="4">教学组织与实施中的难点：学生的相关知识太少，组织讨论时有困难。</td></tr>
</table>

第五节　物理原理与技术在国际安全中的应用

课时教学设计（一）

构建与实施说明：

“国际安全下的科学技术”这门课，其缘起是“朝鲜核危机”。彼时，朝鲜正积极地准备试爆自己制造的原子弹，使自己成为“拥核国家”。国际社会关系顿时紧张，中、美、俄、日、韩等国纷纷表态，而又意见不一。清华附中学生对此也非常关注。正值清华大学的李彬教授来我校开讲“国际安全下的科学技术”，他的切入点即是“朝鲜核危机”问题。可见，核武器的原理、地位和作用，核武器在国家关系中的重要影响，各大国对核武器的态度和政策都是国际关系中的重要问题。

由于核物理知识在初中很少涉及，所以本节先从核物理基础知识讲起。既能为“国际安全下的科学技术”这门课打好基础，又有利于学生今后的物理学习。

<table>
<tr><td colspan="2">教学的基本信息</td></tr>
<tr><td>课题</td><td>物理原理与技术在国际安全中的应用</td></tr>
<tr><td>主题</td><td>核物理基础知识</td></tr>
<tr><td colspan="2">教学内容分析及学习者分析</td></tr>
<tr><td colspan="2">1. 教学内容分析
本节课是“物理原理与技术在国际安全中的应用”这一课题的开篇课。让学生掌握核物理基础知识是这节课的关键。核物理知识既是高中物理的重要内容之一，关系到学生对整个物理体系的架构和对物理学的整体认识，同时也能为下一课学习原子弹与核电站的内容做好铺垫。本节课将带领学生走近微观物理，领略一个由量子效应做主导的不一样的世界，以此拓宽学生的视野。
2. 学习者分析
高一学生没有在课堂上学习有关核物理的知识，也不了解半衰期、核反应等概念。但是他们通过初中物理、化学等知识的学习，以及实际生活中从新闻、杂志、科普读物等渠道获取的知识，对于粒子的微观结构也具有了一定的认识，所以掌握本节课内容不存在无法跨越的障碍。</td></tr>
<tr><td colspan="2">教学目标</td></tr>
<tr><td colspan="2">1. 知识与技能
(1) 了解世界构成的层次——从分子到原子到原子核到更小的结构。
(2) 了解核物理的基础知识——核反应、半衰期、各种衰变。
2. 过程与方法
(1) 通过查找资料了解人类对于世界构成层次的逐步认识。
(2) 通过自主学习和讨论交流，理解核反应和半衰期的实质，以及与化学反应的区别。
(3) 培养学生获取信息的能力和参与合作的能力。
3. 情感态度与价值观
(1) 提高学生的逻辑思维能力。
(2) 通过了解科学家科学探究活动的艰辛，培养勇于探索、勇于奉献的科学精神和科学情操。
(3) 培养学生学习物理的兴趣。</td></tr>
</table>

续表

教学重点和难点

教学重点：理解核物理的基本知识。

教学难点：衰变，核物理反应方程式，半衰期的概念理解。

教学流程示意

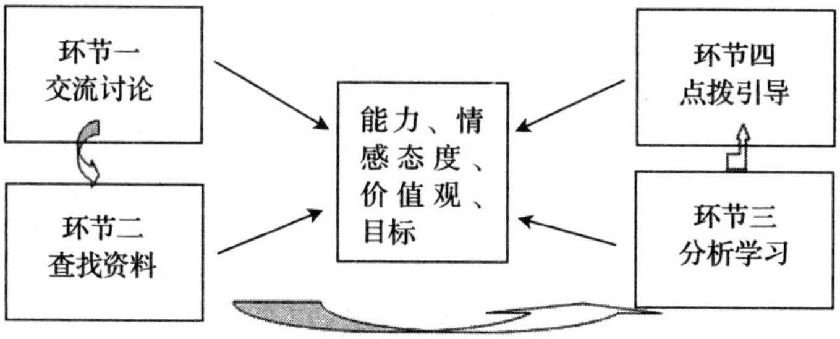

教学过程

教学环节	教师活动	学生活动	设计意图	评价
活动 1 交流讨论：怎样才能实现“点石成金”？	讲述《列仙传》（汉·刘向）中许逊点石成金的故事，让学生们讨论怎样才能真正地实现点石成金？可以采取头脑风暴的形式，让学生畅所欲言。	讨论，提出各种充满新意、饱含趣味的想法。	引入核物理的概念，引起学生兴趣。	老师对学生进行评价，学生互相评价。
活动 2 查找资料：世界的构成	布置探究任务： 网络查找“世界构成”的相关内容。 （宇宙——地球——人——分子——原子——原子核＋电子——质子＋中子——夸克） 循着历史脉络了解物理学中核物理的发展历史。	通过网络找出相关线索：世界由大到小的构成层次。	鼓励学生自主学习，主动寻找信息，综合已有信息进行整理和提炼，了解核物理在物理学中的地位及其研究范围。	老师对学生的活动进行评价。

续表

活动 3 分析学习：天然放射性现象和各种衰变方式，以及核反应和半衰期的概念	下发学习资料，学生们自主学习，了解核物理的基础知识： 原子核的构成和表示方法；核反应方程式的形式及其与化学方程式的区别；核反应方程式满足的规律；什么是半衰期、半衰期的物理意义、常见放射性物质的半衰期等。	自主学习，适时交流讨论，掌握基本知识。	训练学生自主学习的能力，以及在资料中抽取有用信息的能力。	巡视并指导。
活动 4 点拨引导：巩固核物理知识，及时纠正错误认识	通过设置问题考查学生自主学习的成果，对重点和难点内容画龙点睛地评论和讲解。 解释如何“点石成金”。	建立正确的物理模型，完成核物理知识的基本架构。	培养学生的逻辑思维能力，分析和解决问题的能力。	老师对学生活动进行评价，对本节课作整体评价。
板书设计				
核物理基础 1. 世界的构成 2. 天然放射性现象 3. 原子核和核反应的表示 4. 半衰期				
作业要求				
1. 阅读下发的材料，理解核物理基础知识。 2. 查找各种元素的半衰期。				
教学反思及改进措施				
调控学生查资料的速度和方向，调控学生自主学习的节奏，调控学生参与讨论的热情，这些都是需要反思和改进的地方。				
特别关注				
对教学条件的要求：有投影仪器的活动教室（最好是网络教室），方便学生通过信息技术进行活动参与。 教学组织与实施中的难点：对课堂节奏及时间的把握。				

课时教学设计（二）

构建与实施说明：

承接上一节的教学目标，在讲解完核物理基础知识后，就该介绍核物理的应用了。如原子弹这一人类历史上最伟大也最恐怖的武器，它为什么如此引人关注，它产生巨大杀伤力的原理是什么？拥有原子弹的国家应该对它的存在采取怎样的态度？这都是值得学生们探讨的问题。

当然，任何事物都具有两面性，科学技术也是一把“双刃剑”。任何科学技术本身都不是邪恶的，关键在于人类如何使用它。为了让学生体会这一科学史观，本节课同样涉及了对核物理的积极应用——核电站，它是人类新能源的希望。在传统化石能源日渐枯竭的今天，核能发电是取代旧能源的强有力接班人，各个国家都在致力于研究效率更高的核电站。对于原子核物理的应用，不仅可以制造杀人武器，也可以制造发电站造福人类。对这一问题的全面分析，锻炼了学生思维活动的严密性和辩证性。

<table>
<tr><td colspan="2">教学的基本信息</td></tr>
<tr><td>课题</td><td>物理原理与技术在国际安全中的应用</td></tr>
<tr><td>主题</td><td>核物理在国家安全中的应用——从原子弹到核电站</td></tr>
<tr><td colspan="2">教学内容分析及学习者分析</td></tr>
<tr><td colspan="2">1. 教学内容分析
本节课承接上节“核物理基础知识”。在学生了解了核物理基础知识之后，本课涉及核物理知识在国家安全中的应用。课程的设计突出学生通过网络直接查找资料、整理资料、获取信息，自主了解关于原子弹和核电站的知识。课程同样涉及高中的物理知识，以强化学生对物理规律的理解和掌握。
2. 学习者分析
（1）北京学生普遍视野开阔，选修本课的学生以男生居多，他们对军事、武器较为关心，且能通过各种渠道初步了解原子弹的相关知识。
（2）能够得到家庭、学校的支持，学生的网络技术较为熟练，能运用一定的信息技术探究课程。
（3）接受新课改教育，对于课堂活动的体验主导及其探究方法更为熟悉。</td></tr>
</table>

续表

教学目标

1. 知识与技能

(1) 了解原子弹的物理原理、效用及其防护。

(2) 了解核电站的工作原理，以及我国核电站的发展现状。

2. 过程与方法

(1) 通过查找资料了解原子弹的原理、效用及其防护，了解核电站的基本工作原理。

(2) 通过实际操作，学习如何在原子弹的攻击下逃生。

(3) 培养学生获取信息的能力，参与合作的能力及实践的能力。

3. 情感态度与价值观

(1) 培养学生的逻辑思维能力。

(2) 培养学生主动获取信息的能力。

(3) 提高学生学习物理的兴趣。

教学重点和难点

教学重点：

理解原子弹的工作原理和效用。

教学难点：

针对原子弹的效用进行防护。

教学流程示意

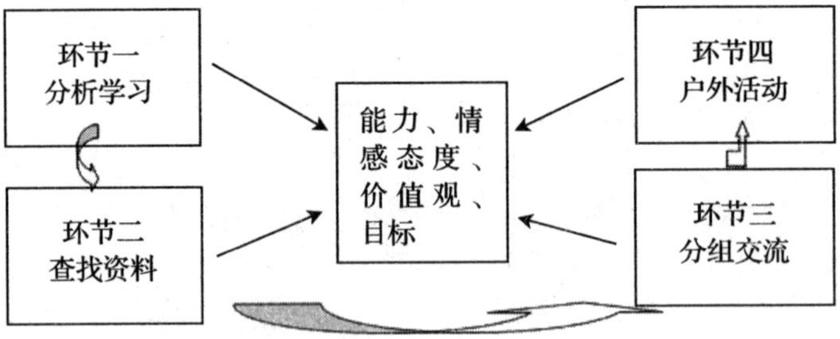

续表

教学过程				
教学环节	教师活动	学生活动	设计意图	评价
活动1 分析学习：核裂变的概念、条件及价值	下发学习资料，让学生自主学习，了解核裂变的知识：核裂变的概念；核裂变的特点；链式反应发生的条件；临界体积的概念；核裂变的价值等。	自主学习，适时交流讨论，掌握基本知识。	训练学生自主学习的能力，以及在资料中抽取有用信息的能力。	巡视并指导。
活动2 查找资料：原子弹的原理、效用及其防护	布置探究任务（网络查找）：原子弹的工作原理——原子弹中链式反应是如何发生的；原子弹的效用——五种杀伤方式；原子弹的防护——针对不同的效用进行防护。	通过网络找出相关线索，回答教师的问题。	鼓励学生自主学习，主动寻找信息，综合已有信息进行整理和提炼，了解原子弹的相关知识。	提问和检查学生的探究效果，老师对学生的探究活动进行评价。
活动3 分组交流：核电站的工作原理和发展现状	布置分组交流题目： 核电站的核裂变跟原子弹有什么不同？“可控性”体现在哪些方面？我国现有哪些核电站，未来要建设哪些核电站？	分组讨论，搜索答案。	培养学生分工合作及整合信息的能力。	巡视并指导，对学生的讨论效果和合作程度进行评价。
活动4 户外活动：原子弹攻击条件下的个人防护	带领学生到户外，给出假想题目：如果现在就要遭受原子弹攻击，你怎么逃生？需要什么条件？需要什么工具？ 最后总结：逃生的最好手段。	实际准备，实际操作，思考逃生手段。	让学生在活动中学习核防护知识，培养其动手实践能力。	老师对学生活动进行评价和总结。

续表

板书设计
核物理在国际安全中的应用 1. 核裂变，链式反应，临界体积 2. 原子弹的原理，效用，防护 3. 核电站的工作原理
作业要求
1. 复习原子弹的五种杀伤效用，并针对各自的物理特性理解其防护方式。 2. 练习使用防毒面具。
教学反思及改进措施
调控学生查资料的速度和方向，调控学生自主学习的节奏，调控学生参与讨论的热情，以及户外活动的组织，都需要反思和改进。
特别关注
对教学条件的要求：有投影仪器的活动教室（最好是网络教室），方便学生通过信息技术进行活动参与。 教学组织与实施中的难点：课堂节奏及时间的把握，户外活动的组织。 学习资源： 1. 中国能源信息网：http：//newenergy. nengyuan. net/heneng/。 2. ［德］罗伯特·容克著．钟毅，何纬译．比一千个太阳还亮．原子能出版社，1991年。

课时教学设计（三）

构建与实施说明：

“反卫星武器”的研究，包括技术的研究和使用策略的研究，是近年来各个国家关注的热点。我国曾在几年前试射了自己研制的反卫星武器击落了自己的一颗老旧的气象卫星。

本节课力求开阔学生的视野，将学生的目光引领到广袤的太空——一个平时看不到的战场。什么是卫星？什么是反卫星武器？反卫星武器有哪些种类，它们的杀伤效用如何？不同的反卫星武器有什么不同的使用策略？这些都将一一得到解答。而这些应用知识的基础——天体物理学的基础知识，也会在本课为学生介绍。

通过这节课的学习，学生们会认识到并不是拥有最厉害的武器就能成为最强大的国家，“和平与共赢”才是人类发展的主题。同时，学生们通过本课的学习也会建立正确的太空开发的价值观。

<table>
<tr><td colspan="2">教学的基本信息</td></tr>
<tr><td>课题</td><td>物理原理与技术在国际安全中的应用</td></tr>
<tr><td>主题</td><td>卫星与反卫星武器</td></tr>
<tr><td colspan="2">教学内容分析及学习者分析</td></tr>
<tr><td colspan="2">1. 教学内容分析
本节课关于卫星与反卫星武器这个主题，目的是让学生们掌握卫星与反卫星武器的基本知识以及相关的太空国际安全策略。天体运动（卫星和反卫星武器）知识既是高中物理的重要内容之一，关系到学生对整个物理体系的架构和对物理学的整体认识，也是当今国际安全的一个热点。本节课将带领学生“走进”太空，体会大国们在太空中的角逐。
2. 学习者分析
高一学生已经学习了万有引力定律和匀速圆周运动的知识，在物理学原理的掌握上没有障碍，且通过上节课的学习对原子弹有了初步的认识。但是由于视野和知识面较为狭窄，对于太空武器、卫星等相关知识的信息量不足，对此应着重学习。</td></tr>
<tr><td colspan="2">教学目标</td></tr>
<tr><td colspan="2">1. 知识与技能
(1) 了解卫星运行的基本知识。
(2) 了解反卫星武器的分类、原理及部署策略。
2. 过程与方法
(1) 通过查找资料了解各大国卫星和反卫星武器的发展情况。
(2) 通过自主学习，讨论交流太空安全政策。
(3) 培养学生获取信息的能力、参与合作的能力。
3. 情感态度与价值观
(1) 培养学生的逻辑思维能力。
(2) 培养学生学习物理的兴趣。</td></tr>
</table>

续表

教学重点和难点

教学重点：

理解天体物理学的基本知识。

教学难点：

理解太空安全策略和技术的关系。

教学流程示意

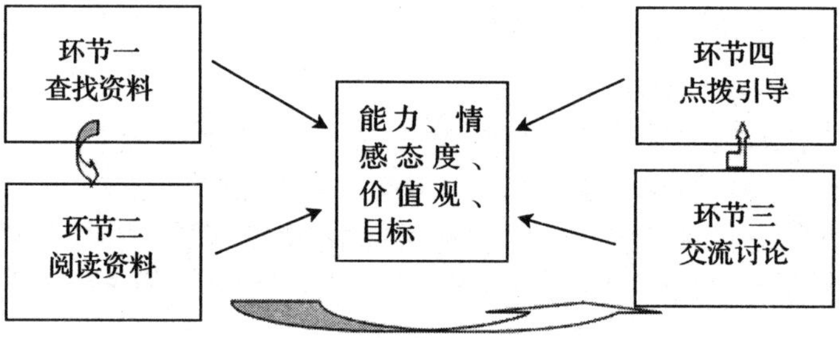

教学过程

教学环节	教师活动	学生活动	设计意图	评价
活动1 查找资料：卫星的基本知识	布置任务：什么是卫星，卫星的用途和分类，不同的卫星各有什么特点。	通过网络找出相关线索：卫星的相关知识。	主动查找信息，综合整理信息，了解卫星的基本概念。	通过提问，检查信息查找的质量。
活动2 阅读资料，自主学习：天体物理学基本知识	分发阅读资料（关于牛顿第二定律、万有引力定律、匀速圆周运动等物理学原理），让学生掌握并自主研究各种卫星，包括极地卫星、同步卫星等。	阅读资料，自主研究。	鼓励学生自主学习，自主研究。	通过学案设置问题，由学生补充完整。

续表

<table>
<tr><td>活动 3
分析学习，交流讨论：反卫星武器</td><td>下发学习资料：
反卫星武器的历史、发展现状、发展趋势、分类、杀伤原理、防护以及各国拥有反卫星武器的情况。</td><td>阅读资料，自主学习，适时交流讨论，掌握目标知识。</td><td>训练学生自主学习的能力，以及在资料中抽取有用信息的能力。</td><td>巡视并指导。</td></tr>
<tr><td>活动 4
点拨引导：运用物理学原理和技术了解太空安全策略</td><td>教师点拨，启发式提问，引导学生思考怎样根据技术现状和力量对比制定太空安全策略。</td><td>思考并参与讨论，完善策略。</td><td>培养学生的逻辑思维能力，分析和解决问题的能力以及决策能力。</td><td>对策略进行点评。</td></tr>
<tr><td colspan="5">板书设计</td></tr>
<tr><td colspan="5">卫星与反卫星武器
一、卫星
二、天体物理学基础
三、反卫星武器
四、太空安全策略</td></tr>
<tr><td colspan="5">作业</td></tr>
<tr><td colspan="5">1. 查找关于美苏两国争夺太空控制权的历史资料。
2. 在网络上查找我国发展太空武器的线索，形成报告。</td></tr>
<tr><td colspan="5">教学反思及改进措施</td></tr>
<tr><td colspan="5">调控学生查资料的速度和方向，调控学生自主学习的节奏，调控学生参与讨论的热情，这些都需要反思和改进。</td></tr>
<tr><td colspan="5">特别关注</td></tr>
<tr><td colspan="5">对教学条件的要求：有投影仪器的活动教室（最好是网络教室），方便学生通过信息技术进行活动参与。
教学组织与实施中的难点：课堂节奏及时间的把握。</td></tr>
</table>

课时教学设计（四、五）

构建与实施说明：

本节课属于参观活动课，内容是参观北京正负电子对撞机。北京正负电子对撞机于1988年建成，是我国唯一一台高能粒子对撞机，主要进行高能物理实验研究，同时还可进行同步辐射实验研究、中能核物理实验研究和慢正电子实验研究等，属于多功能的大型科学实验装置。

之所以参观北京正负电子对撞机，是因为对撞机是人类研究微观世界的主要工具，可以说是整个物理学的基础。俗话说，“百闻不如一见”。带领学生们实地参观，让他们能亲眼看到实物，亲耳听到实验员的讲解，亲身感受实际的科研氛围和实验环境，进而能够激发他们的科学兴趣，有利于培养他们的创新思维，开阔他们的眼界。同时，在参观过程中需要遵守特定的参观纪律，这也能够规范学生的行为。

教学的基本信息	
课题	物理原理与技术在国际安全中的应用
主题	参观北京正负电子对撞机
教学内容分析及学习者分析	
1. 教学内容分析 本节课属于参观活动课，内容是参观北京正负电子对撞机。北京正负电子对撞机于1988年建成，是我国唯一一台高能粒子对撞机，主要进行高能物理实验研究，同时还可进行同步辐射实验研究、中能核物理实验研究和慢正电子实验研究等，属于多功能的大型科学实验装置。对撞机关系着前面所讲的核物理实验，也体现了国家国防实力和科研实力。 2. 学习者分析 高一学生由于受知识体系的限制，他们还不知对撞机为何物，包括其构造、作用、原理等，有待参观中的详细讲解。	

续表

<table>
<tr><th colspan="5">教学目标</th></tr>
<tr><td colspan="5">1. 知识与技能
了解北京正负电子对撞机。
2. 过程与方法
(1) 通过参观，了解关于北京正负电子对撞机的知识。
(2) 安全地完成参观，体会核防护的必要性和操作性。
(3) 培养学生获取信息的能力、参与合作的能力。
3. 情感态度与价值观
(1) 培养学生热爱观察、热爱实验的学习兴趣。
(2) 培养学生学习物理的兴趣。</td></tr>
<tr><th colspan="5">教学重点和难点</th></tr>
<tr><td colspan="5">教学重点：
了解北京正负电子对撞机的相关内容。
教学难点：
通过参观和学习，进一步了解研究微观世界的手段。</td></tr>
<tr><th colspan="5">教学流程示意</th></tr>
<tr><td colspan="5">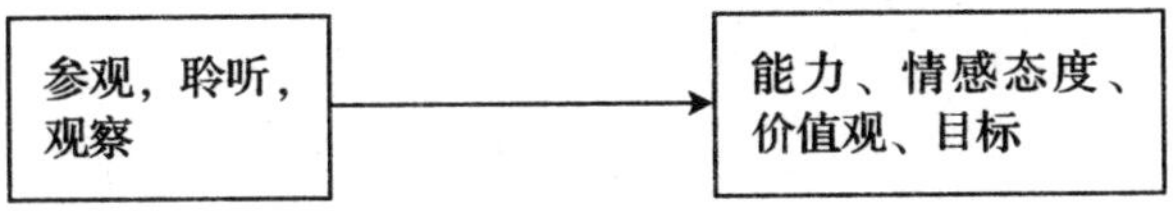
</td></tr>
<tr><th colspan="5">教学过程</th></tr>
<tr><th>教学环节</th><th>教师活动</th><th>学生活动</th><th>设计意图</th><th>评价</th></tr>
<tr><td>组织学生在讲解员的带领和讲解下，守序安静地参观北京正负电子对撞机</td><td>组织学生参观，关注学生安全。</td><td>观察，聆听，体会。</td><td>从实际活动中了解核物理知识，体会大型科学设施在国家安全中的作用。</td><td>关注学生的参观参与度和专注力。</td></tr>
</table>

续表

作业要求
整理观察、参观所得，形成观后感。
教学反思及改进措施
组织学生在参观过程中做好安全措施。学生是否能保持安静，是否听从安排，是否积极参与，是本节课要格外注意的地方，应力求让参观变得有价值。
特别关注
教学组织与实施中的难点：参观过程中的安静守序。

第六节　国际安全中的信息安全技术

课时教学设计（一）

构建与实施说明：

在进行“国际安全中的信息安全技术”校本课程设计时，首先要考虑学生的现有状况。高一的学生对网络已非常熟悉，但其网络安全意识仍相对薄弱。网络安全不仅是国防中的重要课题，也是个人在使用网络时需要了解和注意的重要事项。

鉴于学生对国防网络安全的接触和了解相对较少，本课着重给学生普及国防安全中网络安全的概念和历史等相关内容。希望学生通过本课的学习能对国防网络安全体系有一个初步、直观的了解。同时把培养学生的网络安全意识放在本课的重要位置，希望学生通过本课的学习，能树立起正确的网络意识观。

<table>
<tr><td colspan="2">教学的基本信息</td></tr>
<tr><td>课题</td><td>国际安全中的信息安全技术</td></tr>
<tr><td>单元
（或主题）</td><td>国防中的网络安全</td></tr>
<tr><td colspan="2">教学内容分析及学习者分析</td></tr>
<tr><td colspan="2">1. 教学内容分析
介绍网络安全的战略意义、网络安全的历史、网络安全现存的问题等。
2. 学习者分析
高一学生对网络安全的接触不多，但大都具有计算机网络使用经历，也具备一定的网络操作能力。本课的学习内容一方面让学生了解网络安全在国防中的重要意义，另一方面引发学生对计算机网络的探索兴趣，并提高学生的网络安全意识。</td></tr>
<tr><td colspan="2">教学目标</td></tr>
<tr><td colspan="2">1. 知识与技能
（1）介绍网络安全的战略意义。
（2）介绍网络安全的历史。
（3）网络安全现存的问题。
2. 过程与方法
（1）通过对网络安全的介绍、对国防中网络安全历史的讲解等，让学生对国防中的网络安全有初步的认识。
（2）激发学生的学习热情，及其对网络的探索兴趣。
（3）提高学生的网络安全意识。
3. 情感态度与价值观
（1）了解国防中的网络安全。
（2）提高学生使用互联网时的网络安全意识。
（3）培养学生对互联网信息安全技术的学习兴趣。</td></tr>
<tr><td colspan="2">教学重点和难点</td></tr>
<tr><td colspan="2">教学重点：
网络安全的国防战略意义；网络安全的历史；网络安全的现存问题。
教学难点：
网络安全的现存问题。</td></tr>
</table>

续表

教学流程示意

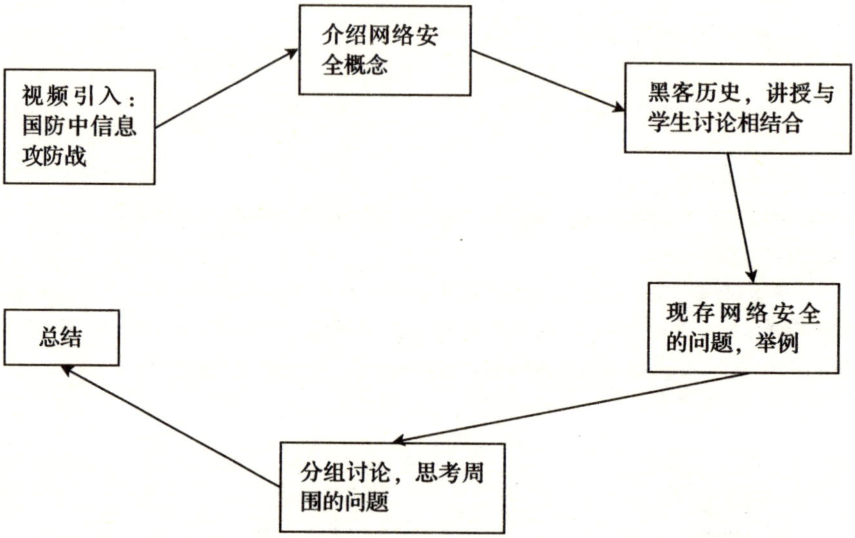

教学过程

教学环节	教师活动	学生活动	设计意图	时间
实例引入	播放视频：关于国防中的信息安全介绍。	观看视频，初步了解国防中的网络安全。	吸引学生兴趣，带领学生接触此领域。	5 分钟
回顾国防中网络安全的历史	讲解网络安全的历史，并与实例相结合；讲解黑客的发展历史、黑客团体的信念及准则等。	听讲和思考。	让学生对网络安全的历史有初步的了解和认识。	8 分钟
学生分组搜集资料并讨论	1. 将学生分组，布置任务，通过网络搜集资料。 2. 以小组为单位讨论和交流搜集到的资料（关于国防中的网络安全）。	分组搜集资料，以小组为单位讨论。	学生自主探索，对特定主题——国防中的信息安全进行探索。	10 分钟

续表

黑客的历史	1. 讲解黑客入侵过程。 2. 讲解黑客形成的起源、历史、准则及行为模式。	听讲及思考。		10分钟
网络安全的现存问题	1. 讲解国防与生活中共同具有的网络安全问题。 2. 观看视频，提高学生的警惕性与防范意识。	听讲及思考。		5分钟
本节内容提炼总结	以提问的方式对本课进行总结，布置Google Hacking这个概念供学生课后思考和搜集相关信息。	回答老师问题，思考总结。		2分钟
作业要求				
搜集网络资源，完成关于“网络安全”的小论文。				
教学反思及改进措施				
如何提高分组讨论之后的汇报展现的效率?				
特别关注				
对教学条件的要求：有多媒体教学展示的机房。 教学组织与实施中的难点：如何在分组探究、讨论的过程中组织和引导学生。				

课时教学设计（二）

构建与实施说明：

考虑到学生已通过第一课的学习对网络安全的意义有了一定的认识。因而在本课时的设计中，我们选择了Google Hacking作为示例，向学生展示网络攻击及其防御措施。

选择Google Hacking这一网络攻击的手段作为本课的讲解内容，主要基于以下几点：

首先，高一学生关于网络原理这一学科的知识基础基本为零。在信息技术课的教学大纲上，计算机基本是作为技术手段进行教学，很少涉及网络原理的理论知识。这一点决定了只能选择涉及网络原理理论比较少的攻击手段进行讲解，而Google Hacking正是其中一种。

其次，本课所要讲解的攻击手段需在国防中具有重要地位的同时，应尽可能地贴近生活，这样才能最大程度地激发学生的学习兴趣。

最后，本课所要讲解的攻击手段应能在课堂上进行实验和操作，能使每个学生进行动手尝试，模拟攻击和防御。

<table>
<tr><th colspan="2">教学的基本信息</th></tr>
<tr><td>课题</td><td>国际安全中的信息安全技术</td></tr>
<tr><td>单元
（或主题）</td><td>Google Hacking</td></tr>
<tr><th colspan="2">教学内容分析及学习者分析</th></tr>
<tr><td colspan="2">1. 教学内容分析
（1）介绍网络安全中的网络信息搜集技术的基本技术：Google Hacking。
（2）通过网络搜索引擎查找特定安全漏洞或私密信息的方法：网络扫描技术。
（3）让学生搜索自己的互联网足迹或进行网络扫描实验。
2. 学习者分析
高一学生虽然没有接触过网络原理及计算机组成原理等先需知识，但大多已具备互联网初步搜索或使用能力。通过对网络信息搜集的演示及在互联网上动手实践，可以培养高一学生利用互联网进行信息搜集的兴趣，形成在博弈中收集攻击者与防御者所需信息的思维模式。提高学生在生活中使用互联网时的安全意识，养成好的互联网使用习惯。</td></tr>
<tr><th colspan="2">教学目标</th></tr>
<tr><td colspan="2">1. 知识与技能
（1）网络信息搜集技术的概念。
（2）网络踩点技术。
（3）网络扫描技术。
（4）搜索自己的互联网足迹/网络扫描实验。
2. 过程与方法
通过教师演示、上机实践等了解网络信息搜集的一般技术，并掌握特定的搜集足迹的方法。
3. 情感态度与价值观
（1）让学生了解网络信息攻击和防御的相关知识。
（2）提高学生使用互联网时的网络安全意识。
（3）培养学生对互联网信息安全技术的学习兴趣。</td></tr>
</table>

续表

教学重点和难点
教学重点： 1. 理解网络查点、踩点，Google Hacking 技术的原理。 2. 掌握 Google Hacking 技术，能用 Google Hacking 技术进行信息追踪。 教学难点： 掌握 Google Hacking 技术，能用 Google Hacking 技术进行信息追踪。
教学流程示意
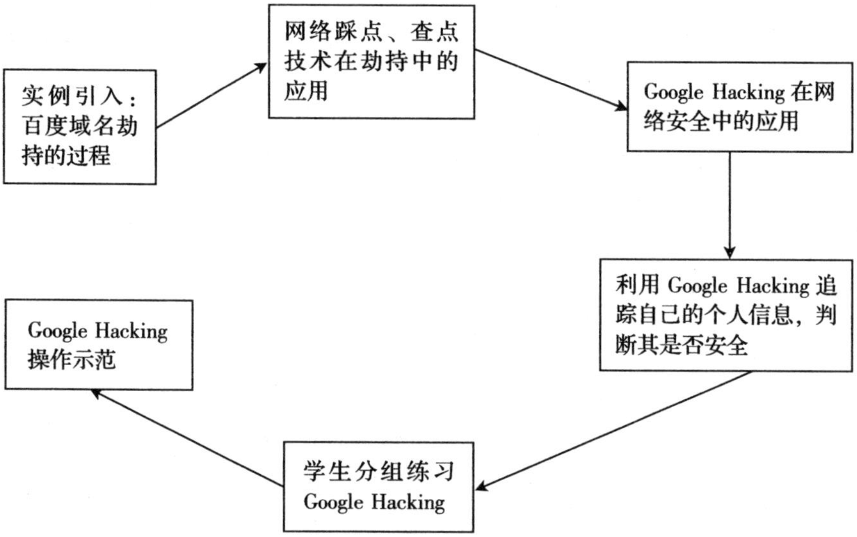

教学过程

教学环节	教师活动	学生活动	设计意图	时间
实例引入	1. Baidu 域名被劫持的事件回顾。 2. 提问 Baidu 域名如何被劫持，引发学生思考。 3. 播放 Baidu 被攻击的视频。	观看视频，听老师讲解，了解 Baidu 域名被劫持事件；思考 Baidu 域名被劫持事件背后所用到的 DNS 劫持技术。	提高学生兴趣，带领学生接触此领域。	5 分钟

续表

分析与思考	1. 展示踩点技术获取信息的案例。 2. 讲解 DNS 映射过程，DNS/IP 基础设施，DNS 解析的过程。 3. 展示 Baidu 域名被劫持后的 whois 记录。	听讲与思考。	分析网络安全，网络踩点，DNS 域名解析的技术原理，让学生理解黑客的攻击过程。	8 分钟
Google Hacking	1. IP 反查的过程，IP2Location 是如何通过 IP 地址定义使用 IP 者的地理位置的。并演示这一过程。 2. Google Map 和 Google Earth 在 Google Hacking 中的运用，举例启发学生思考。 3 教师示例：利用 Google Hacking 技术找出开放远程桌面 Web 连接的服务器。	听讲、思考，并回答问题。	讲授 Google Hacking 的实施过程并演示范例，由一个 Hacking 事例引发学生的兴趣，提高其网络警惕意识。	15 分钟
学生动手操作	1. 给出任务：尝试找出学生身份证号和信用卡信息。 2. 任务提示：“filetype：xls 身份证号 site：edu. cn”。	利用网络环境，实施 Google Hacking 找出任务中的身份证号与信用卡信息。	让学生自己动手操作。	5 分钟
学生自查自己的身份信息能否被追踪，讲解针对 Google Hacking 的防范措施	1. 让学生利用 Google Hacking 技术追踪自己的身份信息，查看是否已泄露。 2. 讲解针对 Google Hacking 的防范措施。	网络安全的直接运用。查看自己的信息是否处于安全状态。并采用所学的措施进行防范。	运用所学知识，学生自查自己的网络安全情况，学会网络安全防范措施。	5 分钟
本节内容提炼总结	总结网络安全的查点、踩点、追踪以及 Google Hacking 技术，提高学生的网络安全意识。			2 分钟

续表

作业内容
完成针对自身信息的 Google Hacking 实验，上交实验报告。
教学反思及改进措施
动手操作环节是否能更贴近学生的操作水平？
特别关注
对教学条件的要求：有多媒体教学展示的机房。 教学组织与实施中的难点：动手操作实战环节。

第四章

课程资源的开发与建设

本章详细论述了“国际安全下的科学技术”这门课程的资源开发与建设情况，包括校外资源、网络互动平台资源、活动资源、素材性资源、社会资源以及网络资源等，各种资源的开发与建设均围绕“科学技术与国际安全的关系”这一主题，以国际安全为主线，贯穿了化学、生物、数学、物理、信息技术等学科的相关知识，进而开阔学生视野、拓宽学生思路，并能够在科学知识错综复杂的联系中培养学生的逻辑思维能力和创新能力。

第一节 校外资源开发与建设

（以“国际安全概论”为例）

一、国际关系中的安全问题

资源开发构想：

作为清华附中强有力的校外资源，清华大学无疑是附中学生最大的知识宝库与探究基地。

这门课的“诞生”，离不开清华大学国际问题研究所李彬教授的引领与指导，李教授在附中连续两年亲自带课，他的课件资料也直接成为可用资源。而且，在考虑对“国际安全概论”及其他课程的资源利用时，我们首先借鉴与学习的是李彬教授在清华大学开设的“军备控制与国际安全”的课程，其中李教授对“国家安全及其理性分析方法”“安全互动与军备控制”“核威慑理论和战略稳定性”“国家安全的进一步考虑”等模块的讲解直接影响了我校这一校本课程的构建。

在李彬教授的安排下，清华大学国际问题研究所的在读博士与留学生也成为这门课的顾问。例如，何韵博士在 2010 年以“中东安全研究”为主题为学生讲授“国际关系研究方法”，司乐文（美）博士在 2011 年借助“天安号事件”为学生讲授“朝鲜核问题研究”。

此外，附中学生可以通过老师的帮助进入清华大学图书馆查找资料、搜集数据，从而为本门课的深入推进奠定了良好基础。

（一）基本概念

1. 安全

“Safety”，与自然的或事故的伤害相对。“Security”，一方面是指安全的状态，即免于危险、没有恐惧；另一方面是指对安全的维护，包含安全措施和安全机构。

相关链接：国际关系中的不安全因素——卡扎菲

1942 年 6 月，卡扎菲生于地中海沿岸城市锡尔特的游牧民族贝都因人家庭，在大学时代放弃地理课程从戎。他在 1969 年的军事政变中推翻国王伊德里斯的统治，从而执掌国家政权，并于 20 世纪 70 年代开始推动他的“第三世界理论”，在共产主义和资本主义之间走中间路线。卡扎菲掌权后的首要行动是组建军队，但他也从石油收入中拿出数十亿美元用以改善人们的生活水平，赢得了穷人的好评。他被指与恐怖主义和革命运动有关而遭到西方排斥。1979 年 12 月，黎波里爆发反美暴动；1988 年，利比亚特工炸毁泛美航空客机，致 270 人遇难。在这之后，卡扎菲与西方的关系跌至谷底。1993 年，为摆脱孤立，卡扎菲转而盛赞时任美国总统的克林顿为“新世界的救星”，随后宣告放弃研制大规模杀伤性武器，并同意赔偿泛美空难死者家属。2004 年 9 月，时任美国总统的小布什正式终止对利比亚的贸易禁运。2006 年，美国和利比亚复交。（详见百度百科词条“奥马尔·穆阿迈尔·卡扎菲”，http：//baike. baidu. com/view/112127. htm）

思考：（1）卡扎菲对国际安全有何影响？

（2）国际上对这样的威胁有何应对？

2. 国家安全

国家安全：保护国家免受系统性的人为伤害。

最基本的国家安全目标：保护国民的生命、国民及国家的财产、国家的领土。

相关链接：钓鱼岛与国家安全

钓鱼岛又称钓鱼台、钓鱼台群岛、钓鱼台列岛（日本称其为“尖阁列岛”），位于中国东海大陆架的东部边缘，在地质结构上是附属于中国台湾的大陆性岛屿。钓鱼岛周围海域面积约为 17 万平方公里，面积相当于 5 个台湾本岛。1972 年，美国将琉球的主权移交日本时，一并将钓鱼岛的行政管辖权交给日本。针对日、美再三挑衅我钓鱼岛主权的行径，自 20 世纪 70 年代开始，华人组织的民间团体曾多次展开宣示主权的“保钓运动”。（详见百度百科词条“钓鱼岛”http：//baike. baidu. com/view/2876. htm）

思考：（1）钓鱼岛对中国国家安全的意义是什么？

（2）近年来，中日双方对钓鱼岛的态度与行动如何？你认为未来的解决之道是什么？

3. 国际安全

国际安全是指国际关系总体上不存在危险、国际社会成员的重要利益未受到威胁的状况，表现为现实中国际社会的和平、发展和合作得到可靠保障，以及人民、国家与国际组织等行为体之间的正常关系得到维持。

国际安全的具体体现：

（1）国际安全体系

国际安全体系是指国际体系中的行为体为维护国家安全和国际和平与稳定而相互影响、相互作用，从而形成一个由特定行为规范和运行机制构成的整体。表现为国际舞台几大力量中心形成的相对稳定的结构、几个大国之间的均势，并形成了一定的制度与秩序等。主要有威斯特伐利亚体系、维也纳协调体系、凡尔赛—华盛顿体系、雅尔塔体系、一超多强结构等。

相关背景资料：视频《世界历史——从威斯特伐利亚体系到维也纳体系》

（2）国际安全机制

国际安全机制是国家之间为减少安全威胁、增进信赖，创建对话与合作框架的一种设计，从而在国际安全领域逐步发展和形成的一系列原则、规则、规范和决策程序，是维护国际安全的保障。

相关链接：上海合作组织

2001 年 6 月 14 日，“上海五国”元首在上海举行第六次会晤，乌兹别克斯坦以完全平等的身份加入“上海五国”。次日，六国元首举行首次会晤并签署《上海合作组织成立宣言》，上海合作组织正式成立。六国元首还签署了《打击恐怖主义、分裂主义和极端主义上海公约》。同年 9 月，上海合作组织成员国总理在阿拉木图举行首次会晤，六国总理在会晤中一致决定启动六国多边经贸合作进程，并宣布正式建立上海合作组织框架内的总理定期会晤机制。中亚五国中除土库曼斯坦外，均已加入上海合作组织。上海合作组织成员国总面积近 3018.9 万平方公里，占亚欧大陆面积的3/5；人口 15 亿，占世界总人口的1/4。上海合作组织是致力于经济发展的政府间区域性国际组织。（详见百度百科词条“上海合作组织”http：//baike.baidu.com/view/24316.htm）

思考：（1）为什么中国推动上海合作组织的成立？

(2) 上海合作组织对国际安全的意义?

(3) 国际安全观念

①传统安全观：威慑与核威慑论、地缘政治论、均势论、霸权稳定论、安全博弈论、安全困境论。

②自由主义安全观：国家不是唯一的行为体；经济、社会、生态问题也具有重大意义；军事力量让位于制度化的合作。

③新安全观：安全主体多元化；强调社会、经济、科技、文化、生态、信息安全，国际安全的基本条件是共同的安全利益以及相互间的信任与合作；安全合作最主要的目标是防止军事冲突和对抗；通过对话加强对安全利益的共识。

相关链接：视频《何亮亮：美地缘政治学家描绘“中国影响力地图”》(http://news.ifeng.com/opinion/phjd/sh/201005/0505_1920_1619991.shtml)

思考：(1) 材料中美地缘政治学家持何种安全观?

(2) 你怎么看中国复兴与亚太安全的关系?

(二) 相关概念

1. 传统安全

传统安全是国际关系（专指民族国家系统内的国家之间的关系）的主题，一般是指与国家间军事行为有关的冲突。

相关链接：朝韩“天安”号事件

2010 年 3 月 26 日晚，韩国海军“天安”号警戒舰在朝鲜半岛西部海域白翎岛和大青岛之间巡逻时因发生爆炸而沉没。舰上 104 名官兵中，只有 58 人生还。为查明“天安”号沉没的原因，韩国成立了军民联合调查团，除韩方人员外，调查团中还有来自美国、英国、澳大利亚、瑞典等国家的 24 名专家。

5 月 20 日，韩国正式公布调查结果，认为“天安”号警戒舰沉没的原因是“朝鲜小型潜水艇实施的鱼雷攻击”。朝鲜国防委员会随即发表声明，拒绝接受这一结论，并要求派团到韩国核查证据，但这一要求遭到韩国拒绝。

5 月 24 日，韩国总统李明博对国民发表讲话，要求朝鲜就“天安”号事件道歉，禁止朝鲜船只进入韩国领海，中断韩朝贸易、合作与交流，并在与有关国家协商后将这一事件提交联合国安理会。韩国统一部等相关部门同一天也宣布了对朝制裁措施。

5月24日，朝鲜驳斥李明博的讲话是一场“拙劣的骗局”，并于25日宣布了对韩国的八项反措施，包括全面冻结朝韩关系、废除朝韩互不侵犯协议、全面停止朝韩合作等。朝鲜人民军总参谋部27日又宣布了包括全面废除为双方经济合作交流所提供的军事保障措施，禁止韩国船舶、飞机和其他交通工具通过朝鲜的领海、领空和领土等在内的7项措施。（详见百度百科词条“天安号事件”http：//baike. baidu. com/view/3423205. htm）

2. 非传统安全

非传统安全是相对传统安全而言的，指由非传统安全因素引起的，能够对国家安全、社会稳定、经济发展、人民生命财产和人类生存构成威胁的安全问题。主要包括：经济安全、金融安全、生态环境安全、信息安全、资源安全、恐怖主义、武器扩散、疾病蔓延、跨国犯罪、走私贩毒、非法移民、海盗、洗钱等。

课后作业：

查找非传统安全问题在当代社会的典型案例。

二、新十年的国际安全

资源开发构想：

我校开发的校外大学资源中，美国蒙特雷国际关系研究院（Monterey Institute of International Studies）同样是不可或缺的支持。

该研究院下属的核不扩散研究所（CNS）从1998年起一直为中学生举办“重要问题论坛（Critical Issues Forum）”，主要讨论有关核安全的一系列问题。2009年，清华附中正式受邀参加，之后参与了“中东核安全”（2010年）与“核安全与核保安”（2011年）议题的研究，完成了5份英文报告以及若干研究。“新十年的国际安全”主要借鉴研究院的形式：每一年的授课尽量偏重于某一主题，要求学生在教师的指导下，通过小组合作，对所确定的问题进行探讨，并形成报告。研究院的教授每年固定对参加此论坛的中学生上交的论文进行审阅与指正，这对于选修本课的同学来说，也是非常难得的机会。

另外，利用网络信息，如蒙特雷研究院网站、国际原子能机构官方网站、

CIF 论坛网站等，学生们也能获得在国内较少搜集到的相关资料。

（一）引述：“9·11”——国际安全的分水岭

1.9·11 事件简介

所谓 911 事件，是指 2001 年 9 月 11 日恐怖分子劫持的飞机撞击美国纽约世贸中心和华盛顿五角大楼的历史事件。2001 年 9 月 11 日，四架民航客机在美国的上空飞翔，然而这四架飞机却被劫机犯无声无息地劫持。当美国人刚刚准备开始一天的工作之时，纽约世贸中心连续发生撞机事件，世贸中心的摩天大楼轰然倒塌，化为一片废墟，造成 3000 多人丧生。

2. 9·11 事件的影响

十年来，从后冷战时代美国自信心膨胀，到发动全球反恐战争；从入侵阿富汗和伊拉克，到奥巴马当选总统前后的外交转型，再到目前美国在北非和中东的新政治和军事干涉政策，到处都可以看到恐怖主义的阴影。

对世界人民而言，反恐怖活动将是人类社会一项长期、艰苦和复杂的斗争。9·11 事件沉重地告诉我们，在今天的文明世界里，我们还有一个共同的敌人——由霸权主义衍生的“恐怖主义”。恐怖分子可能随时随地制造事端，瓦解世界金融和商品市场，打击人们的信心。国际投机基金也会兴风作浪，利用恐怖活动提供的机会进行投机，通过制造恐怖事件牟取暴利，增加金融风险。因此，中国一方面要加强与国际社会的合作，严厉打击恐怖活动；另一方面，应研究国际战略商品储备特别是石油储备的问题，尽量减少恐怖活动引发的金融动荡对我国经济的影响。

相关链接：视频《一切都是骗局？——揭秘 9·11》

（http：//www. tudou. com/programs/view/DwTFtiAbBQI）

思考：（1）为什么选定“9·11 事件”为十年国际安全形势变革之起点？

（2）国际安全受“9·11 事件”影响的表现有哪些？

（二）军备竞赛

军备竞赛是指和平时期敌对国家或潜在敌对国家互为假想敌、在军事装备方面展开的质量和数量上的竞赛，是一种预防式的军事对抗。各国之间为了应对未来可能发生的战争，竞相扩充军备，增强军事实力。

相关链接一：中美军力对比

BBC 2 日的报道附了一张“中美军事力量”对比图，显示出两国军力的悬殊。图表显示：中美 2010 年军费开支分别为 780 亿美元和 7290 亿美元，2008 年军费开支占各国 GDP 比重分别为 2.0%和 4.3%；军事装备方面，中美战斗机数量分别为 1320 架和 2379 架，隐形战机数量对比为 0：139，航母数量对比为 0：11，潜艇数量对比为 65：71，驱逐舰数量对比为 27：57，核弹头数量分别为 240 枚和 9400 枚。在所有数据中，中国唯一比美国多的是现役军人数量，为 226 万，美国是 158 万。（转引自：《重庆晨报》2011 年 6 月 4 日《又打又拉》一文）

相关链接二：2010 年各国军费支出

第 10 名：意大利

2010 年军费支出：370 亿美元（估计值）

2001—2010 年变化：—5.8%（估计值）

占 GDP 比例：1.8%（估计值）

意大利 2010 年的军费支出为世界第十，其军费在过去十年中下降了 5.8%，是这份名单上所有国家中下降最多的。据意大利一个非盈利组织国际事务机构所说，原因之一是志愿兵数量遭到削减。意大利的国防预算 2011 年可能进一步减少，以减少国家债务。

第 9 名：印度

2010 年军费支出：413 亿美元（估计值）

2001—2010 年变化：54.3%（估计值）

占 GDP 比例：2.7%（估计值）

印度国防支出居亚洲第五，世界第九。该国 2009 年到 2010 年军费经历了最大程度的减少，约为 10 亿美元。这种减少在长期看来不算太多，因为印度 2 月份将军费增加了 11.6%。这在很大程度上是为了回应中国和巴基斯坦增长的军事力量。

第 8 名：德国

2010 年军费支出：452 亿美元（估计值）

2001—2010 年变化：—2.7%（估计值）

占 GDP 比例：1.3%（估计值）

尽管德国的军费支出是世界最多的，其军事支出占 GDP 的比例仅为 1.3%，在德国国防部建议关闭几个军事基地以及把军队数量从 25 万削减到 19 万后，此比例在这份名单上的国家中仅高于日本。

第 7 名：沙特阿拉伯

2010 年军费支出：452 亿美元（估计值）

2001—2010 年变化：63%（估计值）

占 GDP 比例：10.4%（估计值）

考虑到该国的经济规模，沙特阿拉伯的国防支出水平是让人印象最深刻的。该国 2010 年 453 亿美元的国防支出占其 GDP 的 10.4%，这个数字是这个名单上任何国家的两倍还多。沙特从 2009 年到 2010 年的军事支出的增加也是世界上最多的，为 160 亿美元。

第 6 名：日本

2010 年军费支出：545 亿美元（估计值）

2001—2010 年变化：1.7%（估计值）

占 GDP 比例：1%（估计值）

自 1967 年以来，日本就将军费支出维持在 GDP 的 1%。因此，军费支出的规模依赖于其经济规模。根据政策研究所的资料，尽管整个东亚的军费支出在过去十年中增加了 55%还多，但日本的军费仅增长了 1.7%。

第 5 名：俄罗斯

2010 年军费支出：587 亿美元（估计值）

2001—2010 年变化：82.4%（估计值）

占 GDP 比例：4%（估计值）

尽管，俄罗斯 2009 年到 2010 年军费支出下降了 1.4%，但在过去十年其军费增长了 82.4%。据英国广播公司报道，俄罗斯计划从现在到 2020 年支出 6500 亿美元用于国防。据俄罗斯财政部长阿列克谢·库德林说，这些资金将用于该国的现代化武装力量。目前，该国还严重依赖冷战时期建立的核武库。

第 4 名：法国

2010 年军费支出：593 亿美元（估计值）

2001—2010 年变化：3.3%（估计值）

占 GDP 比例：2.3%（估计值）

尽管法国的国防支出在过去十年增长了3.3%，但其2009年到2010年国防支出却下降了惊人的8.4%，主要是由于全球经济危机。这次危机在欧洲尤其严重，法国受到了严重打击，这使得萨科奇政府大量削减军费支出以控制财政赤字。

第3名：英国

2010年军费支出：596亿美元（估计值）

2001—2010年变化：21.9%（估计值）

占GDP比例：2.7%（估计值）

英国2010年的国防支出超过了法国。尽管其国防支出过去十年增长了21.9%，但2009年到2010年却下降了0.8%。保守党首相戴维·卡梅伦宣布英国将削减国防支出，包括削减1万7千军队，来降低债务。该国将会更多地关注包括反恐单位在内的特种部队。

第2名：中国

2010年军费支出：1190亿美元（估计值）

2001—2010年变化：189%（估计值）

占GDP比例：2.1%（估计值）

中国2010年军费支出为世界第二，且该数字增长迅速。该国2001年到2010年军费增长了189%，是该名单上任何国家的两倍还多。2009年不景气的经济使得其2009年到2010年的军费增长仅为3.8%。据英国广播公司报道，中国2011年军费将增长12.7%。然而值得注意的是，许多分析家认为中国的国防支出高于该国所报道的数字。

（注：2010年3月，在十一届全国人大三次会议新闻发布会上，发言人李肇星宣布2010年中国军费为5321亿人民币，合849亿美元。）

第1名：美国

2010年军费支出：6980亿美元（估计值）

2001—2010年变化：81.3%（估计值）

占GDP比例：4.8%（估计值）

美国2010年的国防支出略低于7000亿美元，比该名单上所有国家的军费支出总和还多。军费占GDP比例十年间从3.1%增长到了4.8%。根据可靠军费支出数据，这是中东之外比例最高的。尽管美国有着高额的财政赤字，但军费支出的数额似乎不会被政治人物修改。正如斯德哥尔摩和平研究所的报告所说：“奥巴马2012财年预算宣布了一个非安全相关任意增长的五年冻结，但是军事支出和其他安全相关支出，如情报和本土安全不在此列。”

（资料来源：“瑞典斯德哥尔摩国际和平研究所2010年国际军费报告” http：//world. huanqiu. com/roll/2011－04/1623619. html）

思考：（1）中国是否进入军备竞赛状态？

（2）军备竞赛对国际安全具有积极意义还是消极意义？为什么？

（三）领土争端

领土问题是指两个或多个国家之间因为战争、宗教等多种原因遗留下来的领土划分问题。领土问题总伴随着战争、暴动等，如中国与越南之间的领土问题、中国与日本之间的钓鱼岛问题、韩国与日本之间的竹岛（独岛）问题等。

1. 南海问题

从20世纪60年代开始，越南、菲律宾、马来西亚等国以军事手段占领南沙群岛部分岛礁，在南沙群岛附近海域进行大规模的资源开发活动并提出主权要求。对此中国政府一再严正声明，这些行为是对中国领土主权的严重侵犯，是非法的、无效的。这些国家的所谓法律依据是根本站不住脚的。

2. 北极问题

北极地区5国俄罗斯、加拿大、美国、挪威、丹麦争夺北极领土和资源的斗争日益激烈，各国都厉兵秣马、志在必得，北极地区可能由此爆发战争的危险不容忽视。

3. 南极问题

在当初正式对南极洲提出主权要求的7个国家中，澳大利亚、法国、新西兰、挪威4国互相承认各自要求，而英国、智利、阿根廷3国所要求的领土互相重叠，各方坚持自身利益，互不承认他方的主权要求。

（四）无核世界的博弈

1. 核不扩散体制

所谓核不扩散体制，是指国际社会为了预防核战争而制订的各种各样的公约、协定和所成立的机构的总和。其内容具体包括：一是有关核裁军的条约，如《美苏关于销毁中程和中短程导弹条约》等；二是关于限制核武器空间部署及有关无核区的条约，包括《外层空间条约》等；三是限制核武器。

近两年推动“核不扩散”发展的努力包括：2009年4月，“无核世界”的提出；2009年9月，安理会通过消除核武器的相关决议；2009年10月，“核不扩散与核裁军国际委员会”的成立；2010年4月，华盛顿核峰会的召开；2010年5月，《核不扩散条约》审议大会的举行等。

阻碍“核不扩散”发展的问题有：美、俄有关削减核武器的谈判至今尚未取得成果；《全面禁止核试验条约》（CTBT）尚未生效；《禁止可裂变材料条约》久未出台；“核燃料库计划”实施的难度比较大等。

2. 核废料污染

核废料泛指在核燃料生产、加工和核反应堆用过的不再需要的并具有放射性的废料。也专指核反应堆用过的乏燃料，经处理回收钚-239等可利用的核材料后，余下的不再需要的并具有放射性的废料。

20世纪的冷战期间，苏联出于成本等因素的考虑，将核武器工厂产生的高放废料直接排入了附近的河流湖泊当中，造成了严重的生态灾难。位于著名的原子能城——车里雅宾斯克附近的加腊苏湖曾经是野生动物的乐园，如今却因受到核废料污染变成了一潭死水。据俄罗斯环保专家称，该湖的生态环境在未来十几万年内都无法得到恢复。

为了寻找安全处理高放废料的方法，人类从20世纪50年代起就开始进行相关研究。有人曾提出用火箭把高放废料送到宇宙空间，但因为费用极高，而且火箭发射还有失败的风险，所以这种方法仅停留在设想阶段。之后，有人又提出了冰盖处置的设想，即把高放废料放置在南极或北极的冰盖上，由高放废料本身产生的热量融化冰层，使废料桶最后沉到冰层底部，从而被永久隔离。但由于路途遥远，且冰盖的地质演化具有不确定性，这种方法也只能是纸上谈兵。除此之外，还有科学家提出将核废料抛入深海沟等方法，但这些方法要么费用太高，要么在技术上无法实现，最重要的是它们都无法确保绝对安全，而这恰恰是高放废料处理的最基本要求。经过多年的试验与研究，目前世界上公认的最安全可行的方法就是深地质处置方法，即将高放废料保存在地下深处的特殊仓库中进行永久保存。

2010年全球运行的核电站总数为436座，在31个经济体中承担着15%的发电任务。全球在建核电站数量仍在增加，亚洲尤为明显，经济的快速发展对电力的需求使核电成为首选能源。中东地区也是如此，阿联酋决定发展核电也是顺应了这个区域的总趋势。目前全球在建或将建的核电站约为70座，其中大部分集中在亚洲，特别是中国、印度、韩国和日本。

3. 核恐怖主义

恐怖主义是指由亚国家组织或秘密团伙成员对非作战目标采取的有预谋的、有政治动机的暴力行动。利用放射性物质、核材料现实的和潜在的危害，以引起恐怖效应而达到其政治目的的活动就是核恐怖主义。

恐怖分子可能利用的放射性物质和核材料包括使用盗窃的核武器、简易核爆炸装置（利用核材料和常规炸药制成，可以释放一定量的裂变能）、乏燃料（从核反应堆中卸料出的燃耗过的核燃料）或放射源在公众领域扩散放射性物质，制造核恐怖事件。

可产生较大范围的放射性后果的核恐怖手段通常包括：使用简易核爆炸装置和核武器，使用常规的爆炸装置或者其他机制来散布放射性物质，蓄意攻击固定核设施造成放射性物质的弥散。虽然第一、第三种方式所产生的直接危害巨大，放射性污染严重，破坏性后果远比第二种方式强，但由于核武器和大型核设施保卫严密，被盗或被攻击的可能性小，因而这两种情况发生的可能性远小于第二种。

（五）低端问题高端化

1. 各国针对能源问题的政策

美国——“绿色新政”；俄罗斯——“不排除以军事力量”保卫能源；英国——核能、可再生能源和清洁煤“三位一体”；印度——建立90天的能源储备制度；中国——抓实节能减排，依靠科技创新促进煤炭的绿色开采和清洁利用，建设以电力为核心的智慧能源网络。

2. 资源争端

在水资源的争端方面，如吉尔吉斯斯坦和乌兹别克斯坦，印度和孟加拉国，马来西亚和新加坡，巴勒斯坦、以色列和叙利亚，苏丹、埃及和埃塞俄比亚等国之间的问题。

3. 其他问题

粮食危机、食品安全、传染病、自然灾害、武器及毒品买卖等。

课后思考：

能否预测未来十年的国际安全的焦点与走向？

第二节　网络互动平台资源开发与建设

（以“国际安全中的化学”为例）

一、化学与战争

资源开发构想：

经过我们课题组讨论，为达到培养学生能力的目的，我们把课程改为讨论课、网络课、网络讨论课，把讲义作为一种课程资源，以电子稿的形式发给学生，并为他们提供一些网站，尤其是清华大学的一些校内网站。让学生上网查资料、进行自由讨论，最后生成知识、形成能力。同时，给他们有关重要知识点的标题，用以调整他们查资料的方向，给他们部分讨论提纲，调整其讨论方向。

我们在进行本节教学设计时，由“国家安全”联想到“冲突和战争”。人类社会为什么会有战争？在战争中使用了哪些化学知识？化学与战争的关系怎样？带着这些问题，本课将从“化学与战争”开始讲起。

（一）冷兵器时代的化学

自人类社会形成以来，由于部落之间资源、信仰等方面的差别，流血冲突就从未间断。当这种冲突达到一定级别，军事战争也就出现了。

最初的战争，使用的是最简单的武器：石块、木棒、石斧等。可以说，武器就是劳动、狩猎的简单工具。随着社会的发展，尤其是进入奴隶制社会以后，战争变得规模更大也更残酷，还出现了专门从事战争的职业军人。

战争使用的武器，可以分为冷兵器和热兵器两大类。冷兵器主要是利用人本身的力量，采用砍、刺、砸等方法，造成人员的物理性损伤。由于这种武器发挥作用时不伴随着发光、发热的剧烈化学反应，所以被称为冷兵器。

1. 金属冶炼

最早的武器是木质、石质或用动物骨骼制成的。这些物质或者不够坚固，或者重量太大，而且不具有太强的可塑性，所以不太适合作为武器使用。随着人类生产活动的发展，人们发现了一种可以随意改变形状的物质——金属。

最早使用的金属是天然铜。人们找到天然铜块，可以直接敲打成所需形状，制成各种工具和武器。但铜的质地比较软，因而不适合制造刀、剑等锐器，一般制成斧、锤等钝器。

很快，人们掌握了锡、铅和非天然铜的冶炼技术。这种技术在今天看来很简单，即利用木柴、煤炭等燃料与金属矿物共同煅烧。在高温下，燃料发生炭化，金属矿物则变成金属氧化物。碳与炉中的氧气生成二氧化碳（$C+O_2 \xlongequal{点燃} CO_2$）；二氧化碳进一步和碳反应生成一氧化碳（$CO_2+C \xlongequal{高温} 2CO$）；一氧化碳与金属氧化物接触，将其还原为游离金属（$XO+CO \xlongequal{\triangle} X+CO_2$）；生成的游离金属在高温下液化，沉积于容器底部。

后来人们发现，不同的金属按照一定比例混合熔铸，可以形成性质截然不同的合金。比如，铜与锡的合金——青铜，就比铜坚硬得多，可以制造刀、剑等锋利的兵器。

由于炼铁比炼其他金属要求的温度更高，因此铁在相当长的一段时间里没有成为常用的金属。同时，在地球上并不存在游离状态的铁。但是，宇宙来客——陨铁，却是相当纯净的游离铁。在南美洲玛雅人的古代坟墓中，就发现过陨铁制成的工具和兵器。

炼铁术的发明是人类文明史的一个里程碑。铁矿比铜矿更常见，铁质的工具价格更低、硬度也高于铜，使人类的生产活动更加方便。而且，铁与碳、硅、硫、锡等的合金，比青铜更加坚硬、更加便宜，使各种兵器更加普及。

我国战国时期，群雄逐鹿，他们之间常爆发不同规模的战争，这使社会生产力蒙受了巨大的损失，然而，却使金属冶炼的技术登上了一个新台阶。1972年出土的越王勾践自铸用剑，埋在地下数千年仍然光亮如新，仍然可以一剑劈开10层铜钱，足见当时铸剑工匠高超的技艺。经激光色谱分析，该剑除铁外，还含有铬、碳、锰等多种元素。

2. 矛与盾——进攻与防御

既然有了进攻用的锋利武器，也就有了防御用的盔甲。古代的盔甲，所用材料有布、皮革和金属等。在中世纪的欧洲战场，军人们的盔甲越来越厚，甚至形成身披重甲的重骑兵。全身的盔甲足有上百斤，简直是一个活坦克，普通的羽箭、长矛根本无法伤其皮肉。正是这些重骑兵，随着十字军东征，所向披靡。但是，他们最大的弱点就是行动缓慢。所以，在印度，被当地的象军打败。

防护用的材料与进攻用的金属有所不同。进攻用的箭头、刀刃，除锋利、坚固外，还需要有很大的重量，只有这样，才能有很大的打击动量。而防护用的材料，除坚固外，还需要轻便耐用。金属固然坚固，但其重量限制了它的应用。因而古代的战甲多由皮革制成，上镶铁钉。

子弹被应用以后，一般的盔甲已经毫无用处，所以军人们摆脱了厚重的盔甲，穿上轻便军服。而由于钢质头盔仍然可以抵御一部分侧面打击的子弹，所以保留了下来。

现代战争中，防御与进攻同样重要。如战争之神——坦克，其厚厚的钢铁外衣足以抵御很多武器的袭击。为了对付这种厚装甲，人们制成了硬度更高、密度更大的穿甲弹。防护与进攻这一对矛与盾之间的斗争，永远不会停止。

3. 冷兵器时代的“热武器”——火

火，给人类带来了光明和温暖，也带来了无尽的灾难。在很多战争中，人们都利用了这把双刃剑。

燃烧，是一种剧烈的氧化还原反应，需要三个条件：温度、还原剂和氧化剂，缺少任何一个都不能维持燃烧。温度，一般由火种提供；还原剂，就是各种可燃物；氧化剂，就是空气中的氧气。

历史上火烧赤壁一战，使用的燃料是木柴、芦苇，为了加强效果，又灌入鱼油，撒上硫黄和硝石。硫黄，就是天然存在的单质硫，其着火点很低，即使环境中氧气浓度较低，它也可以维持燃烧。其燃烧后产生的二氧化硫有毒，能够产生额外的杀伤力。硝石，主要成分是硝酸钾，其在高温环境下，可以释放氧气：

$$2KNO_3 \overset{\triangle}{=\!=} 2KNO_2 + O_2\uparrow$$

现代战争中，火仍然发挥着重大作用。如燃烧弹，其填充的燃料为白磷、凝固汽油、三乙基铝等。击中目标后，少量炸药将燃烧剂喷涂在目标上，将目标引燃、烧毁。对于目标所储存的炸弹、炮弹、鱼雷等武器，高温条件下也会被引爆，从而对目标造成更大的伤害。二战期间，盟军在对日本东京进行空袭时，就使用了大量燃烧弹。由于日本的建筑多为木质，因而使用燃烧弹比爆破弹的破坏力更强。

坦克，被称为“战争之神”，其厚厚的装甲令很多武器无能为力。而金属最大的特性在于导热良好，所以，坦克的天敌就是火。如果坦克不慎置身火海，那它很快就会被烧成一块内外都达到上千度的“大烙铁”。不要说人员不能活命，连储存的燃油、弹药都会发生爆炸。

最简单的反坦克燃烧弹——燃烧瓶，是在玻璃瓶中灌入汽油，瓶口堵上棉花，点燃后投掷出去。二战中，苏军游击队的燃烧瓶令德国最先进的坦克都头痛不已，被苏军称为“莫洛托夫鸡尾酒”。

前面提到的都是单纯由燃料组成的燃烧剂，一旦空气中乏氧，就不会产生应有的效果。现代战争中，人们又制造出另外一种燃烧剂——纵火剂。纵火剂的主要成分为铝粉和四氧化三铁，实际就是一种铝热剂，其产生的高温金属熔化物甚至可以烧穿坩埚。这种铝热剂本身就可以剧烈燃烧，甚至在水下也毫不逊色。而且，高温金属熔化物还可以引燃金属、阻燃橡胶和阻燃塑料，所以被称为纵火剂。

4.“另类”战争——暗杀

暗杀使敌方在毫无准备的情况下失去最高统帅，往往可以让战争发生难以预料的转折。而最有效且最隐蔽的暗杀武器，莫过于毒药了。

(1)“平陆事件”——口服毒药

1960年，在山西省平陆地区的一处公路修筑工地，午饭后，民工们稍事休息，准备继续筑路。突然很多人觉得腹痛，并且呕吐不止。医疗队的值班医生还没有检查完第一批病人，吃过午饭的61名民工就都出现了这些症状。一时间，工地变成了野战医院，医生们在进行紧急抢救的同时，也在检测患者呕吐物和剩下的午饭。最终，找到了这起悲剧的元凶——砒霜。

砒霜，就是三氧化二砷，其溶于水，并生成亚砷酸：

$$As_2O_3+3H_2O=2H_3AsO_3$$

亚砷酸是弱酸，基本没有特殊味道，将其混入酒、饭菜或者汤药中，不易被人发现。在人体内，亚砷酸可与蛋白质的巯基牢固结合，使维持生命活动的酶失活，从而引起中毒。现在，这种中毒是可以挽救的。治疗砷中毒，使用的解毒剂是富含巯基的化合物，如二巯基丙醇、二巯基丁二酸钠等。

以二巯基丙醇为例，其与砷结合后形成特别稳定的五元环，结合力远远大于酶与砷的结合力，从而使失活的酶恢复活性。

现代战争中，常用的毒药为氰化钾或氰化钠，氰化物的致死量约为 100 毫克。我们知道，生物体的最基本需求就是能量。在细胞内，能量是通过各种有机物——糖、脂肪、蛋白质经过一系列氧化作用而产生的，能量的产生与体外的氧化反应——燃烧是一样的。但是，与燃烧不同的是：燃烧反应中，电子由碳、氢等原子直接传递给氧，从而释放能量；而在体内，电子是通过一个复杂的电子传递链传递给氧的。这条电子传递链中包含很多复杂的有机化合物，而电子传递的中心元素就是络合于有机化合物中的铁离子。氰化物溶于水后，解离出氰离子。氰离子可以极为牢固地和这些化合物中的铁结合，使电子传递立即终止，生物体内的产能也随即停止，从而造成生物体迅速死亡。

氰化物中毒后，可用解毒剂硫酸亚铁或亚硝酸钠。亚铁离子可以和氰离子牢固结合为亚铁氰离子 $[Fe(CN)6]^{3-}$，这是一种无毒物质。亚硝酸根离子可以和血液里红细胞中的血红蛋白生成氮氧血红蛋白，并与氰离子反应生成硫氰酸根离子，硫氰酸几乎无毒。这些物质会很快随尿液排出。

(2) 从“刮骨疗毒”到“杀人伞”事件——注射毒剂

《三国演义》中，蜀军进攻魏国樊城时，关羽被曹仁射出的毒箭所伤，最后经名医华佗刮骨治疗才得以痊愈。关羽的中毒是缘于箭头上涂有一种毒药——乌头。实际上，乌头的毒性很小，不足以造成小说中的危害。但这说明，将药物涂在武器上，借助创伤使人体吸收，已经应用于实战。

在英国伦敦曾发生一起“杀人伞”事件。一名保加利亚的流亡者从 BBC 广播公司下班回家时，突然感到后背一阵刺痛。回头一看，原来是一个行人的雨伞尖碰到他。那人立刻道歉，并转身消失在人群之中。回家以后，他发现后背有点红肿。当晚，他开始发烧昏迷，数小时后抢救无效死亡。

经过解剖，在他的后背肌肉中发现了一个直径不到一毫米的空心金属球。原来，那把雨伞是保加利亚特工使用的苏制暗杀武器——伪装高压气枪，可以让那颗金属球穿透衣服钻进人体，而正是这金属球中的内含物杀死了这名叛逃者。经过分析，其内含物是一种从植物中提取的毒素——蓖麻毒素。

蓖麻毒素是一种蛋白质，其毒性比氰化钾高400余倍。而且，中毒后的症状类似于败血症，很容易造成误诊误治。但如果口服，其大部分会被消化液所分解，效果也就大打折扣。对于蓖麻毒素，军方很早就开始研究。由于其特殊的性质，难以在战场上应用，因而只能作为一种暗杀武器。

以上的这些毒剂，都是通过直接进入血液发挥作用，属于注射毒剂。其特点是毒性强、用量少，只需要“擦破点皮”就能够发挥作用。目前研究中的注射毒剂还有贝类毒素、河豚毒素、蛇毒等。

（二）热武器时代的化学

热武器，是指利用爆炸反应短时间产生的大量高温气体冲击波，推动抛射物攻击目标，或者直接破坏目标的一类武器，其主要成分是化学炸药。和冷兵器相比，热武器重量轻而杀伤力强，是近现代战争中最主要的武器。爆炸反应包括物理性爆炸和化学性爆炸两类。物理爆炸是由于一定空间内短时间产生巨大压力，造成容器破裂等效果的一种现象。化学爆炸是一种剧烈的氧化还原反应，可以在短时间内产生大量高温气体。

1. 热武器的先驱——黑火药

黑火药，是世界上最早应用的炸药。其爆炸反应方程式为：

$$S+2KNO_3+3C \xlongequal{\text{点燃}} K_2S+3CO_2\uparrow+N_2\uparrow$$

10克固态的黑火药，其体积几乎为零，而反应后能产生将近4升的气体，加之所释放的大量的热，从而引发爆炸。

黑火药是燃烧式爆炸，其燃烧速度远远大于任何一种燃料，因而初期被用作火攻杀伤性武器。黑火药在古代战争中常作为火炮和火枪的发射药。初期的火炮是一个庞大的铜管或木桶，装填火药后对着冲锋的敌人点燃，利用喷射出的火焰杀伤敌人，更接近火焰喷射器。后来人们在火药里混合大量的石子、铁钉、铁砂等物质，火炮点燃后，这些物体由于火药的抛掷作用而具有了更快的速度和更强的动能，从而进一步提高了杀伤力。

由于黑火药的爆炸反应会产生大量的硫化钾烟尘，所以也被称为有烟火药。硫化钾烟尘附着在枪管、炮管内，影响射击精度和枪炮寿命。同时，又由于黑火药的爆炸属于燃烧式爆炸，难以产生很大的威力。因此，在现代战争中，黑火药主要用于制造导火索，在工程爆破中使用较多，或用于制造信号弹。

2. 火箭推进剂

现代火箭，主要是一种爆炸杀伤性武器。可以控制飞行轨迹的火箭称为导弹。火箭与炮弹不同，其初速度为零，动力来源于自身燃料的燃烧喷射，即火箭推进剂。

火箭推进剂必须自身携带氧化剂和还原剂，产生大量高温气体，点火容易，燃烧稳定，燃速可调范围大；并且物理、化学稳定性良好，能长期贮存。所以，火箭燃料一般都相当于慢速炸药。根据其物理状态，可以分为固体火箭推进剂、液体火箭推进剂和液一固火箭推进剂。

(1) 固体火箭推进剂

最早的火箭推进剂是黑火药。1930 年，英、德军事部门将枪弹用双基发射药加以压缩，作为近距离火箭的推进剂。1940 年，第一代专用推进剂问世，主要成分是高氯酸钾和沥青。1947 年，橡胶—高氯酸铵—铝粉推进剂被广泛应用。现代的固体火箭，其主要成分仍然是高氯酸铵、铝粉、沥青等物质，只是赋型剂有所改进，常用的有聚氯乙烯、氯丁橡胶等。固体火箭推进剂制造工艺简单，价格低廉，体积小，重量轻，使用方便。其缺点是固体火箭发动机不能重复使用，而且很难控制其喷射速度，所以一般应用于火箭弹、战术导弹和多级火箭的最末级。

(2) 液体火箭推进剂

液体火箭推进剂的氧化剂、还原剂都是液体，分开储存，分别注入燃烧室内混合燃爆，相当容易控制，且发动机可以重复多次使用，成本相对较低。德国的 V2 导弹就是一种液体火箭，其燃料为液氧和乙醇。

现代液体火箭，其氧化剂一般为液氧、四氧化二氮、过氧化氢、浓硝酸等。还原剂一般为煤油、液氢、肼、偏二甲肼等。液体火箭主要用于战略弹道导弹、卫星及载人航天器的发射。

(3) 固一液火箭推进剂

20 世纪 50 年代起，人们开始了固一液混合推进剂的开发。其设想为：氧化剂、还原剂分别为固体和液体，这样就可以通过控制其中之一来控制火箭，综合了固体、液体火箭推进剂的优点。目前，最有价值的是高氯酸铵加铍粉一液氧推进剂。

3. 烟火剂

天气情况对战争是很重要的。比如，进攻时需要能见度高，撤退时需要大雾弥漫，空中打击时不能有云……可是，自然界却难以随人心愿，这就需要人工制造一些光源、云雾等。这种人工制造烟雾火光的物质，一般不会产生直接杀伤作用，属于慢速炸药。

（1）照明剂

在战场上，夜间作战的情况经常遇到。如果没有很好的夜视系统，就会影响进攻、搜索等作战行动。如果用灯具照明，那么这些光源本身就成为敌人袭击的目标。所以，使用照明弹是最好的选择。

照明剂要具有较高的发光强度与较长的照明时间，其火焰温度不低于2000度。常用的配方为：镁粉55%，硝酸钠40%，合成树脂5%，其燃烧时发光强度为50000 cd·s/g。这种照明弹可以将数平方公里的范围照射得亮如白昼，并维持数分钟。

（2）闪光剂

闪光剂的主要成分是镁铝合金与氯酸钾，它可以在0.1秒内产生数亿到数十亿坎德拉的亮度，无论是直接照射还是从其他物品反射，都能使人的眼睛受到强光刺激而暂时失明，即使闭上眼睛也无济于事。

（3）信号剂

在很多影视作品中，我们都能看到，随着红色信号弹的升空，进攻开始。信号弹就是一种特殊的火药，其主要成分为黑火药，同时加入一些可以产生特殊颜色光的盐类。如红光是因为加入了硝酸锶、绿光是因为加入了硝酸钡、黄光是因为加入了硝酸钠、蓝光是因为加入了硫酸铜等。

（4）烟幕剂

现代战争中，烟雾的作用仍然很大。趁着大雾进攻，敌人不辨虚实，难以有效抵抗；大雾中撤退，可以神不知、鬼不觉，让敌人空守一场。大雾之中，不但可见光无法穿透，连先进的红外、激光制导武器都会失灵。

烟幕剂通过燃烧或分散形成较稳定的气溶胶。气溶胶中含有很多固体或液体微粒，它们吸收或散射光线，能起到遮蔽目标的作用。常用的烟幕剂有白磷、红磷、HC烟幕剂（含六氯乙烷、铝粉和氧化锌）等。

普通的雾是悬浮于空气中的小水滴，而人造的雾，可以加入一些其他的物质。不但光无法透过，连雷达波都会被扰乱。

二、化学武器

资源开发构想：

谈到战争，就不得不提及第二次世界大战。谈到第二次世界大战，就不得不讲“化学武器”。什么是化学武器？它的发展和使用状况怎样？化学武器分类及其特点？化学武器的防护措施有哪些？

（一）化学武器及其由来

化学武器是通过加工制造化学药剂对人造成危害。严格地说，化学武器是依赖生理作用的一种化学物质，它通过呼吸、皮肤粘膜、饮食吸收等途径，破坏人体组织。化学战剂、化学弹药及其施放器材合称为化学武器。

远在数千年前，人类就用燃烧未干的木材、湿草所产生的浓烟攻击野兽，依靠浓烟的刺激作用，将逃避洞内之兽逐出捕获。后来，人们又将这种烟攻野兽的办法，用于两军争战之中。据记载，公元前 431 年，斯巴达人将沥青和硫黄制成抛射物，燃烧后生成大量的二氧化硫，在围城战斗中攻击雅典人。宋初《武经总要》记载了叫唐福的宋人把他所制的毒药烟毬献给了朝廷，毬内装有砒霜、巴豆之类毒物，燃烧后烟雾弥漫，能使敌人中毒，削弱其战斗力。

古代的化学武器不仅使用方法简单，而且杀伤作用有限。因此，化学武器作为作战辅助手段，在当时没有被人们重视。到了近代，随着科学技术的发展，化学武器才开始显示出它的威力。

（二）化学武器的发展和使用

1915 年 4 月，在双方对峙的比利时伊珀尔战场，德军突然一下子开启了预先埋下的 6000 只压缩氯气钢瓶。刹那间，黄绿色的气体顺着风势涌向英法阵地，士兵们猝不及防，扑面而来的氯气使他们咳嗽、喘息、挣扎，最后满嘴吐黄液，极度痛苦地死去。这次战役中德军施放了近 200 吨氯气，使英法军队死亡 5000 多人。从此，化学武器进入了战争史。

继氯气使用后两年，1917 年 7 月，德军又在伊珀尔战场首先使用了另一种剧毒化学物质——芥子气。一经沾上这种毒气，沾染部位会迅速出现巨大的水泡，继而皮肤溃烂。芥子气毒性广泛，几乎对人的任何部位都有伤害力，且渗透力极强，很难防护。芥子气能够杀伤戴有呼吸道防护口罩的军队，使其因中毒而伤亡的人员总数提高一倍。因此，在之后的几十年，芥子气一直作为“毒剂之王”广泛使用于战争中。一战期间，交战双方生产的上述各类毒剂达 13.6 万吨，其中施放了 12.5 万吨，造成了近 130 万人的伤亡。

第二次世界大战期间，法西斯德国储备了大量毒剂，包括新型神经性毒剂，曾用以杀伤数百万战俘。但在战场上未大规模使用，其原因是希特勒始终相信他的闪击战。战争后期，德国为挽救失败而企图使用化学武器时，主动权已完全丧失，苏、美等国已具有大规模的化学攻击力量和完善的防护装备，从而遏制了法西斯的化学战。

1937 年至 1945 年，日本帝国主义在侵华战争中，先后在我国 13 个省的 78 个地区使用毒剂 1600 多次。1941 年 8 月，日寇围攻我晋察冀抗日根据地时，用毒剂杀害我抗日军民 5000 多人。同年，日军为了夺取被中国军队收复的宜昌，大量使用芥子气，使 1600 人中毒，600 人死亡，迫使守军撤出战斗。此外，日寇还曾在我太原、宜昌、济南、南京、汉口、广州等地建立毒剂或化学武器工厂。据战后清查，仅分散在东北三省的日军尚未使用的各种毒剂弹就有 270 余万发，另外还有大量毒剂钢瓶。

第二次世界大战结束后，苏、美两国争先接收德国生产化学武器的设施和专家，积极研制和储存各种新型毒剂。至 20 世纪 50 年代，苏、美等国已经研制出毒性更大的 V 类毒剂和失能剂。

1950 年至 1953 年，美军在侵朝战争中，曾多次使用化学武器。规模较大的一次是在 1951 年 5 月，美军 B-29 轰炸机对朝鲜南蒲市投掷了光气炸弹，中毒者达 1379 人，死亡 480 人。1952 年 2 月至 1953 年 6 月，美军使用毒剂百余次，品种达 17 种之多，如芥子气、路易氏气、光气、氢氰酸及刺激性毒剂等，均造成一定伤亡。

1962 年至 1970 年，美国在侵越战争中，曾把越南南方作为化学武器试验场。据不完全统计，美国在越南南方 44 个省，使用了西埃斯 7 千吨，植物杀伤剂 12 万吨，用毒 700 多次，染毒面积占越南南方总面积的 30%以上，使 130 多万人中毒，也使农业生产遭到了破坏。由于植物杀伤剂和固体刺激剂在战略后方的使用，使化学武器具有一定战略作用，成为特殊的作战手段。

在 20 世纪 80 年代的两伊战争中，伊拉克使用芥子气对伊朗发动化学袭击 240 次之多，造成大量人员死亡。例如，在 1988 年哈拉卜贾战役中，伊拉克借助风势向伊朗军队投放大量芥子气炸弹，仅一次战役就造成伊朗士兵 1 万多人伤亡。

通过以上事实不难看出，化学武器是伴随战争而发展的，尤其对缺乏防护装备的被侵略者，其危害极大。

（三）化学武器的分类

根据毒剂的物理特性，可分为固体毒剂、液体毒剂和气体毒剂。按照其化学结构，可分为脂肪族烃类、脂醇类、脂酮类、胺类、胂类等。根据其杀伤作用，可分为暂时性毒剂和持久性毒剂；致死性毒剂和非致死性毒剂。按照毒理作用分类，可把毒剂分成七大类，即神经性毒剂、糜烂性毒剂、全身中毒性毒剂、失能性毒剂、窒息性毒剂、刺激性毒剂、植物枯萎剂，这是较普通、最常用的分类方法。

1. 神经性毒剂

1995 年 3 月 19 日，东京几条干线的地铁列车内几乎同时散发出一种不易察觉的苹果香味，致使很多人头晕目眩、呕吐不止，有的甚至当场不省人事。这就是邪教组织奥姆真理教制造的震惊世界的东京地铁毒气事件。这次事件造成 12 人死亡，数千人受伤。这种毒气，就是神经性毒剂——沙林。

沙林的化学本质为甲氟磷酸异丙酯，最早由德国科学家在研制杀虫剂时发现。由于这种物质挥发性强、毒性大，因而不适合做农药。但军方很快发现了这种物质的新用途。

神经性毒剂为有机磷酸酯类衍生物，分为 G 类和 V 类两种神经毒。G 类神经毒是指甲氟磷酸烷酯或二烷氨基氰磷酸烷酯类毒剂，主要代表物有塔崩、沙林、梭曼。V 类神经

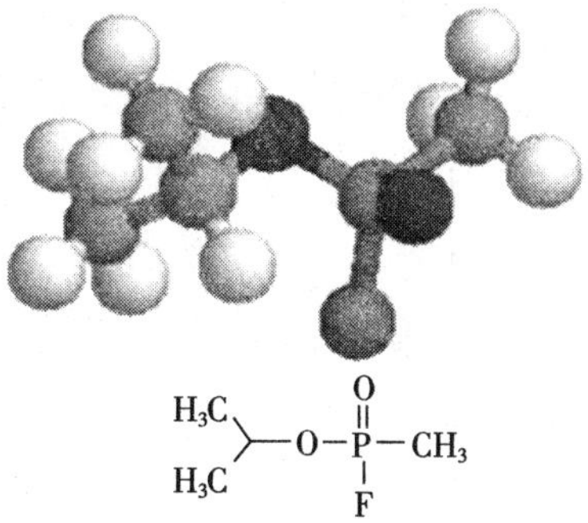

沙林的化学名称为甲氟磷酸异丙酯

毒是指S-二烷氨基乙基甲基硫代磷酸烷酯类毒剂，主要代表物有维埃克斯（VX）。

神经性毒剂可通过呼吸道、眼睛、皮肤等进入人体，并迅速与胆碱酶结合使其丧失活性，引起神经系统功能紊乱，中毒者会出现瞳孔缩小、恶心呕吐、呼吸困难、肌肉震颤等症状，重者会迅速死亡。

2. 糜烂性毒剂

2003年8月4日，中国黑龙江省齐齐哈尔市的一处建筑工地上，工人们挖地基时，发现了几只锈迹斑斑的金属桶。其中一只金属桶漏了，渗出棕褐色的油状液体，散发出浓烈的大蒜气味。几个小时以后，在场的工人出现了失明、头痛、呕吐等症状，接着，皮肤、呼吸道溃疡，白细胞下降。原来，这几只金属桶是日本帝国主义逃离中国时遗留下来的芥子气弹。

芥子气的化学本质是2，2’-二氯乙硫醚。与蛋白质接触后会引起蛋白质巯基、羟基烷基化，使蛋白质永久失去活性，从而引起皮肤粘膜变性糜烂。芥子气是一种挥发性的油状液体，不仅可以渗透普通的帆布军服，甚至可以透过薄橡胶防毒衣。中毒者当时仅仅会皮肤发痒、流泪、咳嗽，4～6小时以后，就开始出现皮肤溃烂、失明等症状。受害者往往在数天后死亡，或者留下终身残疾。

糜烂性毒剂还有路易氏气，其特点是立即发生伤害，没有潜伏期。这是一种砷剂，解毒剂为二巯基丙醇。

糜烂性毒剂主要代表物的化学结构及主要理化特征：

名称：芥子气；路易氏气。

化学名：2，2’-二氯乙硫醚，氯乙烯氯胂。

常温状态：芥子气纯品为无色油状液体，工业品呈棕褐色；路易氏气纯品为无色油状液体，工业品呈深褐色。

气味：芥子气呈大蒜气味；路易氏气呈天竺葵味。

溶解性：都难溶于水，易溶于有机溶剂。

战争使用状态：都可为液滴态或雾状。

糜烂性毒剂主要通过呼吸道、皮肤、眼睛等侵入人体，破坏肌体组织细胞，造成呼吸道粘膜坏死性炎症、皮肤糜烂、眼睛刺痛畏光甚至失明等。这类毒剂渗透力强，中毒后需长期治疗才能痊愈。抗日战争期间，侵华日军先后在我国 13 个省的 78 个地区使用化学毒剂 2000 余次，其中大部分是芥子气。

3. 全身性毒剂

全身性毒剂是一种速杀性的毒剂，也称为血液性毒剂，主要有氢氰酸、氯化氢等。氢氰酸为一种无色易挥发液体，具有苦杏仁味，吸入人体后，会在血液中解离出氰离子，随血液循环，致人迅速死亡。

全身中毒性毒剂是一类破坏人体组织细胞氧化功能，引起组织急性缺氧的毒剂。其战争使用状态为蒸气状，主要通过呼吸道吸入中毒。其症状表现为恶心呕吐、头痛抽风、瞳孔散大、呼吸困难等，重者可迅速死亡。

4. 窒息性毒剂

窒息性毒剂是指损害呼吸器官，引起急性中毒性肺气而造成窒息的一类毒剂。其代表物有光气、氯气、双光气等。

光气常温下为无色气体，有烂干草或烂苹果味儿。难溶于水、易溶于有机溶剂。光气被吸入后，可与肺泡中的水发生作用，生成浓度很大的盐酸。盐酸会破坏肺泡组织，使肺泡表面活性物质失去作用，血浆即可渗入肺泡，使其失去气体交换能力，受害者最终死于窒息。最早应用的氯气也属于窒息性毒剂。

在高浓度光气中，中毒者在几分钟内由于反射性呼吸、心跳停止而死亡。中毒症状分为 4 期：刺激反应期；潜伏期；再发期；恢复期。

5. 刺激性毒剂

1977 年 11 月 5 日，在美国白宫南草坪，伊朗国王巴列维受到了美国总统卡特的热情接见。当卡特致欢迎词的时候，通过电视收看新闻的人们惊奇地发现，总统竟然流泪了，现场的美伊官员、警卫、新闻记者也都是“热泪盈眶”。原来，白宫外一群伊朗留学生和伊朗裔美国人正在举行示威游行。为了不影响正在进行的欢迎仪式，警方使用了催泪弹。但是，大风将烟雾吹进了围墙，让宾主双方“泪流满面”。

催泪弹的主要成分就是刺激性毒剂。刺激性毒剂主要有苯氯乙酮、亚当氏气等，可以强烈刺激人的眼睛和呼吸道，引起流泪、咳嗽、哮喘等刺激症状。而且，它的作用比较持久，中毒人员甚至在脱离毒气环境数天内都无法恢复正常。但是，这种毒剂一般不会引起重症伤害，中毒人员经休养基本可以恢复正常。

刺激性毒剂按毒性作用分为催泪性毒剂和喷嚏性毒剂两类。催泪性毒剂主要有西埃斯、苯氯乙酮；喷嚏性毒剂主要有亚当氏气。

刺激性毒剂代表物的化学结构和主要物理特性：

名称：西埃斯（CS）；CN；亚当氏气。

化学名：西埃斯的化学名为邻氯代苯亚甲基丙二腈；CN的化学名为苯氯乙酮；亚当氏气化学名为吩砒嗪化氯。

常态：西埃斯为白色晶体；苯氯乙酮为无色晶体；亚当氏气为金黄色晶体。

气味：西埃斯为无味；苯氯乙酮为荷花香味；亚当氏气为无味。

溶解度：西埃斯微溶于水，易溶于有机溶剂；苯氯乙酮微溶于水，易溶于有机溶剂；亚当氏气难溶于水，难溶于有机溶剂。

战争使用状态：都为烟状。

美军正在研制的一种刺激性毒剂被称为“臭气弹”，主要成分是含有巯基等基团的小分子物质。这种物质不会伤害人体，但空气中混有极少量就会产生冲天的臭气，而这种难以忍受的臭气会让人不顾一切地逃离，却不会有任何后遗症。

6. 失能性毒剂

1952年，美国国家电视台播出了这样一组镜头：在一个大玻璃柜中关着一只饥饿的猫，试验人员扔进一只小白鼠，猫立刻凶相毕露，扑过去抓住了小白鼠；试验人员救出小白鼠后，向玻璃柜中滴入一滴液体，然后把小白鼠又扔了进去，这次猫却像见到了恶魔，被小白鼠吓得东逃西窜。

那滴液体，就是失能性毒剂——毕兹溶液。该毒剂为无嗅、白色或淡黄色结晶，不溶于水、微溶于乙醇，战争使用状态为烟状。主要通过呼吸道吸入中毒，中毒症状有：瞳孔散大、头痛幻觉、思维减慢、反应呆痴等。

失能性毒剂是一类使人的思维和运动机能暂时发生障碍的化学毒剂，是针对神经系统的药物，可以使神经传导发生错误，让中毒人员精神错乱，不辨敌友，不能操纵武器，失去抵抗能力。这种精神症状几天后就会消失，基本不会留下严重的后遗症。

7. 植物枯萎剂

越战当中，越南北方和南方之间的主要交通线是位于热带雨林当中的一条公路——胡志明小道。由于丛林密布，美军很难准确破坏这条交通线。于是，美军向越南农村的非军事区喷洒了4200万升俗称“橙色剂”的脱叶剂，不久就引起植物大量枯萎死亡，爆发的山洪多次冲毁胡志明小道，比空军的轰炸还要有效。

“橙色剂”实际上是一种高效除草剂，是一种人工合成的植物激素，可以迅速造成植物畸形生长，随即死亡。同时，“橙色剂”对人也有很大的毒性和致癌、致畸作用。

越战期间，美军共施用了各种植物杀伤剂 7.8 万吨，喷洒面积 2.68 万平方千米。越南南方受毒及污染扩散面积达 3.8 万平方千米，中毒人数达 153.6 万，其中死亡 3000 多人。凡是脱叶剂污染的地方，森林被毁，林中动物也难于幸免，造成了严重的生态破坏。由于毒剂中含有的二噁英是一类毒性极强的有机化合物，其毒性是氰化钾的 1000 倍以上，被称为地球上毒性最强的物质之一。由于分子结构的不同，二噁英共计有 210 余种同族异构体，是一个庞大的“家族”，其毒性依氯原子位置不同而有差异。二噁英难溶于水、易溶于脂肪，难分解、高残留，因而极易在生物体内积蓄；并且具有急性毒性、致癌性、致畸性、生殖毒性和免疫毒性等大范围的毒性。美国国家环保局将其定为致癌性最强的物质，然而，美国就是将这种剧毒物质永久地留在了越南南方的土地上，由此而形成了长期的后遗症，在受害地区的居民中癌症患者急剧增多，还出现了大量先天性儿童异常、流产、死产等病症。例如，仅在越南胡志明市图杜医院，目前就收容了 100 多名肢体严重畸形并伴有智力障碍的残疾儿童，这些都是橙色剂的遗传受害者，故被称为“橙剂婴儿”。据悉，目前越南约有这种畸形儿童 50 万人。

（四）化学武器的防护措施

1. 散布方式

毒剂的散布方式有三种，即爆炸法、加热蒸发法、布洒法。

战场上最常用的方式是将毒剂装入炮弹、炸弹、火箭、导弹及地雷中，借助弹体在爆炸时产生的高温、高压，把毒剂分散出去，这种方法被称为爆炸法。适用于这种方法的毒剂，通常是液体毒剂。爆炸分散后的毒剂呈气溶胶状、蒸气状或液滴状，存留在空气中会造成空气染毒，落在地面上会造成地面、物体染毒。

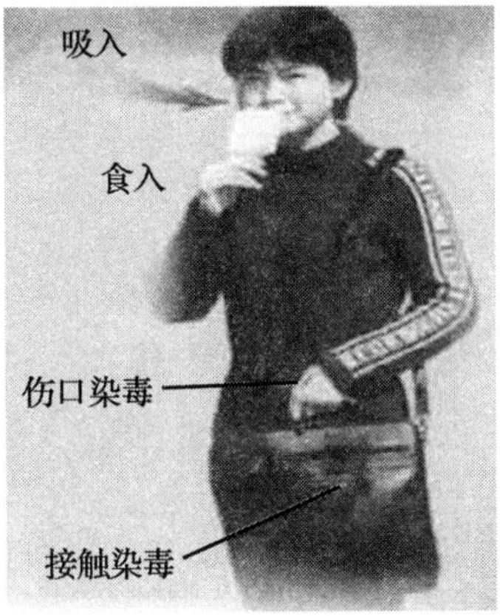

中毒途径

例如，液体沙林弹爆炸以后，有一部分毒剂呈细微的气溶胶状悬浮在空中，经人的呼吸道进入肺部；另一部分毒剂分散成小液滴降落在地面和物体上；还有一部分毒剂因爆炸而遭到破坏。

固体毒剂是和发烟剂掺在一起装入毒烟罐、毒烟手榴弹中的，利用固体燃料做成的药块，用电流或擦火棒点燃，将毒剂蒸发到大气中，这种方法称为加热蒸发法。蒸发出来的毒剂，形成毒烟，飘浮在空气中，造成空气染毒。发烟手榴弹通常能发烟1分钟，发烟罐一般能发烟3～5分钟。

为了造成大面积染毒，采用飞机布洒器喷洒毒剂，这种方法称为布洒法。布洒出来的微小液滴，在空气中形成毒雾，较大的液滴则因重力落于地面。因此，采用这种方法会使空气和地面物体同时染毒。

2. 杀伤途径

由于毒剂的性质不同，形成的战斗状态也不同，因而毒剂进入人体的途径也不一样。总的来说，中毒途径有三种，即吸入中毒、接触中毒、误食中毒。

人们在呼吸时，不知不觉会吸入混在空气中的气溶胶状和蒸气状毒剂，通过呼吸道中毒，称为吸入中毒。这在战场上出现的机会最多，危险性也最大。

当毒剂以液滴状从空中落在人身上，或人员活动中通过抹、擦、磕、碰等方式接触到染毒物品时，人的眼睛、皮肤、伤口等部位也会接触毒剂液滴，毒剂便渗入皮肤进入人体内，引起人员中毒，称为接触中毒。

食品和水源染毒后，人员误食而发生中毒，称为误食中毒。

3. 化学武器的防护措施

化学武器虽然是杀伤性较强的武器，但仍是可以防护的。化学武器的特殊杀伤形式，要求人们首先应及时发现它的使用，以便采取各种防护措施来保障人员、物资的安全。

（1）不要恐慌

化学武器比起核武器和生化武器来说，更易被恐怖分子所使用。但在现实生活中遇到化学药剂时，一般是意外的化学泄漏而不是受到化学袭击。所以，首要的防守是保持清醒的头脑。

（2）寻找高位地势

化学气体一般比空气浓密，会沉入低洼地区。因而可以登上身边最高的建筑物或一些天然高地顶部，也可以寻找露天场所，或者待在一个拥有自带供氧装置的地方。

在化学攻击事件中，则应该隔离自己的空气供给，这是因为大多数化学气体只会在一定的时间内存在（乙基毒气例外，它能够持久生效）。

（3）发现可疑的行动

看到敌机低空飞行，机翼下喷出与洒农药时相似的烟雾，则有可能是布洒毒剂。在气象条件利于施放毒剂时，如风速 2～4 米/秒、风向稳定、阴天等，应做好防护准备。而在雨天、大雪天、大风天一般不会施放毒剂。总之，对敌人的各种可疑行动，要进行综合分析判断，采取积极行动，减少不必要的损失。

（4）观察奇怪的弹迹

及时发现敌人毒剂的弹迹，这对准确地采取防护措施非常重要。在抗美援朝战争中，美军曾对我志愿军某部炮兵连发射了毒剂炮弹，由于该连事先注意观察，一经发现弹迹，迅速地戴上了防毒面具，从而使全连无一人中毒。这一成功的经验告诉我们，平时要加强防毒训练，熟悉不同毒剂弹爆炸的外观景象，战时根据各种情况，仔细观察、认真分析，较为正确地判断敌人是否实施了化学袭击。

（5）注意动物的症状

一般动物如鸡、狗、兔、猴、鸟等，不论是处在染毒区内还是经过染毒区域，都会不同程度地染上毒剂，从而有症状显露出来。从这个意义上说，动物是很好的化学毒剂“报警员”，可随时报知敌人是否使用了化学武器。

各类动物对暂时性毒剂特别敏感，如吸入染毒空气的鸟类会从空中跌落到地面，抵抗力较强的狗中毒后也会出现流口水、流泪、站立不稳等明显症状。毒剂一旦落入水里，不能溶解的毒剂大部分落入水底，在水面上常留有油花或油沫；而能溶解于水的毒剂，则很快使水里的鱼虾中毒死亡。

（6）仪器的侦检

凭人的嗅觉、味觉、听觉、视觉等感觉器官发现毒情，只能是一种概略判定，不能准确测定毒剂浓度的高低，也不能估算出染毒范围的大小。而且通过人的感觉器官来发现毒情，不仅准确性差，还有一定的危险性。

另外，有的毒剂无色无味，不容易识别。有时将其他弹药同化学弹药一起使用，往往也不易准确辨别。因此，必须使用仪器才能更好地侦检毒剂的存在。世界上很多军队都研制了先进的化学侦检、报警器材，这些器材一般都能较为准确地查明毒剂种类、毒剂浓度。有的器材适用于多种条件下的侦检，具有多种功能，使用也较为简便。有的器材根据战场情况设置，能够测定染毒范围的大小。使用这些器材，一方面大大减少了毒剂对人员自身健康的危害；另一方面，依靠这些先进器材的准确、快速、简便、多效，可以较好地完成对化学毒剂的侦检任务。

（7）使用防毒面具

防毒面具分为过滤式和隔绝式两种。过滤式防毒面具主要由面罩、导气管、滤毒罐等组成。滤毒罐内装有滤烟层和活性炭。滤烟层由纸浆、棉花、毛绒、石棉等纤维物质制成，能阻挡毒烟、雾及放射性灰尘等毒剂。活性炭经氧化银、氧化铬、氧化铜等化学物质浸渍过，不仅具有强吸附毒气分子的作用，而且有催化作用，使毒气分子与空气及化合物中的氧发生化学反应并转化为无毒物质。隔绝式防毒面具中，有一种化学生氧式防毒面具，它主要由面罩、生氧罐、呼吸气管等组成。

4.《禁止化学武器公约》

1993 年 1 月 13 日，国际社会缔结了《关于禁止发展、生产、储存和使用化学武器及销毁此种武器的公约》，简称《禁止化学武器公约》，它是第一个提出全面禁止、彻底销毁一整类大规模杀伤性武器并具有严格核查机制的国际军控条约，对维护国际和平与安全具有重要意义。

《禁止化学武器公约》草案由负责裁军事务的联合国大会第一委员会经过长达 20 多年的艰苦谈判后于 1992 年 9 月定稿，并于 1992 年 11 月 30 日由第 47 届联大一致通过，1997 年 4 月 29 日生效。

《禁止化学武器公约》含 24 个条款和 3 个附件，主要内容包括：签约国将禁止使用、生产、购买、储存和转移各类化学武器；将所有化学武器生产设施拆除或转作他用；提供关于各自化学武器库、武器装备及销毁计划的详细信息；保证不把除莠剂、防暴剂等化学物质用于战争目的等。公约规定所有缔约国应在 2012 年 4 月 29 日之前销毁其拥有的化学武器。

1993 年 1 月 13 日至 15 日，此公约的签字仪式在巴黎联合国教科文组织总部举行，120 多个国家的外长或代表出席了这次会议，包括中国在内的 130 个国家签署了该公约。此后，公约转到联合国总部纽约继续开放签署。“禁化武组织”现有 183 个缔约国。公约审议大会每 5 年举行一次，旨在全面审议公约实施情况及科技发展对履约的影响，并制定未来 5 年的履约计划。迄今已证实销毁化学武器 2.4 万吨，占申报储存化学武器的 33%。拥有化学武器的两个主要国家俄罗斯和美国销毁化学武器的期限是 2012 年 4 月，俄罗斯已经销毁 22%，美国已经销毁 46%。

三、化学炸药

资源开发构想：

无论是我国古代四大发明之一的黑火药还是现代西方的黄色炸药，在人类发展的历史中都起到很重要的作用。古代的火药跟现代意义上的炸药是不同的，火药一般用作火器中的发射药，如用作弹药的推进剂，让弹药飞射出去。而炸药是现代才出现的，炸药自身带有爆炸性能，如我们常提到的 TNT。炸药在燃烧过程中还会发生其他化学反应，从而产生大量的爆炸能量和冲击波。古代黑火药只是利用了它的推射能量，把冷兵器的能量放大。而现代的炸药在工业革命的高潮中也起到了很重要的作用，如矿山开发、河道挖掘、铁路修建等工程都需要大量烈性炸药。那么，什么是炸药？它的发展历史怎样？化学炸药如何分类及其爆炸原理是什么？化学家在炸药的安全性方面做了哪些措施？

（一）我国化学炸药的发展历史

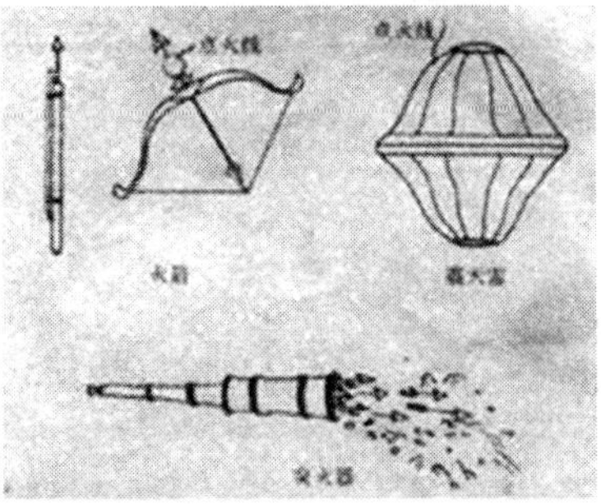

黑火药是我国古代的四大发明之一，距今已有 1000 多年的历史。黑火药在适当的外界能量作用下，自身能进行迅速而有规律的燃烧，同时生成大量的高温燃气。在军事上它主要用作枪弹、炮弹的发射药和火箭的推进剂以及其他驱动装置的能源，是弹药的重要组成部分。

黑火药的主要成分是硫黄、硝石和木炭。将这几种物质按照一定的比例配制，再加入其他辅助成分，点燃后就会发生化学反应，产生高温气体：

$$S+2KNO_3+3C \xlongequal{点燃} K_2S+N_2\uparrow+3CO_2\uparrow$$

黑火药对火花和火焰敏感，点燃后火焰的传导速度较快。燃烧时能释放出大量的高温气体，并产生很多炽热的固体颗粒，形成大量的烟，能有一定的迷惑作用。

黑火药的主要作用就是推进和发射作用，其爆炸性能并不强，主要通过燃烧时释放的高温气体将周围的东西推射出去。现代火药主要是无烟火药，点燃后产生的烟雾很小，没有太多固体颗粒，可以避免黑火药作为发射药时因杂质太多而造成的堵塞。所以现代火药作为发射药更为好用。

明朝时，火器的使用达到了极致，火器的种类纷繁多样。明朝的火器一般可以分为三类，一类是燃烧性火器，如火箭、火球等；一类是爆炸性火器，如地雷、炸弹等；还有一类是管形射击火器，如枪和炮等。

明朝有一种叫“万人敌”的燃烧性火器，宋应星在《天工开物》中称赞它为“守城第一器”。这种火器用泥制成，晾干后装填火药，并掺入有毒物质。当敌人攻城时，点燃引信，抛到城下，火焰会四面喷射，并不断旋转、烧灼敌军。因为它制作简单，取材方便，又有杀伤功能，所以得此称号。

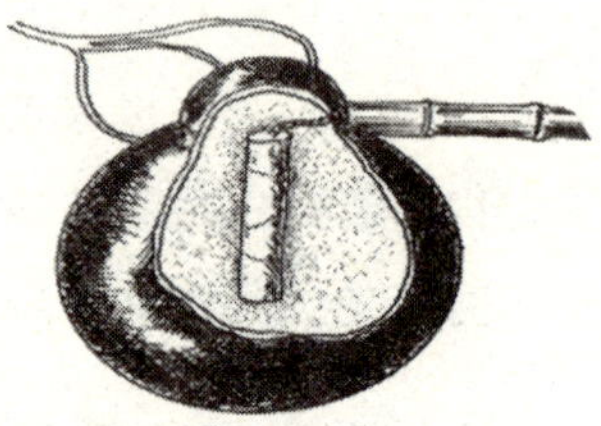

因为黑火药爆炸性能不强，古代的爆炸火器只是利用黑火药的推射功能。爆炸性的火器是把黑火药放置在密闭的空间里，通过引线点燃后，黑火药在燃烧过程中产生的高温气体迅速膨胀，从而使密闭的罐子或盒子炸开。若在密封的罐子里放些石子、瓷片、铁珠之类有杀伤性的东西，那它们也会随着气体的膨胀而炸开，从而射杀敌人。

明朝时期的爆炸性火器也有很多，最典型的就是地雷和水雷。焦玉所著的《火龙经》记载了最早的地雷——“炸炮”，它是最早的压发地雷。而欧洲在15世纪的要塞防御战中才开始出现地雷。在唐顺之编纂的《武编》中，详细记载了一种“水底雷”的构造和布设方法。“水底雷”是世界上最早的水雷，欧洲是在18世纪才开始在实战中使用水雷的。

在明朝，使用最频繁、产量最大的火器就是火铳（chòng）了，它堪称明朝时期的头号火器。现今发现的最早的明朝火铳是明太祖洪武五年（公元1372年）由“宝源局”制

造的一把铜铳，其身长 44.2 厘米，口径 2.2 厘米，重 2 斤 12 两。

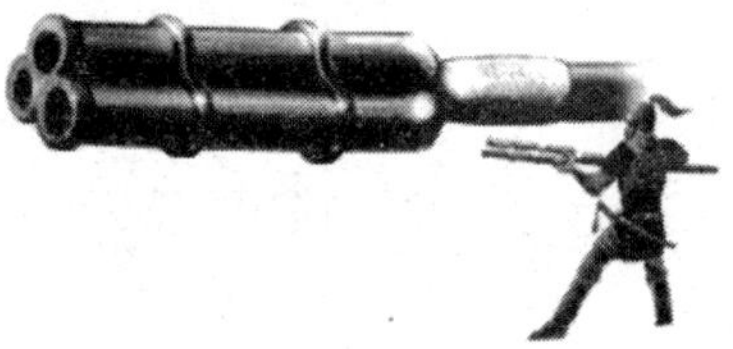

火铳最早出现在中国的元朝，比西方早数十年。火铳在明朝运用得最广泛，这一时期的火铳，还没有枪和炮的区别。如果想使用轻便，就造得小一点，如果想增大威力，就造得大一点。而通常大一点的叫火铳，小的就叫手铳。两者后来渐渐发展为不同方向，大的往炮发展，小的向枪发展。

但不管大的火铳还是小的手铳，其基本构造都是一样的，即由前膛、药室和尾銎（qióng）三部分构成。其中药室部分隆起，上有火门。发射时，先把火药从铳口装进药室，再塞入用木头做成的马子，用来闭气，然后将子弹装入前膛，用火绳通过火门点火，点燃药室里的火药，火药燃烧生成大量的高温气体，就可以将前膛的子弹推射出去。

（二）现代化学炸药的发展

现代炸药包括由单纯一种物质组成的单质炸药和由氧化剂、还原剂混合而成的混合炸药。

单质炸药的分子一般都含有某些特殊基团，如硝基（$-NO_2$）、硝酸酯基（$-ONO_2$）等。这些基团都具有氧化性，在高温下可以提供氧。同时，分子中的其他元素，如 H、C 则可以发生氧化反应生成 H_2O、CO 等，从而释放大量的能量，发生爆炸。

炸药的制造及运用早已脱离了作坊时代，进入大工业和自动化时代。炸药作为一种特殊的材料（高能材料），在经过精细的加工以后，变成各种实用的炸药产品。现在广泛采用高分子材料对炸药进行处理进而制成形状、粒度、密度和爆炸性能各不相同的精细产品。

合成炸药的产生和发展有一定的过程。1832 年，由法国人 H. 布拉孔诺用浓硝酸与木材或棉花相作用而制得一种炸药。1845 年，瑞士化学家舍恩拜制成“火棉”，即硝化纤维。1869 年，J. W. 海厄特用一定聚合度的硝酸纤维素加入樟脑和酒精，制成了赛璐珞（一种很易燃烧的塑料）。1884 年，法国化学家 P. 维埃耶用醇-醚溶剂处理硝酸纤维素并将其碾压成型，制得能缓慢燃烧的单基火药。从此，硝酸纤维素即成为生产各种火药的主要原料。

1867 年，经过大量实验，诺贝尔把硅藻土和硝化甘油的比例确定为1∶2，制成了被称为“黄色炸药”的安全炸药。大量投产后，用户使用时从未发生过事故。1875 年，诺贝尔将硝化甘油与不同的火药棉相配，得到了几种胶体炸药。这种炸药效力高，造价低，且安全可靠，成为当时最理想的炸药。但这种炸药有一个缺点——不易起爆。于是，研制引爆剂与引爆装置又成了一个亟待解决的问题。

诺贝尔通过研究有机化学资料，发现德国化学家李比希在 1822 年至 1823 年间研究雷酸的有关成果，即用酒精处理硝酸汞，得到一种白色的固体。这种固体在常温下比较安定，加热时会缓慢地分解。但是，如果受到撞击、针刺或者在密闭空间中加以高温，就会发生极其猛烈的爆炸，这就是雷酸汞，简称雷汞。其制备反应方程式为：

$$3Hg(NO_3)_2+4C_2H_5OH=3Hg(ONC)_2+2CO_2\uparrow+12H_2O$$

爆炸反应方程式为：

$$Hg(ONC)_2=Hg+N_2\uparrow+2CO\uparrow$$

由于这种物质的价格昂贵，制备困难，所以不能当作炸药使用。但是，极少量的雷汞可以把撞击、针刺等机械作用转化为爆炸作用，能够引爆黑火药等炸药。利用这个原理，雷汞被用以制造子弹和炮弹的底火、炮弹的引信以及可引爆炸药的雷管。由于雷汞有毒，现代应用的起爆剂，主要有叠氮化铅 $Pb(N_3)_2$、斯蒂芬逊酸（2,4,6-三硝基间苯二酚）铅等。

（三）现代炸药的分类

目前国内使用的炸药品种较多，为了便于选用，通常对它们进行分类。其中，按照炸药用途的不同，可以将炸药分为起爆药、猛炸药和发射药几大类。

1. 起爆药

起爆药的特点是，在很小的外界能量（如火焰、摩擦、撞击等）激发下就会发生爆炸。工业雷管中的起爆药有雷汞、氮化铅和二硝基重氮酚（DDNP）等，都是单质炸药。由于起爆药的感度极高，除了用作雷管的起爆药外，在爆破工程中没有其他用途。

2. 猛炸药

猛炸药的感度较低，相对具有稳定性，使用时通常需要借助起爆药。猛炸药爆炸的主要形式是爆轰。猛炸药一旦被起爆就会有极高的爆速和猛烈的破坏威力，由于猛炸药的爆炸威力大，破碎岩石和构筑物的效果好，所以它是各类爆破工程中的常用炸药。猛炸药包括单质猛炸药和混合猛炸药两类。

（1）单质猛炸药

①苦味酸

1771 年，英国 P. 沃尔夫用浓硫酸、浓硝酸处理苯酚，获得了一种黄色固体：三硝基苯酚。由于该物质一般都含有少量的水，所以呈现为蜂蜜状黏稠的黄色液体。其酸性很强，又有浓烈的苦味，所以被命名为苦味酸。因其黄色十分浓重，所以被广泛用作黄色染料。

1860 年的一天，巴黎郊区的一家染料商店。一桶苦味酸由于铁桶生锈无法打开。伙计找来铁锤，用力砸去。随着一声巨响，火光冲天，染料商店顿时化作一片废墟。

根据现场调查，这桶黄色染料造成的破坏程度远远大于同质量的黑火药。后经测试，苦味酸的爆炸速度、爆破能量均远远高于黑火药。到 1885 年，法国开始将苦味酸用于装填弹药，应用于战争之中。

②梯恩梯

梯恩梯的化学名称是三硝基甲苯，属芳香族硝基化合物，它的英文缩写为 TNT，俗称黄色炸药。从最初合成制得梯恩梯到它正式扮演炸药角色，经历了整整 40 年时间（1863～1902 年）。第一次世界大战前夕，德、意、俄、美等国相继用更为安全可靠的梯恩梯代替了早期的苦味酸作为标准炸药。梯恩梯性能好，特别是其主要原料甲苯价廉易得，且生产过程不复杂，因而制造成本低，至今没有任何炸药能完全取代它。

梯恩梯化学性质稳定，其熔点在 80℃～81℃，由于熔化温度适中，梯恩梯可以与其他炸药成分混合以压装、注装等多种方法进行炮弹装药，所以适于装填各种不同类型的弹丸，在压药密度 1.64g/cm^3 时，其爆速为 6900m/s，威力属于中上等。

③特屈儿

特屈儿的问世晚于梯恩梯，具有许多超过梯恩梯性能的优点。特屈儿是具有碳硝基和氮硝基双重特征的化合物，化学名称为三硝基苯甲硝胺。

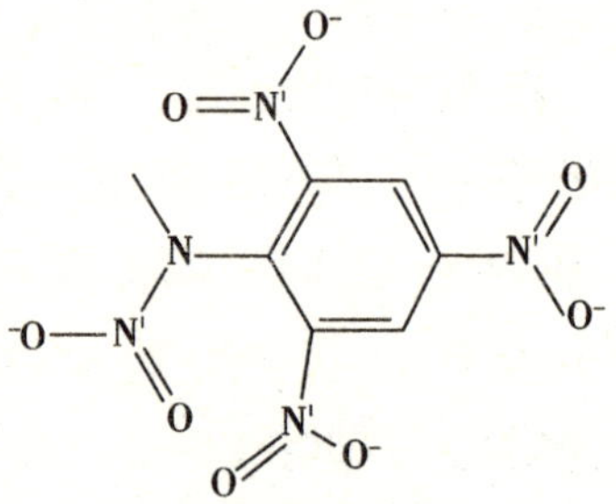

三硝基苯甲硝胺

特屈儿的熔点为 129.5℃，在压药密度 1.61g/cm³ 时，爆速为 7500m/s，威力高于梯恩梯。另一优于梯恩梯的特点是传爆性能好，因此不仅可用于某些特种小口径炮弹装药，更可用于弹药的传爆药、雷管的第二装药和标准导爆索的药芯等。芳香族硝基化合物一般有较大的毒性，特屈儿的毒性比梯恩梯更大。

④太安

太安的化学名称为季戊四醇四硝酸酯，国际通用代号是 PETN。太安是一种硝酸酯，硝酸酯一般热安定性都不强，但太安由于结构上的对称性，其热安定性要比硝化甘油等硝酸酯好得多。太安是白色结晶，熔点为 142.9℃，爆速比特屈儿高，压药密度 167g/cm³ 时，其爆速为 8000 m/s，且其传爆性能特别好。

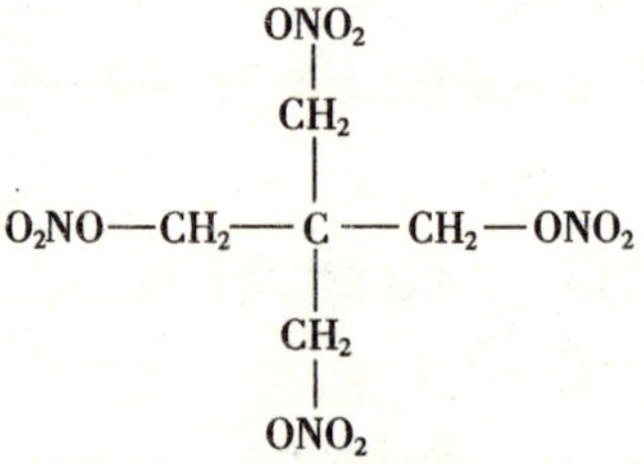

四醇四硝酸酯

太安既能用于配制各种混合炸药作为炮弹的爆炸装药，又能用作弹药传爆药和导爆索药芯，还可用于无起爆药电火花雷管和工程爆破用浆状炸药的敏化剂等。把它制成特种爆破薄片炸药时，还可用于金属爆炸加工。俗话说"水火不相容"，一般炸药遇水就难以发挥作用，但太安在含水情况下也能爆炸。此外，在医药方面太安还可用作血管扩张剂。

⑤黑索金

黑索金诞生于 19 世纪末，真正崭露头角则在 20 世纪 30 年代。黑索金的化学名称是环三亚甲基三硝胺，因其威力较大，人们还形象地称之为"旋风炸药"。黑索金是白色晶体，熔点大约为 2041℃，压药密度 1.77g/cm³ 时，爆速达 8600m/s，是最好的高能炸药之一。

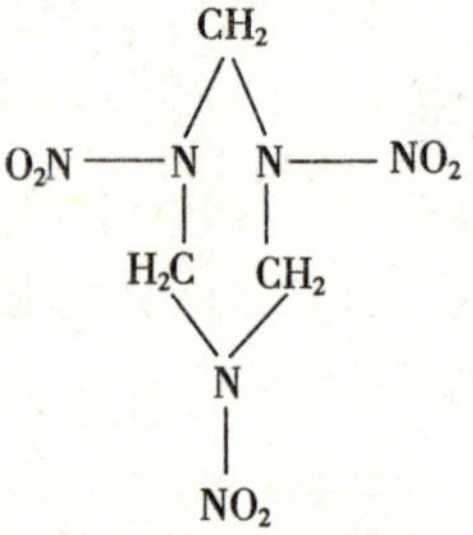

环三亚甲基三硝胺

黑索金在国际上的通用代号为 RDX，它的一大优点是原料基本上不受地域、资源的限制，完全取自空气、水和煤，只要有技术条件，任何国家都能生产。在第二次世界大战期间及战后，以黑索金为基的混合炸药也得到了发展，著名的有 A、B、C 三大系列炸药：A 炸药是钝感处理的黑索金；B 炸药是黑索金/梯恩梯（60/40）混合浇铸炸药；C 炸药是塑性黏结炸药。今天，以黑索金为基的炸药已发展成军用炸药的主炸药了。

⑥奥克托金

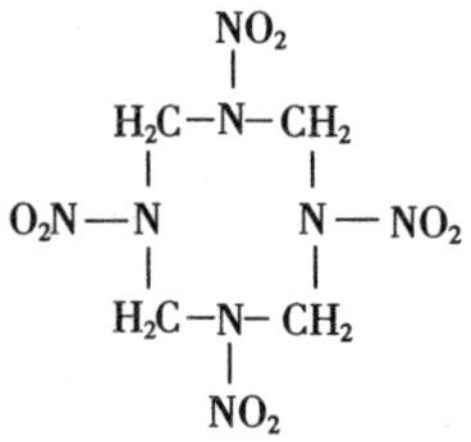

环四亚甲基四硝胺

奥克托金的问世比黑索金晚了三四十年。奥克托金的化学名称是环四亚甲基四硝胺，因只比黑索金多了一个单元的亚基硝胺，所以二者的很多性质都比较接近。但奥克托金密度较大，能量、爆速率更高，在压药密度为 1.8g/cm³ 时，爆速为 9100m/s。奥克托金的耐热性也较好，熔点高达 276℃～286℃，是迄今为止综合性能最好的高能炸药。由于奥克托金的熔点比其他常规炸药都高，故又称其为高熔点炸药，通常用英文缩写 HMX 为其代号。现在，奥克托金越来越多地在炸药领域中代替了黑索金。但是，由于奥克托金成本高，且在生产过程中往往与黑索金同时产生，因而奥克托金并不能完全取代黑索金。

（2）混合炸药

混合炸药一般是由单质炸药和添加剂或由氧化剂和可燃剂按适当比例混合加工制成的。混合炸药的发展弥补了单质炸药性能上的不足，扩大了炸药的应用范围。目前实际应用中的炸药大多为混合炸药，分军用和民用两大类，还有些炸药既可军用也可民用。军用混合炸药不仅要有良好的爆炸性能，还要有较低的机械感度，以及超强的安全性。

①熔铸炸药

将高能单组分固相颗粒加入熔融态的炸药（如梯恩梯）中进行铸装的炸药称为熔铸炸药。通常在熔融态梯恩梯中加入高熔点的黑索金、奥克托金、太安形成黑梯炸药、奥梯炸药、太梯炸药等，这类炸药是当前各国应用最为广泛的混合炸药，占军用炸药的 90%以上。

②高聚物黏结炸药

通常是以高分子聚合物为黏结剂的混合炸药，也称为塑性黏结炸药（PBX），它以高能单质炸药为主体，加入黏结剂、增塑剂以及钝感剂组成。该炸药在军事上用于导弹战斗部装药，鱼雷、水雷和核战斗部起爆装置，工业上用于爆炸成型、石油射孔弹。该炸药按物理状态和成型工艺又分为造型粉压装炸药、塑性炸药和浇铸高分子黏结炸药。

造型粉压装炸药也称造型粉，属高爆炸药。其组成通常包括高能单质炸药、高分子黏结剂、增塑剂和钝感剂。其产品采用压装工艺成型，成型产品可进行机械加工以及黏结成各种形状，主要应用于各类导弹战斗部装药、核战斗部起爆装置等。

塑性炸药由高能单质炸药、热塑性弹性体或橡胶、增塑剂、机械油组成，在 40℃～60℃之间具有良好的塑性，有的甚至在 54℃～77℃之间仍保持塑性，便于携带和手工装药。这类炸药还具有很好的耐水性和安全性，使用方便。其外观像面团，能像橡皮泥一样被搓成任意形状，用染色剂上色后，可伪装成食品、糖果等迷惑敌人，因此适于复杂弹形装药和特工使用。

浇铸高分子黏结炸药也称高强度炸药或热固性炸药，是以热固性高聚物黏结的混合炸药，由高能炸药、黏结剂、固化剂或交联剂、催化剂、引发剂组成，以黑索金、奥克托金为主炸药，与热固性高聚物树脂和固化剂混合制成。由于它固化前具有一定的流动性，因此可浇铸成任意形状，制备精密部件和安全系统中的保护工具，甚至可以制成玩具和生活用品。浇铸高分子黏结炸药主要应用于导弹战斗部、大口径爆破弹和核战斗部起爆装置等。

③含金属粉的混合炸药

该类炸药也称为高威力炸药，由炸药和金属粉组成。可加入的金属粉有铝、镁、铍等。常用的金属粉是铝粉，其特点是爆热高、做功大，主要用于水雷、鱼雷、深水炸弹以及对空武器爆破弹的制作和地面爆破等。

④钝化炸药

钝化炸药是由单组分炸药和钝感剂组成的低感度炸药，常用的钝感剂有蜡、硬脂酸、胶体石墨和高聚物。其特点是撞击和摩擦感度低，便于压制成型，并且有良好的爆炸性能，多用于装填对空武器、水下兵器的弹药。

⑤燃料空气炸药

燃料空气炸药是由固态、液态、气态或混合态燃料（可燃剂）与空气（氧化剂）组成的爆破性混合物。其作用原理是，充分利用爆炸区内大气中的氧，使单位质量装药的能量大幅度提高，当投射到目标上空时，装在弹容器内的燃料经爆炸抛撒在空气中，形成一定浓度的云雾，并定时瞬间点火，使云雾发生区域爆轰，直接破坏目标。

⑥低易损炸药

该类炸药具有在外部作用下不敏感、安全性高、不易烤燃、不易殉爆、不易燃烧转爆轰等特点，在生产、运输、储存过程中，特别是在实战条件下可保证一定的安全。

⑦分子间炸药

分子间炸药是由超细的氧化剂组分和可燃剂组分均匀混合而成的炸药。爆轰反应在可燃剂与氧化剂两相间进行，与单组分炸药相比，其反应速度较低，反应区较宽。具有代表性的分子间炸药是硝酸铵及某些铵盐分子低共熔混合物。

3. 发射药

发射药是用于枪炮发射弹丸的火药。发射药应具有下列特征：燃气相对分子质量小，无腐蚀性，含固体粒子少，不污染枪炮的内膛；爆温不应过高，以免烧蚀内膛；不产生火焰，炮烧有规律，能产生良好的弹道效果；物理、化学安全性能好，能长期贮存；原材料丰富，生产成本低廉。不同类型的火器，都要求按其弹道性能将发射药制成不同的形状和大小，常见的形状有管状、带状、片状、球状、粒状、梅花状等。

硝化棉系发射药，按其成分可分为单基火药、双基火药和三基火药等。该发射药在结构、原理设计上具有新概念特征，其应用效果能大幅度提高武器性能，能够使现有的大、中口径身管武器，在结构不变、膛压不变的条件下，装填能量提高 20％以上，初速提高 5％以上。

而按使用条件分类，可以将工业炸药分为三类。第一类是准许在地下和露天爆破工程（包括有沼气和矿尘爆炸危险的作业面）中使用的炸药。这一类属于安全炸药，又称煤矿许用炸药，须保证爆炸时不会引起瓦斯或矿尘爆炸，每千克炸药爆炸时所产生的有毒气体不能超过安全规程所允许的量。第二类是准许在地下和露天爆破工程（不包括有沼气和矿尘爆炸危险的作业面）中使用的炸药，这属于非安全炸药。同样，每千克炸药爆炸时所产生的有毒气体不能超过安全规程所允许的量。第三类是只准许在露天爆破工程中使用的炸药，属于非安全炸药。

用于工程（如采煤、采矿、水利工程等）爆破、爆炸加工、地震勘探、水声信号等作业的猛炸药，又称民用炸药。现代化工业应用的主要品种有以下几类：

一是铵梯炸药，即以硝酸铵和梯恩梯为主要成分的粉状炸药。其生产工艺简单，起爆感度高，可用雷管直接起爆。由于硝酸铵易吸湿结块，梯恩梯粉尘有毒，此类产品已渐趋淘汰。

二是铵油炸药，即硝酸铵和燃料油的简单混合物。此种炸药原材料丰富、造价低、工艺简单，是当前露天大直径干炮孔爆破中最重要的爆破炸药。

三是含水炸药，其主要品种有浆状炸药、水胶炸药和乳化炸药。浆状炸药是以氧化剂溶液为连续相，可燃剂和敏化剂为分散相，经稠化和交联而成的悬浮体或凝胶状炸药，具有抗水性强、密度大、安全性高等优点，多用于大炮孔的露天矿。水胶炸药是采用硝酸甲胺为主的水溶性敏化剂和密度调节剂，保证在小直径条件下具有雷管感度的含水炸药，其生产工艺与浆状炸药基本相似。乳化炸药是一种油包水型的乳胶状炸药，其密度大、爆速高、抗水性能好、起爆感度好，能广泛应用于民用爆破方面。

四是许用炸药，即允许在煤矿井下有瓦斯和煤尘爆炸危险的工作面进行爆破的炸药。这种炸药需经检测机构检测合格后方可使用。硝化甘油系炸药、铵梯炸药以及各种含水炸药中都有此品种。

五是硝化甘油系炸药，又称代那迈特，其主要成分为硝化甘油和吸收剂。这种炸药爆炸性能较好，且起爆感度高、传爆性能好，但由于生产的安全性较差及成本较高等问题，生产量不大。有粉状、胶质和半胶质三类，主要品种为胶质和半胶质炸药，用量最大的是硝酸铵胶质代那迈特系列产品。

四、相关化学实验

资源开发构想：

炸药的发明起源于我国古代四大发明之一的火药。经过2000多年的发展，尤其是近百年来，人们逐渐认识到炸药蕴藏着巨大的势能。当受到一定的外界能量作用时，炸药会发生剧烈的化学反应，并释放出大量的气体和能量，对周围的物体产生强烈的破坏作用。炸药已经成为现代工程爆破技术中广泛使用的特种能源，因此被誉为“能源工业的能源、基础工业的基础”。随着军事、工程技术、采矿工业和化学工业等科学技术领域的发展，炸药的品种逐渐增加，各种物理和化学性能不断改善，业已形成军用炸药和民用炸药两大发展方向。

学生了解了化学炸药的原理后，就特别想验证一下简单化学炸药的制备方法。“百闻不如一见，百说不如一练”，通过化学炸药的有关实验，也可以提高学生的化学实验操作能力。

（一）硝化纤维的实验室制造步骤

1. 仪器、药品。浓硝酸，浓硫酸，大号磨口试剂瓶及磨口塞，玻璃棒，大号镊子，钢制锅，碳酸钠或碳酸氢钠，硝酸钾，二苯胺，酒精，高密度聚乙烯瓶，黑色塑料袋。

2. 配置混酸。在大号的磨口试剂瓶中加入浓硝酸和浓硫酸（比例为 1∶3 或 1∶4），注意要把硫酸倒入硝酸，防止溅洒，混合后用玻璃棒轻轻搅拌或微微晃动瓶身，盖上磨口玻璃塞冷却至室温备用。

3. 硝化。将脱脂棉或纸张浸入硝酸，同时用玻璃棒将其中的空气泡挤出，最后使瓶中留有 5mm 的酸液层（被硝化物不要露出酸液表面），室温下反应 20 分钟即可。

4. 清洗。大号镊子取出硝化棉，用水冲洗至闻不出酸味。

5. 安定处理。将洗净后的硝化棉放入稀碳酸钠溶液中煮 20～30 分钟，保持溶液呈碱性即可。取出洗净，晾干后再浸入 2％硝酸钾水溶液，取出后晾干；再浸入 2％二苯胺酒精溶液，取出后晾干。

6. 保存。装入高密度聚乙烯瓶（即平时装固体化学药剂的 500g 容量瓶子），外部套上黑色塑料袋（硝酸包装瓶的），干燥、阴凉处保存，也可放入冰箱冷藏室（不要放在冷冻室，低温会导致纤维断裂，点燃时会产生爆燃现象）。

7. 燃速。干燥的硝化棉最好，纸张类其次。硝化卫生纸的燃速微高于黑色火药，可作导火线。

8. 质量鉴定。点燃，强棉只会留有微量残渣，无酸味。由于硝化棉会发生自分解，所以长期存放时要定期检查变质情况，可以取少量硝化棉点燃，闻闻燃烧后的烟气酸味，若有强烈的刺激性酸味，则质量不好。颜色变黄也是变质的征兆，但轻微变黄并不影响使用。

9. 点燃。五号电池加圆珠笔中的弹簧可在 5 秒钟内点燃硝化棉，浸泡硝酸钾溶液后晾干的棉麻绳、香及点燃的木棍，用打火机或火柴点燃时注意不要烧到手。

10. 用处。推进弹丸，由于推进力远远大于黑色火药，且极易点燃，可以推进 10mm 以下的金属弹丸。由于燃速快、压力大，不适用焰火。质量好的硝化棉燃速极快，所以可直接在手上点燃而不会造成烧伤，但注意添加物的量，硝酸钾过高会产生熔融残渣导致烫伤。

注意事项：

（1）有实验表明受硝酸侵蚀而老化的塑料（硝酸的瓶塞免疫）会极严重地阻碍硝化反应，所以反应过程中应避免接触塑料。

（2）硝酸会腐蚀橡胶，应避免接触橡胶制品。

（3）凡士林及石墨也可起安定作用，但由于均匀添加方法不清，所以暂不考虑。

（4）由于硝化后棉花会保持原有形态（纸张的强度则会有明显下降），所以在添加硝酸钾及二苯胺时要考虑到溶液受到重力影响而导致的分布不均。

（5）二苯胺严禁见日光。其他晾干步骤尽可能采用风干，而不要晒干。

（6）硝酸钾为消焰剂，并使残渣减少，可以不添加；二苯胺为安定剂，有低毒，不要长期接触皮肤，若不长期存放可不添加。

（7）保存用的塑料瓶可以在瓶塞上垫保鲜膜增强密封性。

（8）由于用该法制造的硝化棉可能会在存放中释放出微量酸性物质，建议不要使用金属容器存放，铁锈会加速硝化纤维素的自分解反应。

（9）注意通风以及酸液的溅洒问题。

（10）在少数情况下，反应中会出现局部温度过高而导致酸液沸腾，并释放出二氧化氮，严重时会导致反应容器炸裂。注意反应容器应远离危险物品，最好放在水槽中或瓷砖地上，一旦过热，立即通风并远离，待反应结束后再处理。可尝试将酸液先冷却，再加入硝化物，并延长硝化时间。

（11）反应废酸可以用挤压法提取，可用来生产低硝化度的硝化棉，可以做导火线用。洗去的废酸会对下水道系统产生腐蚀，如水龙头以及池子下的下水管等金属物品。

（12）碳酸钠浓度、硝酸钾浓度、煮的时间、反应时间均为个人实验结果，二苯胺添加量借用军用火药标准，这些数据可以优化调整。

（13）不要将乙二醇、甘油、淀粉等物硝化，其反应冷却条件过于苛刻，极易发生爆炸。

(14) 木制品会受到混酸腐蚀，但不会被过快碳化，从溶液中取硝化棉时也可用木筷。

(15) 油脂对反应的影响不清。

(16) 一定要充分晾干，不要用卫生纸把水吸干，这样做无法吸出纤维间细微的水分，使纤维素无法点燃。

(17) 硝化棉属于易燃、易爆品，法律上严禁个人非法制造或持有。

(二) 黑火药和烟花的配方

将硝酸钾和硫黄分别经过粉碎、过 120 目筛，柳木炭的细度在 200 目以上，把以上 3 种成分按配方（$S:KNO_3:C=5:33:6$）称量，通过 70 目的筛子，3 次混合将配好的药以铜杆多次搅拌混合均匀。

有时我们可以加闪光声响药剂，其组成如下：

①高氯酸钾、硫化锑、铝粉；

②氯酸钾、硫黄、铝粉；

③氯酸钾、硫化锑、镁铝合金粉。

其中，含有氯酸钾的配方，其危险性过大，国家禁止使用。

若再加入一些金属的盐就会发出特殊的颜色，即成为五颜六色的烟火。

第三节　活动资源开发与建设

（以“国际安全中的生物技术”为例）

资源开发构想：

活动资源形式生动，能引起学生较强的学习兴趣；活动资源互动性强，在相互交流中能更好地培养学生的创新能力；活动资源同时包含实践操作和实验设计活动，则有助于学生提高科学素养、形成创新思维。在“国际安全中的生物技术”的课程资源开发过程中，通过案例分析能高效地实现活动资源的价值。在准备课程资源时，我们精心挑选时事热点案例、学生身边案例、重大影响案例，并针对案例中背景资料的分析给出一些引导性问题以形成讨论氛围、提升讨论价值，讨论后在达成一定共识的同时又引出下一个案例资料，在进一步讨论中形成准确的认识、提炼有效的方法、提高创新的品质。这样层层递进地使用活动资源，最终帮助学生形成基本的创新知识和方法、培养一定的创新思维。

一、国际安全中的转基因技术

（一）转基因技术流程

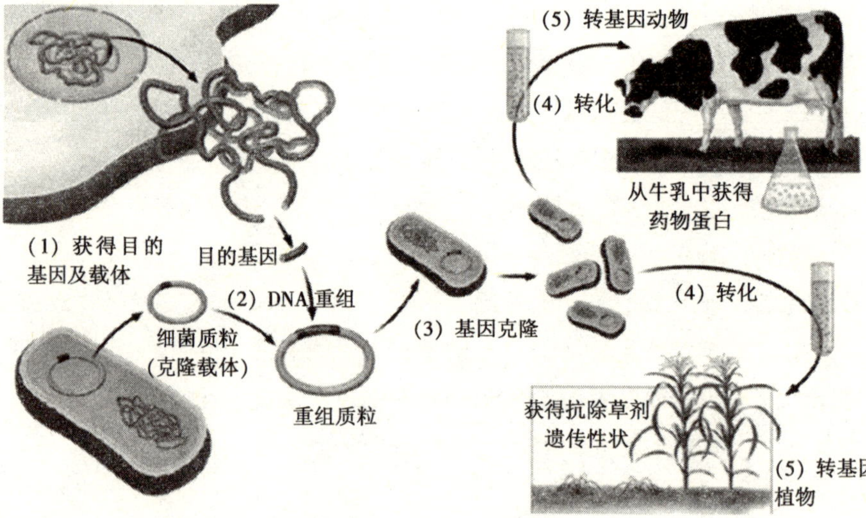

转基因技术过程示意图

大致流程：

获取目的基因——构建表达载体——将重组 DNA 导入受体细胞——目的基因的检测与表达。

（二）案例分析

案例 1：普斯陶教授专访——关于小鼠食用转基因小鼠后的反应

1998 年 8 月 10 日，英国一个电视节目播出了对苏格兰罗伊特研究所的普斯陶教授的专访。他声称自己的一项实验证明，年幼老鼠在食用转基因土豆十天后，其肾脏、脾脏和消化道都出现损伤，而且免疫系统也遭到破坏。他在专访中警告人们关注未充分证明其安全性的转基因食品。虽然他的实验及结论最终被科学界认为存在明显缺陷，但这一事件仍引起了全球公众对转基因食品安全性问题的普遍关注。

案例2：方舟子“我为什么选择转基因食品”（节选）

……我当然吃（转基因食品），而且已不知不觉吃了十几年。美国转基因食品开始大规模地上市是在1996年，最早推广的转基因作物正是美国人的主粮之一——玉米。现在美国市场上的玉米80%以上都是转基因的，主要是抗虫害转基因玉米。“虫子不吃的，人能吃吗?”这种中国式的疑问在美国似乎从来就没有人提出过。

除了玉米，大豆、土豆、西红柿、油菜等主要农作物的转基因品种也在美国大量种植。据统计，美国市场上的食品大约70%含有转基因成分。而且美国政府不要求转基因食品做标记，不给消费者这方面的“知情权”。所以，对长期在美国生活的人来说，根本就躲不开转基因食品，除非你只吃号称不含转基因成分的“有机食品”。我从来就不买价昂物丑的“有机食品”，当然早就不知不觉吃进了大量的转基因食品。不要以为我对此感到很委屈，如果让我来选，我还是会选择吃转基因食品。中国要求对某些转基因食品做出标记，比如，用转基因大豆榨的油，就要求标注“含转基因成分”。虽然在中国超市里也能见到标注“不含转基因成分”的大豆油在推销，我还是会毫不犹豫地买转基因大豆油。为什么呢?

第一个理由是转基因食品通常比同类非转基因食品便宜，因为其生产成本比较低、产量比较高。有人说种植转基因作物其实既不能降低成本也不能增产，如果那样的话，农民种转基因作物干什么？难道是因为热爱转基因赔本也要种？事实当然并非如此。由于种植抗除草剂转基因作物能消灭杂草并减小劳动强度，种植抗虫害转基因作物能节省80%的农药，生产成本随之下降，产量也相应地提高了。例如，抗虫害转基因玉米能增产5%～15%，抗虫害转基因水稻能增产6%。

第二个理由是转基因食品比较安全。和同类作物相比，抗虫害转基因作物能大量地减少农药的使用，也就相对不用担心农药残留的问题。而且，转基因食品受到了更严格的监管，风险其实要比传统作物更低。转基因食品在上市前都按要求做过实验以检测其安全性。一般是先做生化实验检测，看看转基因作物与同类作物相比，在成分方面出现了什么变化，这些变化是否有可能对人体产生危害；然后做动物试验，看看转基因食品是否会对动物的健康产生不利的影响。而用传统育种方法培育出的新品种很少被要求做这类安全检测，就稀里糊涂地上市了——它们并非不存在安全问题，如有些用杂交方法培育的土豆新品种，就有高含量的毒素，会对人体造成伤害。

第三个理由是转基因食品更为环保。虽然“可能会破坏生态”常常被作为反对种植转基因作物的一大理由，但是这种可能性并没有变为现实。相反地，种植转基因作物已经实实在在地发挥了保护环境的作用。原因很简单：少洒了大量的农药。这既减轻了农药对环境的污染，又减少了用于生产、运输、喷洒农药所耗费的原料、能源和排出的废料，还保护了益虫和其他生物，减少了人畜接触杀虫剂而中毒的危险。便宜、安全又环保，为什么不选择它呢？现在种植的转基因作物以抗虫害和抗除草剂为主，主要是让农民获益，对消费者的好处还不是那么直接。新一代的转基因作物能改变食物的营养成分，将会让消费者切身体会到其好处。例如，通过转基因技术，减少土豆的水分，这样炸出来的土豆片更脆；消除虾、花生、大豆中能导致过敏的蛋白质，这样原来对虾、花生、大豆过敏的人也可以放心地享受这些美味。用转基因技术让水稻制造胡萝卜素（在人体内变成维生素 A)，有助于消灭在亚洲地区广泛存在的维生素 A 缺乏症。转基因技术可提高稻米中铁元素的含量，减少以大米为主食的人群当中常见的贫血症……

（资料来源：http：//article. cyol. com/home/zqb/content/2010－03/17/content_3138156. htm)

讨论 1：你个人是否接受转基因食品？

追问：

(1) 你如何作出的决定？选择的理由是什么？不选择的理由是什么？

(2) 是不是利多于弊就选择呢？在保护自然和人类健康的前提下，我们如何权重利和弊？

(3) 还有哪些是权衡利弊的标准？

案例3：2003年朱燕翎状告“雀巢”案

朱燕翎代理律师上诉代理词（节选）：

一、上海市农科院8月份的检测报告是根据国际上较先进的、更科学的检测标准——巢式PCR检测方法检测出来的，我们认为应该被采纳作为审理本案的重要依据。

二、雀巢公司不认可《转基因植物及其产品检测大豆定性PCR方法》的检测方法，认为该方法仅适用于大豆种子及其制品的检测，但却认可其检测结果，这是自相矛盾的。

三、即使本案检测需要适用行业标准，也应该首先适用国家质检总局的《食品中转基因植物成分定性PCR检测方法》。

四、上诉人朱燕翎诉雀巢公司的欺诈行为不仅仅表现为该公司隐瞒产品含有转基因成分的事实，还表现为其在外包装上故意告知虚假情况。

五、未检测出转基因成分≠雀巢产品未使用转基因原料；未检测出转基因成分≠无须进行标注。

六、根据《食品标签通用标准》第5.4条的规定“进口食品必须标明原产国”。

（资料来源：http：//finance. sina. com. cn　2004年10月26日）

讨论2：你购买商品时是否注意其转基因标识，如果有转基因原料但没标识，你作何想法？

案例4：康奈尔大学关于斑蝶食用转基因玉米花粉后44%死亡的研究

1999年，康奈尔大学的科学家John Losey在《自然》杂志上发表了一篇论文。他的实验室发现，如果用撒了Bt转基因玉米的花粉的叶片喂养帝王斑蝶幼虫，4天内会有44%的幼虫死亡，余下的幼虫还出现了发育缓慢的现象。

（相关资料：视频《孟山都眼中的世界》）

案例5：盲蝽象与转基因抗虫棉（节选）

……中国农业科学院植物保护研究所吴孔明等人对中国北方作物的一项为期10年的研究发现，Bt棉种植地原本处于次要地位的害虫盲蝽象急剧增加，取代棉铃虫成为主要害虫。这项研究结果5月13日由美国《科学》杂志在线发表。……

棉花上的盲蝽象

1999 年，Bt 棉开始商业化种植以后，两年的时间里它就被广泛种植到了包括河北、山东、河南、陕西在内的黄河流域地区。Bt 棉的种植面积在 2002～2004 年间在长江流域也迅速增长。到现在，我国 Bt 棉的种植面积已经达到 380 万公顷，大约占到棉花种植总面积的 70%。“大尺度种植 Bt 棉所带来的环境风险主要是蚜虫、叶螨、盲蝽类次要害虫的种群发生变化，导致棉花虫害控制的新问题。”吴孔明在 2007 年的文章中表示。

吴孔明等人近年来的研究发现，与 Bt 棉的种植进程形成对应的是，近 10 年来，我国黄河流域和长江流域棉区盲蝽数量急剧增加，危害日益严重。2008 年全国棉花的盲蝽发生面积为 390 万公顷，产量损失 5 万吨，分别是 2000 年的 3.9 倍和 6.2 倍，两者均创 20 年来的新高。盲蝽虫害的加重直接导致了化学农药使用量的大幅度增加，2000 年棉田防治盲蝽施药不足 1 次，而近年来上升到 6～7 次，严重地区达 15～20 次。

……

那时棉田里主要有三种害虫：棉铃虫、棉蚜虫和盲蝽象。它们中对棉花危害最严重的就是棉铃虫和棉蚜虫。吴孔明等人发现，如果早期不打药杀棉铃虫，那么后面就基本没有棉蚜虫出现；相反，如果早期打药越多，后面棉蚜虫就会越严重。

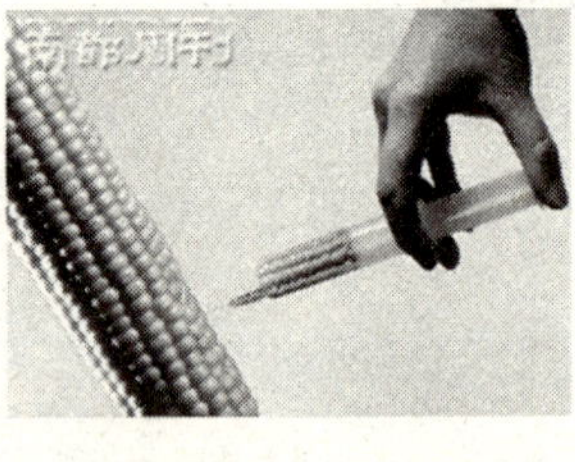

为什么会这样呢？其中的逻辑是这样的：在河南，小麦的种植面积非常大。小麦上面会产生蚜虫，而只要一产生蚜虫，就会产生七星瓢虫，也就是蚜虫的天敌。七星瓢虫起初在小麦地里吃麦蚜虫，在小麦收割了以后，它们就没有麦蚜虫可吃了，于是全部转移到棉花地里去。这个时候如果不打药，这批七星瓢虫就在棉花地里将就吃棉蚜虫，把棉蚜虫吃得干干净净。如果打药，就把七星瓢虫弄死了，但棉蚜虫抗药性高，打不死。前面打药越多，就相当于把天敌打死越多，棉蚜虫的问题就会越严重。

于是吴孔明形成了一个观点——把棉铃虫放一放，不要打那么多农药杀棉铃虫，在棉铃虫和棉蚜虫之间寻找一个平衡点。在农村的几年里，吴孔明从经验上形成了对害虫关系的基本判断。

……“我们在生态学上只说盲蝽象是一个物种，因为措施的改变，它的种群上升了，另外一个物种（棉铃虫）的种群下降了。我们只是从生态学的角度来看这个问题。”他对《南方周末》记者说，“但是从害虫的角度来说，它是作为一个害虫的种群上升了。一般人的理解就是我们2008 年那篇文章说抗虫棉好，现在这篇文章又说抗虫棉坏。其实不是这样。新的结果不是在否定抗虫棉，只是说生物技术做得还不够，需要新的基因、新的技术来做植物保护。”

（资料来源：http：//www.infzm.com/content/45894）

讨论 3：你是否同意转基因农作物的种植？你是否同意应用转基因食品根除饥饿或营养不良？

（三）小结

小结：通过以上讨论和分析，你觉得怎样才能作出较为正确的决策？

（1）列出该事件的利弊，进而根据利弊大小或严重程度，决定是否继续从事该活动；还可以从整体和局部、主要矛盾和次要矛盾等角度理解，进而作出决定；此外该措施带来的影响是否可被消除，也是需考虑的问题。

（2）所有的决策都需要事实、实验结果等佐证。收集足够的信息和资料，经分析和整理提出自己的决策依据。

二、国际安全中的生物入侵

（一）引入

火炬树

小李在境外加入了一个花友的家族，有 3 年多时间了。前几天一位花友说家里有个院子，只是还没规划要种什么花，问一下大家有没有多余的种子可以分享。小李说自己有很多蜀葵、孔雀草、含羞草、紫茉莉、茑萝等种子，如果花友喜欢小李可以寄一些给她。

你若是花友会怎么回答她？

（二）案例分析

案例1：红叶无边下的隐患

秋风秋雨催叶红　京郊名山红叶大战

今秋除香山、八大处外，京郊山区增加了两万亩左右红叶树林，新增了小龙门、龙庆峡、八大处、慕田峪、红螺寺、百望山、喇叭沟门、雾灵山等红叶景区。

现在北京可以观赏到的红叶种类很多，除了比较常见的五角枫外，还有圆形叶的黄栌和柿子树、羽状叶的火炬树和鸡爪形叶的鸡爪槭，以及黄栌、橡栎、五叶地锦（又名美国地锦）、复叶槭、小檗、水杉等品种。

（资料来源：http：//www.china.com.cn/chinese/TR－c/222871.htm）

火炬树

【产地分布】：原产北美，常在开阔的沙土或砾质土上生长。中国于1959年开始引种，山东、河北、山西、陕西、宁夏、上海等20多个省市区试种表现良好

形态特征

落叶小乔木，高达12m。柄下芽。小枝密生灰色茸毛。奇数羽状复叶，小叶19~23（11~31），长椭圆状至披针形，长5~13cm，缘有锯齿，先端长渐尖，基部圆形或宽楔形，上面深绿色，下面苍白色，两面有茸毛，老时脱落，叶轴无翅。圆锥花序顶生、密生茸毛，花淡绿色，雌花花柱有红色刺毛。核果深红色，密生绒毛，花柱宿存、密集成火炬形。花期6~7月，果期8~9月。

生长习性

喜光。耐寒，对土壤适应性强，耐干旱瘠薄，耐水湿，耐盐碱。根系发达，萌蘖性强，四年内可萌发30~50萌蘖株。浅根性，生长快，寿命短

园林用途

火炬树果穗红艳似火炬，秋叶鲜红色，是优良的秋景树种。宜丛植于坡地、公园角落，以吸引鸟类觅食，增加园林野趣，也是固堤、固沙、保持水土的好树种。

（资料来源：http：//baike.baidu.com/view/43908.htm）

引导分析：

1. 分析百度百科上关于火炬树的描述。
2. 有学者认为火炬树有可能成为入侵物种，你认为其依据可能是什么？
3. 火炬树为何从原产地北美被引至我国？

补充小结：

有性生殖和无性生殖皆可繁殖。有性生殖的物种，其种子数量多；无性生殖的物种，其萌蘖能力强，短期内可大量萌发。

火炬树造林成活率高。有人发现，在人为破坏及森林火灾后火炬树仍能以顽强的生命力重获新生。因此可作为固堤固沙或行道树种。

案例 2：水葫芦——后海的“卫士”？

2007 年 7 月至 8 月，北京后海两次引入数千平方米水葫芦用以防治水华。而南方的杭州也在城区内河大量种植水葫芦用以治理河水有机污染。

……

后海的“水葫芦”

研究者发现，水葫芦的每一个成熟叶片的叶腋处都有分生组织可以产生子株或者延长枝，前者可以水平扩展，而后者则可以令子株垂直向上生长。在这种机制之下，水葫芦只需要 5 天时间就可以通过匍匐茎产生新一代植株。非洲学者 Ogutu-Ohwayo 等人的一项被多次引用的计算显示，只要条件允许，1 棵水葫芦一年之内可以产生 1.4 亿棵分株，可以铺满 140 公顷的水面，鲜重可达 28000 吨。当然，水葫芦还有另一种繁殖的选择：种子。它的每一株花序可以产生大约 300 粒种子，这些种子借水传播，条件适宜时可以在几天之内发芽，条件不适时则休眠 15～20 年仍可保持生命力。

（资料来源：http：www. infzm. com/content/9844）

引导分析：

1. 水葫芦已被认为是我国的生物入侵种，它何以成为入侵物种？

2. 入侵物种带来的危害有什么？

小结补充：

外来入侵物种是指从自然分布区通过有意或无意的人为活动而被引入，并在当地的自然或半自然生态系统中形成了自我再生能力，给当地的生态系统或景观造成明显的损害或影响的物种。外来入侵物种在当地定植、扩展并产生一定影响的过程或现象称为生物入侵。

生物入侵关系到经济、社会发展，影响人类健康、农业潜力、生态系统平衡、生物多样性保护等，并且随着全球性贸易的发展、对外开放、全球变化以及土地使用模式的改变会愈发严重。

案例3：生物入侵的危害与防治对策

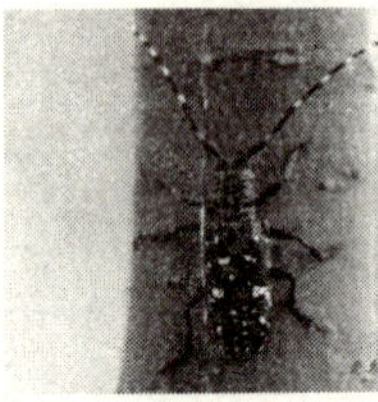
光肩星天牛

(1) 生物入侵造成严重的经济损失。生物入侵备受各国政府关注的首要原因是它造成的巨大经济损失。比如，光肩星天牛是原产于亚洲的极具破坏性的林木蛀干害虫，随着国际贸易的发展，该种害虫随木质包装材料进入美国。到1998年8月，它已在加利福尼亚、佛罗里达、纽约、华盛顿等14个州的仓库中被发现，在芝加哥、纽约等地的野外也发现了该物种。光肩星天牛在美国没有已知天敌，会对美国遍地种植的枫树和果树造成危害。事实上，仅美国每年因外来种入侵造成的经济损失就有近1370亿美元。

(2) 生物入侵造成严重的生态破坏和生物污染。大部分外来物种成功入侵后大爆发，生长难以控制，造成严重的生物污染，对生态系统造成不可逆转的破坏。比如，原产南美洲的水葫芦现已遍布华北、华东、华中、华南的河湖水塘，疯长成灾，严重破坏水生生态系统的结构和功能，导致大量水生动植物的死亡。更可怕的是，许多入侵物种在新的环境中可能出现基因突变，造成严重的生物污染。

(3) 生物入侵直接威胁到人类的健康与安全。如1991年美洲爆发的霍乱，很可能是由于外来船只将受到污染的水倾倒在秘鲁港所引起的。这次霍乱使100多万人受到感染，约1万人死亡。豚草、三裂叶豚草都不是我国的本土生物，而现已分布在我国东北、华北、华东和华中的15个省市，其花粉就是引起人类花粉过敏的主要病原物。

(4) 生物入侵导致生物多样性的丧失。最近几年生物入侵对多样性的影响成为一个主要的问题。入侵物种破坏了复杂的生态系统，降低了生物多样性，使濒危动植物受到侵害，外来物种中的植物与本地植物杂交，改变了当地的遗传多样性与完整性。参加第五届生物多样化公约缔约国大会的专家们警告说，外来物种给生物多样化造成的破坏，其严重程度仅次于生物生存环境的缩小和丧失。比如，原产中美洲的紫茎泽兰已遍布我国西南大部分地区，原有植物群落迅速衰退、消失。另外，生物入侵导致生态灾害频繁，对农、林业造成严重损害。近年来，松材线虫、湿地松粉蚧、美国白蛾等森林入侵害虫严重危害面积每年高达150万公顷；稻水象甲、非洲大蜗牛、美洲斑潜蝇等农业入侵害虫的损害面积则超过140万公顷；脉草、飞机草、水葫芦、大米草等肆意蔓延，对本地生物多样性和农业生产造成了巨大威胁，已经到了难以控制的地步。

根据统计，目前入侵我国的外来物种已经有400多种，其中大面积发生、危害严重的多达100余种；在国际自然保护联盟公布的全球100种最具威胁的外来物种中，入侵我国的有50余种。

（资料来源：http：//www. studa. net/nonglin/080720/11551646. html)

（三）实验设计

1. 讨论：根据入侵植物的繁殖特点和危害，如何设计实验证明其超强的繁殖能力?

建议活动一：走访清华大学校园，调查火炬树在校园内的分布情况。

建议活动二：设计实验，对火炬树的种子萌发能力进行检测。如不同酸碱度、不同温度、不同湿度等条件下的实验控制情况。

建议活动三：如何设计实验探究水葫芦的竞争优势？如水葫芦对光照的利用情况、对其他浮游植物或水生动物的危害等。

2. 分小组活动。

（四）小结引申

1. 如何理解生物入侵与国际安全间的关系？

2. 如何从我做起，防止生物入侵?

三、国际安全中的食品安全

（一）引入分析

安徽亳州烤鸡翅毒倒24人或为亚硝酸盐中毒

2010年5月3日晚7时许，亳州市利辛县城闹市区五一广场一家烧烤摊点，多人食用鸡翅发生中毒事件。截至当晚11时，利辛县人民医院共收治24

名中毒患者。经初步调查，中毒事件系因摊主放入过量亚硝酸盐所致。

（资料来源：http：//news. sohu. com/20100506/n271951353. shtml　2010—05—06）

（二）关注食品安全事件

中国 2000～2010 年重大食品安全事件，包括果汁、奶粉、鸡蛋、蜂蜜等。

（资料来源：http：//www. meishij. net/zuofa/zhongguo221nianzhongdashipinanquanshijian. html）

2012 年 3 月 3 日下午 15 时，全国政协十一届五次会议在北京人民大会堂开幕。全国政协主席贾庆林作政协全国委员会常务委员会工作报告。报告中提到，要加强食品安全等重点问题的民主监督。

（资料来源：http：//www. chinanews. com/gn/2012/03—03/3715840. shtml）

讨论分析：

1. 食品安全与国家安全的关系。

2. 如何减少食品安全事件的发生？

（三）食品安全监督技术——食品中亚硝酸盐含量的测定

1. 背景资料

亚硝酸盐为白色粉末，易溶于水，常用作食品添加剂。膳食中的亚硝酸盐一般不会危害人体健康，但当人体摄入的亚硝酸总量达到 0. 3～0. 5 g 时，则会引起中毒，当摄入总量达到 3 g 时，会引起死亡。

膳食中的绝大部分亚硝酸盐在人体内以“过客”的形式随尿排出，只有在特定条件（适宜 pH 温度和一定微生物作用）下，才会转变成致癌物——亚硝胺。大量动物实验表明，亚硝胺还对动物具有致畸作用和致突变作用。

泡菜

2. 测定亚硝酸盐的原理

在盐酸酸化的条件下，亚硝酸盐与对氨基苯磺酸发生重氮反应后，与N-1-萘基乙二胺盐酸盐结合形成紫红色染料。紫色深浅代表亚硝酸含量的多少。

3. 实验步骤

样品处理——制备亚硝酸盐标准溶液——测定样品亚硝酸盐含量——制备亚硝酸盐标准曲线——计算。

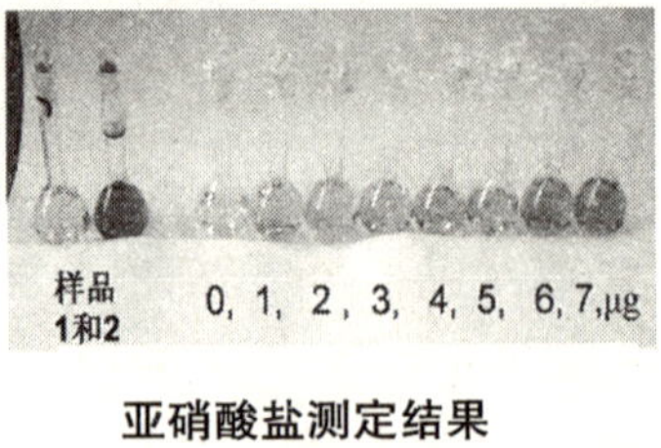

亚硝酸盐测定结果

4. 讨论与实验设计

问题1：日常生活中有哪些食品原材料可能含有亚硝酸盐？

问题2：这些材料在食品加工和熟食贮藏及其再加工的过程中亚硝酸盐含量是否会有变化？如何设计实验进行验证？

问题3：如何在实验中保证单一变量原则？如何设置对照组才能排除无关变量的干扰？根据我们的时间安排如何设计实验可提高可行度和可操作性？

实验设计的原则：科学性原则、可操作性原则、对照原则、单一变量原则、重复性原则等。

5. 参考题目

(1) 泡菜（腌菜）在腌制过程中亚硝酸盐含量的变化。

实验结果表格设计：

	腌制当天	第1天	第2天	第3天	……
光密度值					
亚硝酸盐含量					

(2) 不同类型蔬菜进行腌制，其亚硝酸盐含量的差别。

实验结果表格设计：

	白萝卜	胡萝卜	雪里红	辣椒	……
光密度值					
亚硝酸盐含量					

(3) 维生素C对蔬菜腌制过程中亚硝酸盐含量的影响。

实验结果表格设计：

		腌制当天	第1天	第2天	第3天	……
不加维生素C	光密度值					
	亚硝酸盐含量					
加维生素C	光密度值					
	亚硝酸盐含量					

(4) 不同浓度维生素C对蔬菜腌制过程中亚硝酸盐含量的影响。

实验结果表格设计：

维生素C浓度	0	1mL	2mL	3mL	……
光密度值					
亚硝酸盐含量					

操作注意事项说明：

维生素C溶液现用现配。

分别称取0.1 g样品维生素C，加水溶解移入500 mL容量瓶中，定容，其浓度为200 μg/mL。可分别加入1 mL、2 mL、3 mL、4 mL、5 mL维生素C样品液至腌制容器中作对照。

6. 实验报告形成

一、实验题目

小组成员

二、实验原理

三、实验步骤

四、实验结果及分析（请将原始数据粘贴或记录在此）

1. 结果数据处理

2. 表格及曲线

标准曲线　　　　标准方程

3. 分析

五、实验结论

六、进一步讨论

本小组在该实验整个实施过程中的得与失。

7. 汇报交流

评价内容	得分
汇报交流表现：自信大方，语言流畅。(10 分)	
实验报告内容：格式规范，内容真实，数据、图表等清晰明了。 结果分析及推理认真，结论合理。(20 分)	
实验反思讨论：所讨论内容对本实验有归纳和总结性评价，对今后进一步实验有借鉴意义。(20 分)	

第四节　素材性资源开发与建设

（以“数学密码与国家安全”为例）

资源开发构想：

密码学对中学生来说接触的比较少，学生谈到的“密码”一般是指口令。随着科学技术的发展，加密、解密技术也越来越重要。让学生通过对加、解密的了解，提高网络通讯的安全意识，培养想象力和创造能力，从而为创新人才的培养打下一定的基础。对于这部分材料的组织，既要让学生感兴趣，又能使学生了解加、解密的基本方法，了解数学与密码学之间的关系，以及数学对加、解密的发展起了什么样的作用。让学生了解到大数分解与 RSA 加、解密之间的关系，只要能够轻松地解决大数分解问题，RSA 的解密就变得比较容易。

一、密码学的历史

从人类的早期战争开始，数学就无处不在。不论是发射弩箭还是挖掘地道攻城，数学都起着重要作用。而作为理论数学的应用分支，密码学在战争中的地位可谓极其重大，甚至有人认为“二战盟军的密码破译工作使战争提前好几年结束”。

密码学的发现大致可以推到两千年前。相传名将凯撒为了防止敌方截获情报，改用密码进行传送。凯撒的做法很简单，就是对 20 几个罗马字母建立一张对应表。如果不知道密码本，即使截获一段信息也看不懂。比如，一个 EBKTBP 的消息，通过密码本破解出来就是 CAESAR 一词。当然，学过信息论的人都知道，只要多截获一些情报，统计一下字母的频率，就可以破解这种密码。

在很长时间里，人们总试图找到一些更好的编码方法以期让解密者无法从密码中统计出明码的信息。有经验的编码者会把常用的词对应成多个密码，使破译者很难统计出任何规律。比如，如果将汉语中的“是”一词对应于唯一一个编码 0543，那么，破译者就会发现 0543 出现得特别多。但如果将它对应成 0543，3737，2947 等多个密码，每次随机挑一个使用，这样，每个密码出现的次数就不会太多，破译者也就无法知道这些密码其实对应同一个字。这里面虽然包含着朴素的概率论的原理，但是并不科学。另外，好的密码必须做到让破译者不能根据已知的明文和密文的对应推断出新的密文的内容。历史上有很多密码设计得不周到的例子。在第二次世界大战中，日本军方的密码设计就很成问题，美军破获了日本很多密码。在中途岛海战前，美军截获的日军密电经常出现 AF 这样一个地名，初步判定是太平洋的某个岛屿，但是美军无从知道具体是哪个。于是，美军就逐个发表关于自己控制的每个岛屿上的假新闻。当美军发出“中途岛供水系统坏了”这条假新闻后，从截获的日军情报中又看到 AF 供水出现问题的电文，美军由此断定 AF 就是中途岛。事实证明判断正确，美军在那里成功伏击了日本主力舰队。在第二次世界大战中，很多顶尖的科学家包括提出信息论的香农都在为美军情报部门工作，而信息论实际上就是情报学的直接产物。香农提出信息论后，推动了密码学的新发展。根据信息论，密码的最高境界是使敌人在截获密码后，其信息量没有任何增加。一般来讲，当密码之间分布均匀并且统计独立时，其提供的信息最少。均匀分布使得敌人无从统计，而统计独立能保证敌人即使掌握了一段密码和明码，也不能破译另一段密码。

密码情报在战争中的运用可以追溯到无线电报发明之后，破译空中密码的工作成为决定战争胜负的重要因素。第二次世界大战中，密码学发生了一系列传奇式的故事。经过半个世纪的时光沉淀，战时的密码档案陆续公布，曾经作为超级机密的“隐谜”(Enigma)密码的破译，再次成为人们关注的焦点。简单地说，德国人发明了“隐谜”，波兰人初步破解了简单的“隐谜”，而英国人彻底破解了最复杂的“隐谜”，数学家阿兰·图灵(Alan Turing)成为“隐谜”的终结者。

二、密码学的基本概念

密码学是保密学的一部分。保密学是研究密码系统或通信安全的科学，它实际上包含两个分支——密码学和密码分析学。密码学是对信息进行编码以实现隐蔽信息的一门科学；而密码分析学是研究分析如何破解密码的学问。两者相互独立，又相互促进。

采用密码技术可以隐藏和保护需要保密的信息，使未经授权者不能提取信息。需要隐藏的消息称为“明文”，明文被变换成另一种隐蔽的形式就是“密文”，这一变换过程称为“加密”。加密的逆过程，即从密文恢复出对应明文的过程称为“解密”。对明文进行加密时采用的一组规则(函数)称为“加密算法”，对密文解密时使用的算法称为“解密算法”。一般地，加密算法和解密算法都是在一组密钥控制之下进行的，加密时使用的密钥称为“加密密钥”，解密时使用的密钥则称为“解密密钥”。

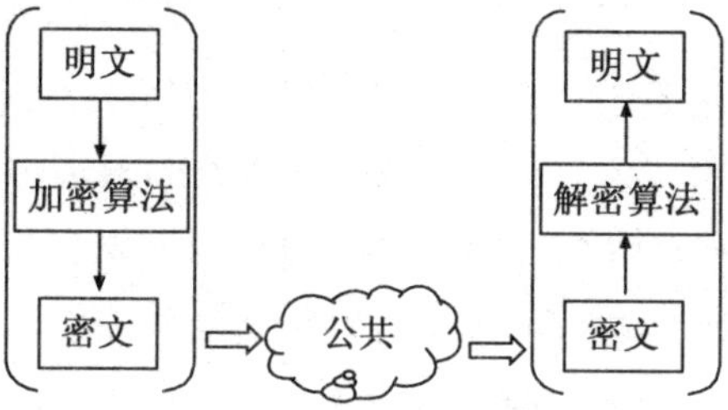

三、密码学发展简介

(一) 古典密码时期

19世纪末期之前即为古典密码时期，以简单机械实现的替代和换位为基本体制，以信使为手段。其密码形成包括朴素的密码（如"天王盖地虎，宝塔镇河妖……"）、换位密码（如列换位密码）、代替密码（如凯撒密码）、多表代替密码（如二进制替换）等。

1. 栅栏加密

栅栏技术是最简单的置换密码，它通过执行对明文字母位子的某种置换，取得一种类型完全不同的映射。

假设我们想要加密的明文是"I love cubes"，则需把要加密的文字去掉空格分成 n 组，最常见的是分成 2 组。"I love cubes"这句话一共有 10 个字母，如果分成 2 组的话，每组就是 5 个字母：

ilove

cubes

再按照从上至下、从左至右（当然也可以是从下至上，从右至左等不同的变种方法）的顺序写出来，就变成了 icluobvees，这也就是密文了。

栅栏加密的特点就是字母不会太多。并且，有时在对拼音字母加密的过程中，可以考虑将 sh、ch、ang、ao 等一系列声母或韵母捆绑在一起，这样就加大了破解的难度。

2. 凯撒密码

下面用凯撒密码为例来说明单字母替代原理。凯撒密码是最简单的单字母替代密码，由公元前 50 年罗马皇帝朱里斯·凯撒（Julius Caesar）发明，他把字母表（字母表是循环的，z 后面的字母为 a）中的每个字母用该字母后面第 3 个字母代替。例如，明文为 security 替代后得到的密文为 vhfxulwb。凯撒密码属于序列密码或流密码，其特点是每次一位地对明文进行加密。

对单字母替代密码最有效的攻击方法为频率分布分析法。下面举一个例子解释频率分布分析法的破译原理。设密文为：

uifsfxfsfuxpcspuifstkpioboeqfufskpioxbtuxpzfbstzpvohfsuiboqfufscvuifxbtbdmfwfscpzifxbthppebufohmjtiboenbuitqfufsxbtopubdmfwfscpzifxbtopuhppebubozuijohkpioifmqfeqfufsupepijtipnfxpslcvuifxbtbmxbztjouspvcmfxjuiijtufbdifstpofebzuifcpztxfouupbofxtdippm

先确定字母的频率分布，经过统计，英文中单字母相对百分比频率如下：

E12.75%　T9.25%　R8.5%　I7.75%　N7.75%　O7.5%　A7.25%　S6%

D4.25% L3.75% C3.5% H3.5% F3% U3% M2.75% P2.75% Y2.2% G2% V1.5% W1.5% B1.25% K0.5% Q0.5% X0.5% J0.25% Z0.25%

英文中除单字母的频率分布规律外，还有多字母的分布规律。th 是最常见的双字母组合，the 是英语中出现最为频繁的三字母组合。上述密文中单字母出现的次数分别为：f34 u24 s15 j6 o16 p25 b21 t16 e7 m7 d4 i21 g0 v4 n2 q5 z8 h5 w2 x14 c7 l1 r0 y0 k3 a0 ui9 uif4。字母 f 出现的次数（34 次）最多，很可能对应明文字母 e。字母 p、u、b、o、s、i 和 t 出现的相对频率较高，可能包括在明文集合｛t，r，i，n，o，a，s｝中。字母 a、g、r、y 和 l 出现的相对频率最低，可能包括在明文集合｛l，r，y，k，a｝中。多字母组合 ui 出现了 9 次，uif 出现了 4 次，u 很可能对应明文字母 t，而 i 很可能对应明文字母 h，f 很可能对应明文字母 e。将密文分组尝试是否可形成一个完整的词。第一行的字母 UIFSF 可能对应明文字母 thee，但如果它们是个词，则很可能对应的单词是 there，因此，S 很可能对应字母 r。继续进行试探，最终可得出完整的明文如下：

There were two brothers，John and Peter. John was two years younger than Peter but he was a clever boy. He was good at English and Maths. Peter was not a clever boy. He was not good at anything. John helped Peter to do his homework but he was always in trouble with his teachers. One day the boys went to a new school.

为了预防频率分布分析法对单字母替代密码系统的攻击，减少明文字母频率结构仍能保留在密文中的程度，加密时可以使用多字母的加密方法。

凯撒密码现在产生了很多变种。比如，对于第 i 位的字母，加上 i!（i 的阶乘），那么句子越长，破解难度也就越大。又如，按照键盘表顺序加密，对应顺序就是 a—Q，b—W，c—E，d—R 等。

（二）近代密码时期

近代密码时期以 1837 年莫尔斯发明电报机为开端，其体制为手工或电动机械实现的复杂的代替或换位，以电报机为通信手段。

1923 年德国发明的“埃尼格玛”密码机，是战争中同盟国费尽心机想要获得的尖端秘密，是战胜德国海军潜艇的关键所在。

布雷契莱庄园是一所“政府密码学校”，即战时的英国情报破译中心。在这座幽静的维多利亚式建筑里，表面上鸟语花香、人迹罕至，其实每天都有 12000 多名志愿者在这里夜以继日地工作，截获、整理、破译德国的军事情报，有些结果甚至要直达丘吉尔首相本人手中。

（三）现代密码技术

一种早期的加密形式是在一个圆木条上卷上厚厚一卷纸，然后在纸的边缘处写字。写完后把木条保存好，把纸重新卷起来。于是，要传达的信息的明文就被加密成密文了，而我们的密钥也就是那根木条。只要把木条保存完好，敌人即使截取了那张写满信息的纸，也无法破解其中的意思。由于纸的厚度很薄，所以木条的直径哪怕相差几毫米，也完全无法破解。

这就是典型的密钥与算法分离。它的思想是，密码的安全性取决于一个密钥，而不是取决于一个算法。每条消息用一个 Key 加密，只要 Key 不泄露，消息就是安全的。即使算法公开了，也威胁不到消息的安全性。

根据密钥的不同特点，我们也能将密码学分成两个体系，即对称加密体系和非对称加密体系。对称加密体系的特点是，在加密和解密过程中我们需要的是同一把钥匙，如锁上保险箱和打开保险箱的钥匙；而非对称加密体系的加密和解密过程需要的是两把不同的钥匙，最著名的实例就是 20 多年来久经考验的 RSA 算法，由于涉及密码学三大数学难题，暂时还没有有效方法破解。

- 对称算法

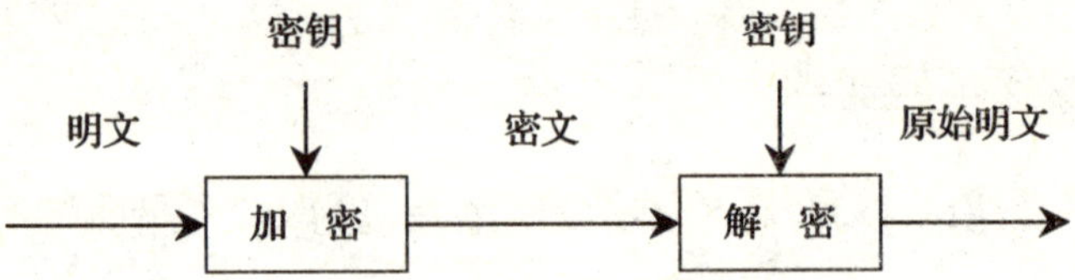

使用对称算法的加密和解密

- 非对称算法

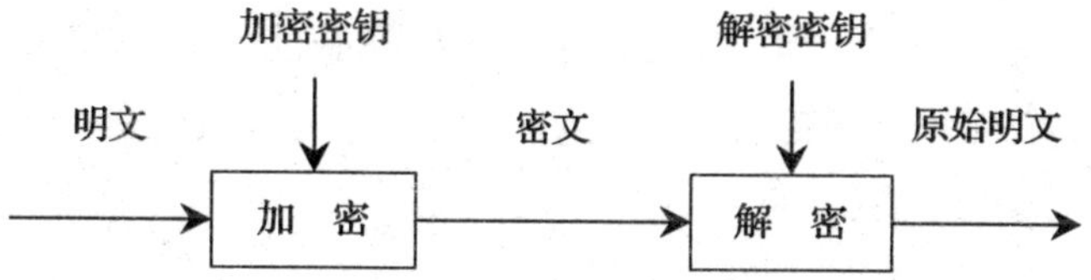

使用两个密钥的加密和解密

RSA 是被研究得最广泛的公钥算法，从 1978 年提出到现在已有 30 多年，经历了各种攻击的考验，逐渐为人们所接受，被认为是目前最优秀的公钥方案之一。通常认为破译 RSA 的难度与大数分解难度等价。

（1）密钥对的产生

选择两个大素数 p 和 q 然后计算 $n=p\times q$。然后随机选择加密密钥 m，要求 n 和（$p-1$）（$q-1$）互质。最后计算解密密钥 r，使其满足

$$mr=1\ (\mathrm{mod}\ (p-1)(q-1))$$

其中 n 和 m 要互质。数 m 和 n 是公钥，r 是私钥。两个素数 p 和 q 不再需要，应该丢弃，不要让任何人知道。

（2）加密

加密信息 k（二进制表示）时，首先把 k 分成等长数据块 k_1，k_2，…，k_i，块长为 s，其中 $2^s\leq n$，s 尽可能的大。

加密的公式是：$c_i=m_i^m\ (\mathrm{mod}n)$

（3）解密

解密时作如下计算：$m_i=c_i^r\ (\mathrm{mod}n)$

例如：设上面的 $p=3$，$q=7$，$n=21$，加密密钥 $m=5$，解密密钥 $r=5$。

现在开始加密：先把要加密的资料翻译成数字。方法有多种，如 ASCII 码、字母表顺序直接转换（$a=1$，$b=2$，$c=3$，…，$z=26$）、倒序转换等。

以“I ate an apple.”为例，我们按照字母表顺序将它变成 0901200501140116161205，然后进行分组，每 2^s（如 1 或 2 或 4 或 8，等等）一组，但每一组所有数都必须小于 n。所以这里将其 2 个一组，变成集合 A {9，1，20，5，1，14，1，16，16，12，5}。

对于集合 A 中的每一个元素 a，计算出 b，使得 $b=a^m\pmod{n}$，且 b∈[0，n)。

对于集合 A 中第一个元素 9，相对应可以算出的值是 18（9^5 除以 21 的余数）。

这样我们就能得到加密后的 B 集合｛18，1，20，17，1，14，1，4，4，3，17｝。

解密过程是对 B 集合中的每个元素 b，使得计算 $a=b^r\pmod{n}$，且 a∈[0，n)。

对于 B 集合中第一个元素 18，相对应可以算出的值其实就是 A 集合中的 9（18^5 除以 21 的余数）。

如果有盗密者偷听，他会得到的信息是：m，n，B 集合。而他想要解码，他就必须找到 r。所以，他必须先对 n（$=p\times q$）进行分解质因数。

当 p 和 q 这两个质数变得非常大的时候，计算机学和数学中均尚未找到适当的解法能够有效快捷地找到 p 和 q 这两个质数的值，但加密过程中如果知道两个大质数 p 和 q 的值，用高精度算法很容易算出 p 和 q 的乘积 n。这就是密码学三大难题之一的大整数因子分解问题。

上述解密过程中用到以下定理：

如果 p 和 q 是相异质数，并且 $mr\equiv 1\pmod{(p-1)(q-1)}$，$a$ 是任意一个正整数，$b\equiv a^m\pmod{pq}$，$c\equiv b^r\pmod{pq}$，则 $c\equiv a\pmod{pq}$。

证明：因为 $mr\equiv 1\pmod{(p-1)(q-1)}$，所以 $mr=k(p-1)(q-1)+1$，其中 k 是整数。

$c\equiv b^r\equiv(a^m)^r\equiv a^{mr}=a^{k(p-1)(q-1)+1}\pmod{pq}$

1）如果 a 不是 p 的倍数，也不是 q 的倍数时，则 $(a,p)=1$，$(a,q)=1$

由费马小定理知 $a^{p-1}\equiv 1\pmod{p}$，$a^{q-1}\equiv 1\pmod{q}$

$\Rightarrow a^{k(p-1)(q-1)}\equiv 1\pmod{p}$，$a^{k(p-1)(q-1)}\equiv 1\pmod{q}$

$\Rightarrow p$，q 都能整除 $a^{k(p-1)(q-1)}-1\Rightarrow pq\mid a^{k(p-1)(q-1)}-1\Rightarrow a^{k(p-1)(q-1)}\equiv 1\pmod{pq}$

$\therefore c\equiv a\pmod{pq}$

2）如果 a 是 p 的倍数，但不是 q 的倍数时，$(a,q)=1$

由费马小定理知 $a^{q-1}\equiv 1\pmod{q}$

$\Rightarrow a^{k(p-1)(q-1)}\equiv 1\pmod{q}\Rightarrow c\equiv a^{k(p-1)(q-1)+1}\equiv a\pmod{q}\Rightarrow q\mid c-a$

$\because c\equiv a^{k(p-1)(q-1)+1}$（mod$pq$）$\Rightarrow c\equiv a^{k(p-1)(q-1)+1}$（mod$q$）$\Rightarrow c\equiv a^{k(p-1)(q-1)+1}$（mod$p$）

$\therefore p \mid c-a$

$\therefore pq \mid c-a$

$\therefore c\equiv a$（mdopq）

3）如果 a 是 q 的倍数，但不是 p 的倍数时，证明同上

4）如果 a 同时是 p 和 q 的倍数时，

则 $pq \mid a$，$\because c\equiv a^{k(p-1)(q-1)+1}$（mod$pq$）

$\Rightarrow pq \mid c-a$

$\therefore c\equiv a$（modpq）

通过这个过程，公开密钥的好处大致可以概括为三点。一是简单。二是可靠，公开密钥方法能保证产生的密文是统计独立而分布均匀的。也就是说，不论给出多少份明文和对应的密文，也无法根据已知的明文和密文的对应来破译下一份密文。更重要的是，n 和 m 可以公开给任何人加密用，但是只有掌握密钥 r 的人才可以解密，即使加密者自己也是无法解密的。这样，即使加密者被抓住叛变了，整套密码系统仍然是安全的。三是灵活，即可以产生很多的公开密钥 m 和私钥 r 的组合给不同的加密者。

最后让我们看看破解这种密码的难度。首先要声明，世界上没有永远破不了的密码，关键是它能有多长时间的有效期。现今的研究结果表明，要破解公开密钥的加密方式，最好的办法还是对大数字 n 进行因数分解，即通过 n 反过来找到 p 和 q。而找 p 和 q 目前只有用计算机把所有的数字试一遍这种笨办法，实际上是在拼计算机的速度，这也是为什么 p 和 q 都需要非常大的原因。前几年破解的 RSA-158 密码是这样因数分解的：

39505874583265144526419767800614481996020776460304936454139376051579355626529450683609727842468219535093544305870490251995655335710209799226484977949442955603＝3388495837466721394368393204672181522815830368604993048084925840555281177×11658823406671259903148376558383270818131012258146392600439520994131344334162924536139

第五节　社会资源开发与建设

（以“物理原理与技术”为例）

一、核物理基础知识

资源开发构想：

关于“核”问题，包括核武器的原理、地位、作用，核武器在国家关系中的重要影响，以及各大国对核武器的政策和态度等，都是国际关系中涉及的重要问题。

本节内容关注于物理和技术，向学生介绍什么是核武器，它缘何会产生莫大的威力。核物理知识在初中很少涉及，所以本节由核物理基础知识开讲，既能为“国际安全下的科学技术”这门课打基础，又有利于学生今后的物理学习。

由于课堂时间有限，相关内容的讲解不可能面面俱到，但是我们可以利用“社会资源”作为学生们的课外补充材料，提供给学生们阅读。对于那些有兴趣、有余力的学生，通过阅读这些知识，可以大致了解核物理的全貌，有利于他们进一步学习。

（一）核物理学的发展历史

核物理学又称原子核物理学，是20世纪新建立的一个物理学分支。它研究原子核的结构和变化规律，射线束的产生、探测和分析技术，以及同核能、核技术应用有关的物理问题。它是一门既有深刻理论意义，又有重大实践意义的学科。

1. 初期

1896年，贝可勒尔发现了天然放射性，这是人们第一次观察到的核变化，现在通常把这一重大发现看作核物理学的开端。此后的40多年，人们主要从事放射性衰变规律和射线性质的研究，并且利用放射性射线对原子核进行了初步的探讨，这是核物理发展的初期阶段。

在这一时期，人们为了探测各种射线，鉴别其种类并测定其能量，初步运用了一系列探测方法和测量仪器。大多数的探测原理和方法在以后得到了发展和应用，有些基本设备如计数器、电离室等，沿用至今。

探测、记录射线并测定其性质，一直是核物理研究和核技术应用的一个中心环节。放射性衰变研究证明了一种元素可以通过衰变而变成另一种元素，推翻了元素不可改变的观点，确立了衰变规律的统计性。统计性是微观世界物质运动的一个重要特点，同经典力学和电磁学规律有原则上的区别。

放射性元素能发射出能量很大的射线，这为探索原子和原子核提供了一种前所未有的武器。1911 年，卢瑟福等人利用 α 射线轰击各种原子，观测 α 射线所发生的偏折，从而确立了原子的核结构，提出了原子结构的行星模型，这一成就为原子结构的研究奠定了基础。此后不久，人们初步弄清了原子的壳层结构和电子的运动规律，建立和发展了描述微观世界物质运动规律的量子力学。

1919 年，卢瑟福等人又发现用 α 粒子轰击氮核会放出质子，这是首次人工实现的核蜕变（核反应）。此后用射线轰击原子核来引起核反应的方法逐渐成为研究原子核的主要手段。

在初期的核反应研究中，最主要的成果是 1932 年中子的发现和 1934 年人工放射性核素的合成。原子核是由中子和质子组成的，中子不带电荷，不受核电荷的排斥，容易进入原子核而引起核反应。因此，中子核反应成为研究原子核的重要手段。在 20 世纪 30 年代，人们还通过对宇宙线的研究发现了正电子和介子，这些发现是粒子物理学的先河。

20 世纪 20 年代后期，人们已在探讨加速带电粒子的原理。到 30 年代初，静电、直线和回旋等类型的加速器已具雏形，人们在高压倍加器上进行了初步的核反应实验。利用加速器可以获得束流更强、能量更高和种类更多的射线束，从而大大扩展了核反应的研究工作。此后，加速器逐渐成为研究原子核和应用技术的必要设备。

在核物理发展的最初阶段人们就注意到它的可能的应用，并且很快就发现了放射性射线对某些疾病的治疗作用。这是它在当时就受到社会重视的重要原因之一，直到今天，核医学仍然是核技术应用的一个重要领域。

2. 大发展时期

20 世纪 40 年代前后，核物理进入了一个大发展的阶段。1939 年，哈恩和斯特拉斯曼发现了核裂变现象。1942 年，费密建立了第一个链式裂变反应堆，这是人类掌握核能源的开端。

在 20 世纪 30 年代，人们最多只能把质子加速到一百万电子伏特的数量级，而到 70 年代，人们已能把质子加速到 4 千亿电子伏特，并且可以根据工作需要产生各种能散度特别小、准直度特别高或者流强特别大的束流。

20 世纪 40 年代后，粒子探测技术也有了很大的发展。半导体探测器的应用大大提高了测定射线能量的分辨率。核电子学和计算技术的飞速发展从根本上改善了人类获取和处理实验数据的能力，同时也大大扩展了理论计算的范围。所有这一切，拓展了核现象的可观测范围，提高了观测的精度和理论分析的能力，从而大大促进了核物理的研究和核技术的应用。

通过大量的实验和理论研究，人们对原子核的基本结构和变化规律有了较深入的认识，基本弄清了核子（质子和中子的统称）之间相互作用的各种性质，对稳定核素或寿命较长的放射性核素的基态和低激发态的性质也积累了较系统的实验数据，并通过理论分析，建立了各种适用的模型。

通过核反应，已经人工合成了 17 种原子序数大于 92 的超铀元素和上千种新的放射性核素。这种研究进一步表明，元素仅仅是在一定条件下相对稳定的物质结构单位，并不是永恒不变的。

天体物理的研究表明，核反应过程在天体演化中起关键作用，核能就是天体能量的主要来源，人们还初步了解到在天体演化过程中各种原子核的形成和演变。在自然界中，任何元素都有一个发展变化的过程，都处于永恒的变化之中。

通过高能和超高能射线束和原子核的相互作用，人们发现了上百种短寿命的粒子，即重子、介子、轻子和各种共振态粒子。庞大的粒子家族的发现，把人们对物质世界的研究推进到一个新的阶段，建立了一门新的学科——粒子物理学，有时也称为高能物理学。各种高能射线束也是研究原子核的新武器，它们能提供某些用其他方法不能获得的关于核结构的知识。

过去，通过对宏观物体的研究，人们知道物质之间有电磁相互作用和万有引力（引力相互作用）两种长程的相互作用；而通过对原子核的深入研究，人们发现物质之间还存在两种短程的相互作用，即强相互作用和弱相互作用。弱作用下宇称不守恒现象的发现，是对传统的物理学时空观的一次重大突破。研究这四种相互作用的规律和它们之间可能的联系，探索可能存在的新的相互作用，已成为粒子物理学的一个重要课题。毫无疑问，核物理研究还将在这一方面做出新的重要的贡献。

核物理的发展，不断地为核能装置的设计提供日益精确的数据，从而提高了核能利用的效率和经济指标，并为更大规模的核能利用准备了条件。人工制备的各种同位素的应用已遍及理工农医各部门。新的核技术，如核磁共振、穆斯堡尔谱学、晶体的沟道效应和阻塞效应，以及扰动角关联技术等都迅速得到应用。核技术的广泛应用已成为现代化科学技术的标志之一。

3. 完善和提高时期

20 世纪 70 年代，由于粒子物理逐渐成为一门独立的学科，核物理已不再是研究物质结构的最前沿。核能利用方面也不像过去那样迫切，核物理进入了一个力求纵深发展和广泛应用的新阶段。

在现阶段，粒子加速技术已有了新的进展。由于重离子加速技术的发展，人们已能够有效加速从氢到铀所有元素的离子，其能量可达到 10 亿电子伏每核子。这就大大增强了人们变革原子核的手段，使重离子核物理的研究得到全面发展。

随着高能物理的发展，人们已能建造强束流的中高能加速器。这类加速器不仅能提供直接加速的离子流，还可以提供次级粒子束。这些高能粒子流从另一方面扩充了人们研究原子核的手段，使高能核物理成为富有生气的物理研究领域。

从核物理基础研究看，主要目标在两个方面：一是通过核反应现象研究粒子的性质和相互作用，特别是核子间的相互作用；二是对核多体系的运动形态的研究。很明显，核运动形态的研究将在相当长的时期内占据着核物理基础研究的主要部分。

（二）核物理学的广泛应用

核物理研究之所以受到人们的重视并得到社会的大力支持，是和它具有广泛而重要的应用价值密切相关的。目前，几乎没有一个核物理实验室不在从事核技术的应用研究。

核技术应用主要为核能源的开发服务，如提供更精确的核数据和探索更有效地利用核能的途径等。另外，同位素的应用是核技术应用研究中最广泛的领域：同位素示踪已应用于各个科学技术领域；同位素药剂应用于某些疾病的诊断或治疗；同位素仪表在各工业部门用作生产自动线监测或质量控制装置。

加速器及同位素辐射源已应用于工业的辐照加工、食品的保藏和医药的消毒、辐照育种、辐照探伤以及放射医疗等方面。为了研究辐射与物质的相互作用以及辐照技术，已建立了辐射物理、辐射化学等边缘学科以及辐照工艺等技术部门。

由于中子束在物质结构、固体物理及高分子物理等方面的广泛应用，人们建立了专用的高中子通量的反应堆来提供强中子束。中子束也应用于辐照、分析、测井及探矿等方面。中子的生物效应是一个重要的研究方向，快中子治癌已取得一定的效果。

离子束的应用是越来越受到关注的一个核技术部门。大量的小加速器是为了提供离子束而设计的，离子注入技术是研究半导体物理和制备半导体器件的重要手段。离子束已经广泛应用于材料科学和固体物理的研究工作，同时，也是用来进行无损、快速、痕量分析的重要手段，特别是质子微米束，可用来对表面进行扫描分析，其精度是其他方法难以比拟的。

在原子核物理学诞生、壮大和巩固的整个过程中，通过核技术的应用，核物理和其他学科及生产、医疗、军事等部门建立了广泛的联系，得到了有力的支持，核物理基础研究又为核技术的应用不断开辟新的途径。核基础研究和核技术应用的需要，推进了粒子加速技术和核物理实验技术的发展；而这两门技术的新发展，又有力地促进了核物理的基础研究和应用研究。

（三）原子核的结构

原子核，简称“核”，位于原子的核心部分，由质子和中子两种微粒构成。而质子又是由两个上夸克和一个下夸克组成，中子又是由两个下夸克和一个上夸克组成。原子核极小，它的直径在 10^{-15} m～10^{-14} m 之间，体积只占原子体积的几千亿分之一，然而在这极小的原子核里却集中了原子 99.96%以上的质量。原子核的密度极大，核密度约为 10^{14} g/cm^3，即 1 cm^3 的体积如装满原子核，其质量将达到 10^8 t。原子核的能量极大，构成原子核的质子和中子之间存在着巨大的吸引力，能克服质子之间所带正电荷的斥力而结合成原子核，使原子核在化学反应中不发生分裂。当一些原子核发生裂变（原子核分裂为两个或更多的核）或聚变（轻原子核相遇时结合成为重核）时，会释放出巨大的原子核能，即原子能。如核能发电即利用了这一性质，方便了人们的生活。整个原子不显电性，为中性。

（四）衰变和半衰期

1. 衰变

衰变是放射性元素放射出粒子后变成另一种元素的现象，也叫蜕变。不稳定（即具有放射性）的原子核在放射出粒子及能量后可变得较为稳定，这一过程称为衰变。这些粒子或能量（以电磁波方式射出）统称辐射。由不稳定原子核发射出来的辐射可以是 α 粒子、β 粒子、γ 射线或中子。

放射性核素在衰变过程中，该核素的原子核数目会逐渐减少。衰变至只剩下原来质量的一半所需的时间称为该核素的半衰期。每种放射性核素都有其特定的半衰期，由几微秒到几百万年不等。

原子核是一个量子体系，核衰变是原子核自发产生的变化，它是一个量子跃迁的过程，它符合量子统计规律。对任何一个放射性核素，它发生衰变的精确时刻是不能预知的，但作为一个整体，衰变的规律十分明确。衰变不受任何条件的影响，是物质特有的性质。

α 衰变是一种放射性衰变。在此过程中，一个原子核释放一个 α 粒子（由两个中子和两个质子形成的氦原子核），并且转变成一个质量数减少 4、核电荷数减少 2 的新原子核。一个 α 粒子与一个氦原子核等价，两者质量数和核电荷数相同。α 衰变从本质上说，是量子力学隧道效应的一个过程。与 β 衰变不同，它由强相互作用支配。衰变产生的 α 粒子的动能通常为 5 MeV 左右，速度是 30000 km/s，为光速的 1/10。因为它质量相对较大，带两个单位的正电荷，速度相对较慢（针对其他衰变粒子），所以它们容易与其他原子相互作用而失去能量。因此，它们几乎可以被一层几厘米厚的空气完全吸收。

β 衰变也是一种放射性衰变。在此过程中，一个原子核释放一个 β 粒子（电子或者正电子），分为 β^+ 衰变（释放正电子）和 β^- 衰变（释放电子）。β^-

衰变中，弱相互作用把一个中子转变成一个质子、一个电子和一个反电子中微子。其实质是一个下夸克通过释放一个 W^- 玻色子转变成一个上夸克，W^- 玻色子随后衰变成一个电子和一个反电子中微子。β^+ 衰变中，一个质子吸收能量转变成一个中子、一个正电子和一个电子中微子。其实质是一个上夸克通过释放一个 W^+ 玻色子转变成一个下夸克，W^+ 玻色子随后衰变成一个正电子和一个电子中微子。与 β^- 衰变不同，β^+ 衰变不能单独发生，因为它必须吸收能量。在所有 β^+ 衰变能够发生的情况下，通常还伴随有电子捕获反应。

2. 半衰期

在物理学上，一个放射性同位素的半衰期是指在一个样本内其放射性原子衰变至原来数量的一半所需的时间。半衰期越短，代表其原子越不稳定，每个原子发生衰变的机会率也越高。由于一个原子的衰变是自然地发生，即不能预知何时发生，因此要以机会率来表示。每个原子衰变的几率大致相同，做实验的时候，会使用千千万万的原子。

从统计意义上讲，半衰期是指一个时间段 T，在 T 这段时间内，一种元素的不稳定同位素原子发生衰变的概率为 50％。“50％的概率”是一个统计概念，仅对大量重复事件有意义。当原子数量“巨大”时，在 T 时间内，将会有 50％的原子发生衰变，从数量上讲就是有“一半的原子”发生衰变。在下一个 T 时间内，剩下未衰变的原子又会有 50％发生衰变，以此类推。但当原子的个数不再“巨大”时，例如，只剩下 20 个原子还未衰变时，“50％的概率”将不再有意义，这时，经过 T 时间后，发生衰变的原子个数不一定是 10（20×50％）个。

二、核物理在国家安全中的应用

资源开发构想：

承接上一节的用意，在介绍完核物理基础知识后，开始讲核物理的应用。关于原子弹这个人类历史上最伟大也最恐怖的武器，它产生巨大杀伤力的原理和效用是什么？除了用来制造这个可怕的“魔鬼”，核物理也有其他方面的应用——核电站，它是人类新能源的希望，在传统化石能源日渐枯竭的今天，核能发电是取代旧能源的强有力接班人，因而各个国家都在致力于研究效率更高的核电站。

由于课堂的时间有限，对于原子弹和核电站的讲解不可能非常详细，但是我们可以利用“社会资源”作为课下给学生们的补充材料，提供给学生们阅读。对于那些有兴趣、有余力的学生，通过阅读这些知识，能够极大地开阔视野，并提高学习兴趣。

（一）核裂变

核裂变是一个重原子的原子核分裂为两个或更多个较轻原子核、在分裂时产生两到三个自由中子并释放巨大能量的过程。裂变时释放的能量是相当巨大的，1 千克铀-235 的全部核的裂变将产生 20000 兆瓦小时的能量（足以让 20 兆瓦的发电站运转 1000 小时），与燃烧 300 万吨煤释放的能量一样多。

快速的裂变反应可以引起猛烈的爆炸，原子弹就是利用快速裂变制成的。我们还可以控制链式反应的速度，把核能用于和平建设事业。“核反应堆”就是控制裂变反应的装置。

除了裂变外，如果将质量很小的原子核，如氘核（由一个质子和一个中子构成）与氚核（由一个质子和两个中子构成），在超高温下结合成新的原子核，会释放出更大的核能，这就是聚变，也称为热核反应。

我国是核能资源丰富的国家，现已具备了建造核电站的物质和技术基础，已在浙江和广东建设了核电站，分别是浙江秦山核电站和广东大亚湾核电站。核电站的建立给人类解决能源危机带来了希望，在不可再生资源日趋减少之时，适度发展核电是人类的一种选择，核能在许多经济发达国家已成为常规能源。

1 个铀-235 可能发生以下裂变：

$$^{235}_{92}\mathrm{U}+^{1}_{0}\mathrm{n}\rightarrow ^{144}_{56}\mathrm{Ba}+^{89}_{36}\mathrm{Kr}+3^{1}_{0}\mathrm{n}+200\mathrm{MeV}$$

$$^{235}_{92}\mathrm{U}+^{1}_{0}\mathrm{n}\rightarrow ^{139}_{54}\mathrm{Xe}+^{95}_{38}\mathrm{Sr}+2^{1}_{0}\mathrm{n}+200\mathrm{MeV}$$

裂变平均产生 2.4 个中子和 215 兆电子伏特的能量。

裂变释放能量是因为原子核中质量与能量的储存方式与相关元素有关，从最重的元素一直到铁，能量储存效率是连续变化的。所以，重核能够分裂为较轻核（到铁为止）的任何过程在能量关系上都是有利的，只要较重元素的核能够分裂并形成较轻的核，就会有能量释放出来。

不稳定的重核，比如铀-235 的核，可以自发裂变。快速运动的中子撞击不稳定核时，也能触发裂变。由于裂变本身释放分裂的核内中子，所以如果将足够数量的放射性物质（如铀-235）堆在一起，那么一个核的自发裂变将触发近旁两个或更多核的裂变，其中每一个至少又触发另外两个核的裂变，依此类推而发生链式反应。这就是原子弹（实际上是核弹）和用于发电的核反应堆（受控的缓慢裂变）的能量释放过程。

对于核弹，链式反应是失控的裂变引发的爆炸，由每个核的裂变引起临近的几个原子核的裂变。对于核反应堆，反应进行的速率用插入铀（或其他放射性物质）中的可吸收中子的物质（一般用石墨和镉棒）来控制，使得每个核的裂变正好引发另外一个核的裂变。

（二）链式反应与临界体积

链式反应一般是指核物理中，核反应产物之一又引起同类核反应继续发生、并逐代延续进行下去的过程。其发生的条件是，铀块的体积必须大于临界体积。

科学家们为实现核裂变链式反应，使之造福人类，在不断进行探索。现在让我们从理论上分析一下实现链式反应的条件。中子是实现核裂变链式反应的媒介，因此要使一个体系的链式反应能持续地进行下去，就必须使中子的数目不随时间而减少。

我们通常把体系中某一代中子数与上一代中子数之比称为中子增殖系数，用 k 表示。当 $k=1$ 时，体系中的中子数目保持不变，链式反应以恒定的速率持续进行，这种状态称为临界。$k>1$ 时，中子数目将越来越多，链式反应的规模越来越大，这时称为超临界。而 $k<1$ 时则称为次临界，此时中子数目逐渐减少，链式反应规模越来越小，直至最后停息。

天然铀中主要含有铀-235 和铀-238 两种同位素，前者约占 0.72%，而后者约占 99.27%。经研究表明，铀-235 在各种能量的中子作用下，均可能裂变，而铀-238 只有在能量大于 1.1 MeV 的中子轰击下才可能裂变，而且前者的裂变几率大大超过后者。因此，要促成链式反应，实际上只能利用天然铀中含量极少的铀-235。

为简便起见，我们先来考虑一个由纯铀-235 构成的体系。在这一体系内，中子或是被铀-235吸收，引起裂变（小部分不引起裂变），从而使中子数目增加；或是从体系的表面泄漏出去，损失掉。因此，对于这样的体系，只要由裂变增加的中子数不小于泄漏损失的中子数，链式反应即能维持。

我们假定有一个纯铀-235的体系，该体系中原有100个中子，其中49个从体系的表面泄漏出去而损失掉；其余51个被铀-235吸收，而其中又有10个不引起裂变（使铀-235转变成铀-236，就维持链式反应而言，这也是一种损失），只有41个中子引起裂变。按比较精确的数值，每次裂变平均产生2.46个中子。因此一共能放出2.46×41≈100个中子。这样，该体系的中子增殖系数k=1，这就是说，链式反应能持续进行了。

如果泄漏出去的中子数多于49个，必然使k值小于1，链式反应就不能维持。而如果泄漏出去的中子数少于49个，这样k值就大于1，链式反应的规模就越来越大。

我们知道，中子的泄漏与体系的表面积成正比，而中子的产生则与体系中裂变物质的量，即与体系的体积成正比。对于一定形状的体系，当其尺寸（亦即质量）增加时，体积的增加要快于表面积的增加，因而使中子的相对泄漏变小。由此可知，为实现自持链式反应（k=1），需存在一个裂变物质的最小体积（或质量），这就是所谓临界体积（或临界质量）。

显然，临界体积或临界质量与体系的几何形状有关。扁平或细长的形状会使表面积与体积的比值增大，从而增加中子的相对泄漏。以圆柱形体系为例，当其直径小于一定数值时，即使把高度无限加大，也不能使其达到临界状态；同样，当高度小于一定数值时，用加大直径的办法也无法使它达到临界。球形的表面积最小，所以球形体系具有最小的临界质量。

临界质量与体系的物质组成当然有很大的关系。对于由纯铀-235组成的球形体系，临界质量约为50 kg，临界直径约为16.8 cm。有些体系，由于非裂变物质含量太大，非裂变吸收太严重，即使把尺寸放大到无限大，也不能达到临界状态，如纯粹由天然铀组成的体系便属于这种情况。

（三）原子弹的效用及防护

截至苏联解体时，全世界的核武器已达到5万件左右，其梯恩梯当量在130亿吨到160亿吨之间，所有核弹头的爆炸力，大约相当于120万枚广岛原子弹（13500吨梯恩梯）。以全球50亿居民计算，平均每个人都可以摊到3吨左右梯恩梯当量。这些核武器，绝大部分控制在美国和苏联手中，它们的核力量无疑可将地球反复摧毁十几次。美苏之间的核军备竞赛，曾是最危险的全球性问题。因为这种军备竞赛和常规武器的军备竞赛不同，不仅孕育着消灭整个人类乃至消灭地球上一切生物的巨大危险，而且即使不发生这种危险，核军备竞赛如果无限制地发展下去，也将使人类陷入困境：人类为解决生存和其他紧迫问题所必需的人力和物力将被消耗殆尽。核武器竞赛，事实上已经把两个超级大国拖入耗损国力的深渊，苏联的解体，不能不说同其核武器竞赛的沉重拖累有一定关系。

1. “核妖怪”的五大杀伤破坏效应

人们把核武器称为“核妖怪”是很有道理的。“妖”不仅是人的对立物，具有邪恶的本性，而且具有迷惑人的一面。广岛、长崎两颗原子弹的爆炸令人震惊，但当时人们对原子弹破坏力的认识多半只限于冲击波和光辐射，而对于贯穿性辐射（又称早期核辐射）、放射性沾染与核电磁脉冲等三大杀伤破坏效应，一般人都缺乏相关的知识。

1945年广岛和长崎的两颗原子弹，虽未产生太多放射性碎片，但是核沾染所造成的危害让人生畏。广岛事件后，有些人不知道核沾染及其危害，为救护或寻找熟人而闯入被炸地区，结果由于受到第二次放射能的侵害而伤亡。广岛、长崎两颗原子弹分别为1.3万吨级和2.2万吨级。据联合国和日本1986年在北京共同举办的“核战争威胁与核能和平利用展览”介绍，广岛原子弹爆炸时，在一二秒钟内，全市40%的地方变成了焦土，92%的地方不能辨出原来的面貌。一年后，广岛宣布有118661人死于此次轰炸。长崎原子弹眨眼之间毁掉了整个城市的1/3，在这次轰炸中，有7.4万人死亡，7.5万人受重伤，其中，很多人是缘于受到放射性沾染的伤害。然而相对于今天核武器的破坏力，广岛、长崎原子弹都是原始核武器，即其破坏能力都是最低限度的核武器。20世纪50年代的超级原子弹或氢弹，其五大杀伤破坏效应都是原始核武器所无法比拟的。

利用结构简单的防空洞，知道一些初步的防护知识，对初期的核爆炸就能够进行有效的防护。在广岛核爆炸中，有人利用了离爆炸中心较近的防空洞就未被炸死，同样，钢筋混凝土建筑物的地下室也经得起此种破坏。但是，这些建筑物在百万吨级的氢弹面前就不堪一击了。一枚百万吨级的氢弹爆炸后，其冲击波足以把方圆数英里的所有建筑物夷为平地。美国和日本的研究结果一致认为，在距离爆炸中心2英里以内，98%的人会当场死于冲击波，5英里以内的普通房屋将被摧毁并无法修复，10英里以内的所有住宅的门窗都会破碎。核爆炸时形成的核火球，最初温度可达摄氏2000万度，因而离爆炸中心5英里的范围内，在露天处或靠近窗户的人，其皮肤会被严重烧伤。核爆炸的灼热还会产生可怕的后果：房屋的窗帘、家具和其他易燃物都会突然着火；加油站、煤气厂、树林等都会燃烧起来。分散的大火最后将汇成一片火海，一直烧到没有任何东西可烧为止。烈焰腾空的熊熊大火还会引起空气的抽吸作用，导致破坏性极大的飓风出现。这时，风暴温度可达摄氏1000度甚至更高，出现“风暴性大火”，这个温度可以熔化玻璃和某些金属。人遇到这种致命的大火，即使不被烧成灰烬，也难以逃脱窒息致死的厄运。

核爆炸的五大杀伤破坏效应中，对人类最危险的要属核爆炸后四处飘落的放射性尘埃所产生的放射性沾染。当核弹近地爆炸（核战略家们称之为地爆）时，大量的泥土、碎石与炸弹的碎片一起被抛到空中，形成悬浮于地球大气层中的蘑菇状烟云。核爆炸引起的强烈辐射，使抛入空中的泥土、尘埃成为放射性沾染物。在数小时或数天之内，微尘和碎片又会回落到地面上来，将一定剂量的放射物质撒到数百平方英里的范围之内。人们只有凭借很深的钢筋水泥掩体，才能避免放射性尘埃的伤害。放射能对人体的危害，其危险期在最大污染区可达数月甚至更长时间，最小污染区也达两周之久。

2. “核魔鬼”附身的恐怖

核爆炸必然产生锶-90、碳-14、铯-137和其他毒性物质。科学研究已经探明，放射性尘埃的放射性污染将会对人的骨骼、血液和生殖质产生可怕的影响，使人就像迷信传说中的魔鬼附身一样，患上千奇百怪的疾病，最后被慢慢折磨而死。

1954年4月，美国在比基尼环礁岛进行了第一颗热核炸弹爆炸试验。当一个1500万吨级的核装置爆炸时，大片毒云从无人的太平洋上空飘过，“微尘雨”落到了捕金枪鱼的日本渔船“福龙丸”上，结果烧焦了渔民的皮肤，使他们染上了重病。这时全世界才进一步了解到放射性尘埃带来的新恐怖。核爆炸产生的放射性尘埃不只污染了比基尼岛，还污染了马绍尔群岛的四个岛屿，甚至在远离爆炸点数百公里的一些小岛之上，放射性尘埃也无声无息地从天而降，悄悄地"依附"在岛上居民的身上。在这次核试验中，虽然被认定接受放射能危害致死的只有一人，但是试验以后的20年间，因受放射能侵袭引起并发症而致死的，却一个接一个出现。

据调查，19名在1945年核爆炸时已满10岁的朗格拉普岛儿童中，有17名由于放射性污染而出现甲状腺肥大。从1945年至1972年的27年中，美国进行过600次核试验，其中236次在空中，5次在海下。据估算，在大气层进行的核武器试验中，有25万至50万军人和文职专家受到了核辐射。

（四）核电站

核电站是利用核分裂或核融合反应所释放的能量产生电能的发电厂，它以核反应堆来代替火电站的锅炉，以核燃料在核反应堆中发生特殊形式的"燃烧"产生热量，来加热水使之变成蒸汽，蒸汽通过管路进入汽轮机，推动汽轮发电机发电。一般来说，核电站的汽轮发电机及电器设备与普通火电站大同小异，其奥妙主要在于核反应堆。

核电站除了关键设备——核反应堆外，还有许多与之配合的重要设备。以压水堆核电站为例，其设备包括主泵、稳压器、蒸汽发生器、安全壳、汽轮发电机和危急冷却系统等，它们在核电站中有各自的特殊功能。

1. 主泵

如果把反应堆中的冷却剂比作人体血液的话，主泵则是心脏。它的功用是把冷却剂送进反应堆内，使之流过蒸汽发生器，以保证裂变反应产生的热量及时传递出来。

2. 稳压器

又称压力平衡器，是用来控制反应堆系统压力变化的设备。在正常运行时，起保持压力的作用；在发生事故时，提供超压保护。稳压器里设有加热器和喷淋系统，当反应堆里压力过高时，喷洒冷水降压；当反应堆内压力太低时，加热器自动通电加热使水蒸发以增加压力。

3. 蒸汽发生器

蒸汽发生器的作用是把通过反应堆的冷却剂的热量传给二次回路水，并使之变成蒸汽，再通入汽轮发电机的汽缸做功。

4. 安全壳

用来控制和限制放射性物质从反应堆扩散出去，以保护公众免遭放射性物质的伤害。万一发生罕见的反应堆一回路水外逸的失水事故时，安全壳是防止裂变产物释放到周围的最后一道屏障。安全壳一般是内衬钢板的预应力混凝土厚壁容器。

5. 汽轮机

核电站用的汽轮发电机在构造上与常规火电站用的大同小异。所不同的是，由于蒸汽压力和温度都较低，因而同等功率机组的汽轮机体积比常规火电站的大。

6. 危急冷却系统

为了应对核电站一回路主管道破裂的极端失水事故的发生，近代核电站都设有危急冷却系统，它由注射系统和安全壳喷淋系统组成。一旦接到极端失水事故的信号，安全注射系统会向反应堆内注射高压含硼水，喷淋系统则向安全壳喷水和化学药剂，从而缓解事故后果、抑制事故蔓延。

核电站就是利用一座或若干座动力反应堆所产生的热能来发电或发电兼供热的动力设施。反应堆是核电站的关键设备，链式裂变反应就在其中进行。目前世界上核电站常用的反应堆有压水堆、沸水堆、重水堆和改进型气冷堆以及快堆等，其中应用最广泛的是压水反应堆。压水反应堆以普通水作冷却剂和慢化剂，它是从军用堆基础上发展起来的最成熟、最成功的动力堆堆型。

到 2007 年中期，世界上共有 439 座发电用核反应堆在运行，正在建造的发电反应堆有 30 座。目前世界上有 30 多个国家和地区有核电厂发电，核发电量占世界总发电量的 17%，其中有 10 几个国家和地区核电发电量超过总发电量的 1/4，有的国家甚至超过 70%。我国目前已经投运的核电机组有 11 台，总装机容量 910 万千瓦。2008 年，核电占全国电力装机总容量的 1.3%，核电年发电量 683.94 亿千瓦时，占全国总发电量的 2%左右。

三、卫星与反卫星武器

资源开发构想：

对反卫星武器的研究，包括技术的研究和使用策略的研究，是近年来各个国家关注的热点。我们将学生的目光引向广袤的太空——一个平时看不到的战场。什么是卫星？什么是反卫星武器？反卫星武器有哪些种类？它们的杀伤效用是什么？不同的反卫星武器有什么不同的使用策略？这些问题都将一一得到解答。

（一）卫星

卫星是指围绕一颗行星并按闭合轨道做周期性运行的天然天体或人造天体。月球就是典型的天然卫星的例子。

在太阳系里，除水星和金星外，其他行星都有天然卫星。太阳系已知的天然卫星（包括构成行星环的较大的碎块）总数至少有160颗。木星的天然卫星最多，其中63颗已得到确认，至少还有6颗尚待证实。土星的天然卫星次之，目前已知61颗。天然卫星大小不一，彼此差别很大，有的直径只有几千米，如火星的两个小“月亮”，以及木星、土星、天王星外围的一些小卫星；有的甚至比水星还大，如土卫六、木卫三和木卫四，它们的直径都超过5200千米。

随着现代科技的不断发展，人类研制出了各种人造卫星，这些人造卫星和天然卫星一样，也绕着行星（大部分是地球）运转。第一颗被正式送入轨道的人造卫星是苏联1957年发射的人卫1号。如今，已有数千颗人造卫星环绕地球飞行。人造卫星还被发射到环绕金星、火星的轨道上。人造卫星用于科学研究，在近代通讯、天气预报、地球资源探测和军事侦察等方面已成为不可或缺的工具。

自1957年苏联将世界第一颗人造卫星送入环地轨道以来，人类已经向浩瀚的宇宙发射了大量的飞行器。据美国一个名为“关注科学家联盟”的组织所公布的全世界最新卫星数据库显示，目前正在环绕地球飞行的共有795颗各类卫星，而其中一半以上属于美国，其拥有的卫星数量已经超过了其他所有国家拥有数量的总和——达413颗。

（二）人造卫星简介

1. 概述

人造地球卫星，简称“人造卫星”，是用运载火箭发射到高空并使其沿着一定轨道环绕地球运行的宇宙飞行器。卫星的外貌千姿百态，有球形、多面形、圆柱形、棱柱形，还有像哑铃、皇冠、蝴蝶和大鹏等形状的。

人造地球卫星用途广、种类多，有太空“信使”通信卫星、太空“遥感器”地球资源卫星、太空“气象站”气象卫星、太空“向导”导航卫星、太空“间谍”侦察卫星、太空“广播员”广播卫星、太空“测绘员”测地卫星、太空“千里眼”天文卫星等，组成了一个庞大的“卫星世家”。

人造地球卫星具有对地球进行全方位观测的能力，其最大特点是居高临下、俯视面大。一颗运行在赤道上空轨道的卫星可以覆盖地球表面 1.63 亿平方公里的面积，是一架 8000 米高空侦察机所覆盖面积的 5600 多倍。因此，对完成通信、侦察、导航等任务来说，人造卫星具有其他手段无法比拟的优势。

2. 组成

人造卫星一般由专用系统和保障系统组成。专用系统是指与卫星所执行的任务直接有关的系统，也称为有效载荷。应用卫星的专用系统包括通信转发器、遥感器、导航设备等；科学卫星的专用系统是各种空间物理探测、天文探测等仪器；技术试验卫星的专用系统则是各种新原理、新技术、新方案、新仪器设备和新材料的试验设备。保障系统是指保障卫星及专用系统在空间正常工作的系统，也称为服务系统，主要包括结构系统、电源系统、热控制系统、姿态控制和轨道控制系统、无线电测控系统等。对于返回卫星，则还需返回着陆系统。

3. 轨道

人造卫星的运动轨道取决于卫星的任务要求，区分为低轨道、中高轨道、地球同步轨道、地球静止轨道、太阳同步轨道、大椭圆轨道和极轨道。人造卫星绕地球飞行的速度快，低轨道和中高轨道卫星一天可绕地球飞行几圈到十几圈，不受领土、领空和地理条件限制，能迅速与地面进行信息交换（包括地面信息的转发），也可获取地球的大量遥感信息，一张地球资源卫星图片所遥感的面积可达几万平方千米。

在卫星轨道高度达到 35800 千米，并在地球赤道上空与地球自转同一方向飞行时，卫星绕地球旋转周期与地球自转周期完全相同，相对位置保持不变。此卫星在地球上看来是静止地挂在高空，称为地球静止轨道卫星，简称静止卫星。这种卫星可实现与地面站之间的不间断的信息交换，并能大大简化地面站的设备。目前绝大多数通过卫星的电视转播和转发通信是由静止通信卫星来完成的。

4. 分类

这些发射成功的卫星，包括科技实验考察、通信、气象、导航、地球资源、军事侦察、海洋监视、早期预警、数据中继、军用测地等用途的卫星。它们在各自领域大显神通，使人类传统文明和军事技术发生了革命性的变化。

据专家1989年底统计，在已发射成功的各类卫星中，除去军用和科研实验用以外，民用的通信、广播、气象、导航及地球资源卫星共计1093颗，占各国发射总数的27.6%。其中，通信和广播卫星共658颗、气象卫星163颗、导航卫星239颗、地球资源卫星33颗。这些卫星的工作寿命都很有限，大部分为1～2年，最长的不超过10年。按设计寿命统计，目前仍在轨道上工作的应用卫星并不很多，如1983年以前发射的应用卫星已基本上停止工作。目前能经常保持在轨道上正常工作的约为200颗左右，最多时不超过400颗。

5. 价值

人造地球卫星在军事和经济上具有重要价值，因此发展很快、数量也很大。应用卫星按用途分类，有广播、电视、电话使用的通信卫星；有观察天气变化的气象卫星；有对地面物体进行导航定位的导航定位卫星；有地球资源探测卫星；海洋卫星等。按轨道的高低来分类，有36000公里的高轨道地球同步卫星；200～300公里的低轨道卫星（如军事侦察卫星）。

国际通信卫星已发展到第8代，一颗卫星的通信能力可达几万条话路，工作寿命长达10年以上，世界上跨洋通信几乎由通信卫星所替代。现在有代表性的资源卫星有2个：一个是美国的陆地卫星，另一个是法国斯波特卫星。这两种卫星是现今国际上比较先进的地球资源卫星，它们的地面分辨目标能力分别为30米和10米，都有多谱段的遥感能力，具有鉴别地面上任意目标的特别功能。

气象卫星有两种：一种是极地轨道卫星，是通过南北极轨道的卫星，其轨道高度为900公里，可飞经地球的每个地区，能观察到全球的云图变化，这种卫星的分辨率通常为1公里；另一种气象卫星是静止轨道卫星，它悬在赤道上空、固定在某个地区、24小时不停地观察本地区的云图变化。世界上目前发射的4000多颗卫星中，大部分为军事卫星，这里面包括侦察卫星、导弹预警卫星、通信卫星、导航卫星和军事气象卫星。海湾战争中，美国曾动用了 50 颗卫星参加作战。美国的“大鸟”高分辨率侦察卫星有两种功能：一种功能是对地面目标进行拍照，再用回收仓以胶卷的形式送回地面；另一种功能是通过电视将图像直接传输到地面，分辨率很高，约为 1 米。苏联也有类似的系统，与美国的技术水平相当。

（三）反卫星武器

反卫星武器，就是指用于打击、破坏敌卫星的一种空间武器，它可以攻击在轨道上运行的各种卫星，使其报废或暂时失去功能，因而被称为“太空杀手”。反卫星技术几乎是跟卫星技术同步发展起来的。冷战时期，反卫星武器作为美苏战略核威慑的重要组成部分，得到了极大的发展。今天，反卫星武器依然是各国夺取制天权的重要武器装备。

反卫星武器有多种，按照设置场所的不同，可分为地基、机载与天基反卫星武器三种，分别设置在地球（陆地或舰船）、飞机、空间轨道（或航天器）上。按其杀伤手段，可归纳为核导弹反卫星武器、动能反卫星武器、定向能反卫星武器、反卫星卫星等几种类型。

美国反卫星武器历经从简到繁、从低级到高级的发展过程。从苏联发射第一颗人造卫星起，美国陆海空三军先后研制和试验了采用核弹头或动能拦截弹头的共轨式、直接上升式反卫星武器和激光反卫星武器，共进行了 30 多次试验。

20 世纪 50 年代到 70 年代中期，主要以核弹头试验为主。在这一时期，美国的防御重点是解决反弹道导弹问题，因此立足于建立反弹道导弹系统。与此同时，美国也利用已有的反导系统进行反卫星技术途径探索，并进行了相关的反卫星技术试验。

1976 年，美国空军开始发展空中发射的直接上升式动能反卫星武器系统，并在 1985 年进行了首次拦截卫星的飞行试验，成功地拦截了一颗报废的实验卫星。1989 年，美国开始重点发展地基直接上升式动能反卫星武器系统，反卫星导弹的动能杀伤拦截器于 1994 年成功地进行了地面捷联试验，并于 1997 年 8 月进行了首次悬浮飞行试验。1996 年美国开始了一种新型反卫星武器的试验，这种反卫星导弹从地面发射，在导弹与卫星遭遇时，以一张巨大的聚酯板拍打卫星，使卫星内部的仪器失灵，而卫星仍保持完整的外形，从而减少空间碎片。

除动能武器外，美国也在积极发展定向能武器。1997 年 10 月，美国陆军首次使用中红外先进化学激光器在新墨西哥州的白沙导弹试验场进行了摧毁在轨卫星的试验。另外，自 1992 年以来也进行了多次天基激光武器试验，技术上已达到了武器要求的水平。2000 年，美国国防部拨款 1 亿美元试验一种在太空攻击导弹或其他飞行目标的高能激光武器。同时，地基激光反卫星武器也在 2005 年初开始部署，具有对 1500 千米以下的中低轨道卫星进行干扰和毁伤的作战能力。另外，美国从 20 世纪 90 年代后期开始也加紧了对高能微波武器的研制。

据估算，今后 20 年美国对太空武器装备研究的投资将至少达到 1400 亿～1600 亿美元。其中，远期武器计划发展经费约 800 亿～1100 亿美元，近期计划发展经费约为 500 亿～600 亿美元。2002 财年，美国太空武器装备的发展预算超过 50 亿美元，其中地基中段导弹防御系统的经费为 33 亿美元。

当前美国实现反卫星作战的技术途径主要有：核能反卫星、卫星反卫星、动能武器反卫星、定向能武器反卫星和航天飞机反卫星。

1. 核能反卫星

核能反卫星是通过核装置在目标卫星附近爆炸产生强烈的热、核辐射和电磁脉冲等效应，毁坏目标卫星的结构部件与电子设备，从而使其丧失工作能力。由于核能反卫星武器的作用距离远、破坏范围大，在制导精度较差的情况下仍能达到破坏目标的战斗目的，因此被用作最早期的反卫星武器杀伤手段。例如，美国 20 世纪 60 年代研制的第一代“雷神”反卫星导弹就带有核弹头。但由于核能反卫星武器的附加破坏效应大，因此没有继续使用。

2. 卫星反卫星

卫星反卫星武器实际上是一种带有爆破装置的卫星，它在与目标卫星相同的轨道上利用自身携带的雷达红外寻的探测装置跟踪目标，然后靠近目标卫星，在距离目标数十米之内将载有高能炸药的战斗部引爆，产生大量碎片来击毁目标。卫星反卫星作战方式有两种，即共轨攻击和快速上升攻击。共轨攻击就是运载火箭将反卫星卫星射入与目标卫星的轨道平面和轨道高度均相近的轨道上，然后通过机动，逐渐接近目标，一般需要若干圈轨道飞行之后才能完成攻击任务。快速上升攻击就是先把反卫星卫星射入与目标卫星的轨道平面相同而高度较低的轨道，然后机动快速上升去接近并攻击目标，这种方式可在第一圈轨道内就完成拦截目标的任务。

3. 动能武器反卫星

动能武器反卫星是通过高速运动物体来杀伤目标卫星的。动能反卫星武器通常利用火箭推进或电磁力驱动的方式把弹头加速到很高的速度，并通过直接碰撞击毁目标，也可以通过弹头携带的高能爆破装置在目标附近爆炸产生密集的金属碎片或霰弹击毁目标。动能反卫星武器要求高度精确的制导技术，如 F-15 战斗机发射的反卫星导弹就必须直接命中目标。动能反卫星武器可以部署在地面、舰船、飞机甚至航天器上，目前美国正在大力发展这种技术。

4. 定向能武器反卫星

定向能反卫星武器通过从地面、空中或太空平台上发射高能激光、粒子束或大功率微波射束，破坏目标卫星的结构或敏感元件。利用定向能杀伤手段摧毁空间目标具有速度快、攻击空域广的特点，但技术难度较大。美国陆军在激光反卫星武器方面主要是研制自由电子激光器和中红外先进化学激光器。前者输出功率高，能摧毁中高轨道卫星，是激光反卫星武器的首选；后者输出功率有限，且波长较长，主要用于干扰卫星正常工作和研究试验。

5. 航天飞机反卫星

随着科技的进步，载人航天兵器将进入外空间战场，航天飞机和空间站也可以作为反卫星武器。航天飞机能够飞向目标卫星，向其开火或将其抓获。1984 年和 1992 年美国航天飞机在轨道上修理和回收卫星的实践表明，航天飞机既能用来在轨道上捕捉、破坏目标卫星，又能装备反卫星武器。美国准备建立一支配有各种武器的航天机队，作为太空行之有效的作战力量。

由于国际上反对太空军事化的呼声越来越高，美国国防部目前并没有将反卫星武器置于优先发展的地位，但在战区导弹和国家导弹防御系统的发展方面却一直给予了极大的政策和资金扶持。实际上，当前正在发展的导弹防御系统可用作十分有效的反卫星武器。

第六节　网络资源开发与建设

（以“国际安全中的信息技术”为例）

资源开发构想：

在进行“国际安全中的网络安全”校本课程资源设计时，考虑到“网络安全”这一课题的特色，我们选择了网络资源的开发。

首先，网络资源能让学生身临其境，在课堂上实际感受到网络信息的丰富，亦能体会到互联网飞速发展的信息时代特色。其次，本课时的授课教室为带互联网的机房，使学生可以直接接触网络资源，为学生自主探究创造了广阔的空间。最后，本课题的实践操作正是关于互联网的攻击手段及其安全防御，因而需要互联网资源进行实践练习。

一、国际安全中的网络安全

（一）引入

据美联社等媒体报道，美国海军表示，超过 10 万名海军官兵、海军陆战队飞行员及机组人员的个人信息在互联网上遭泄露，其中包括士兵的姓名、社会保险号、服役时间、服役部队、工作照片等。这些信息在互联网上被浏览和下载的次数已超过上万次，才被海军有关部门发现。

这一事件暴露后，海军安全中心指挥官乔治·迈尔准将立即下令，将这些数据从网站上迅速删除。虽然网站删除了这些敏感信息，但已有 1100 多张刻录有这些信息的光盘被寄发出去。这一事件并非互联网泄密给美国军事安全造成重大隐患的唯一案例。又如，美国海军 2.8 万名水手及其家属的姓名、生日和社会安全号码等个人资料出现在一家民用网站上；美国联邦政府 6 部门的电脑系统出现安全漏洞，数百万名政府雇员的个人资料安全受到威胁。对此，美国安全机构已准备向国会递交报告，建议美政府、军方、军工研究机构等部门开展“全民网络安全检查”，以杜绝类似事件的再次发生。

（二）网络安全的历史

传统的通信手段诸如电话等，效率低、灵活性差，设备复杂而价格昂贵，但是安全性高。Internet 是从校园里面发展起来的，初衷是共享而不是安全，因而对设备安全性要求不高。网络浏览器的出现，给互联网带来了一场革命。从此互联网开始迅猛发展起来。同时，网络安全的问题也越来越严重。

黑客（hacker），源于英语动词 hack，意为“劈，砍”，引申为“干了一个非常漂亮的工作”。在早期麻省理工学院的校园俚语中，“黑客”则有“恶作剧”之意，尤指手法巧妙、技术高明的恶作剧。在日本《新黑客词典》中，对黑客的定义是“喜欢探索软件程序奥秘，并从中增长了个人才干的人”。他们不像绝大多数电脑使用者那样只规规矩矩地了解别人指定的狭小部分知识，他们通常具有硬件和软件的高级知识，并有能力通过创新的方法剖析系统。“黑客”能使更多的网络趋于完善和安全，他们以保护网络为目的，而以不正当侵入为手段找出网络漏洞。

另一种入侵者是那些利用网络漏洞破坏网络的人，他们往往做一些重复的工作，如用暴力法破解口令。他们虽然也具备广泛的电脑知识，但与黑客不同的是，他们以破坏为目的，这一群体被称为“骇客”。当然还有一种人兼于黑客与入侵者之间。

（三）黑客的历史及其入侵手段

1. 黑客的历史

一般认为，黑客起源于 20 世纪 50 年代麻省理工学院的实验室中，他们精力充沛，热衷于解决难题。60 年代至 70 年代，“黑客”一词极富褒义，用于指代那些独立思考、奉公守法的计算机迷，他们智力超群，对电脑全身心投入，从事黑客活动意味着对计算机的最大潜力进行智力上的自由探索。正是这些黑客倡导了一场个人计算机革命，创造了现行的计算机开放式体系结构，打破了以往计算机技术只掌握在少数人手里的局面。现在黑客使用的侵入计算机系统的基本技巧，主要有破解口令（password cracking）、开天窗（trapdoor）、走后门（backdoor）、安放特洛伊木马（Trojan horse）等。从事黑客活动的经历，成为后来许多计算机业巨子简历上不可或缺的一部分，苹果公司创始人之一乔布斯就是一个典型的例子。

在20世纪60年代，计算机的使用还远未普及，还没有多少存储重要信息的数据库，也谈不上黑客对数据的非法拷贝等问题。到了八九十年代，计算机越来越重要，大型数据库也越来越多，同时，信息也越来越集中在少数人手里。这样一场新时期的“圈地运动”引起了黑客们的极大反感。黑客认为，信息应共享而不应被少数人所垄断，于是将注意力转移到涉及各种机密的信息数据库上。而今，电脑化空间已私有化，成为个人拥有的财产，社会不能再对黑客行为放任不管，而必须利用法律等手段来进行控制，从而使黑客活动受到了空前的打击。

2. 黑客的主要入侵手段

(1) 获取口令

主要包括三种方法：一是通过网络监听非法得到用户口令，这类方法有一定的局限性，但监听者往往能够获得其所在网段的所有用户账号和口令，对局域网安全威胁巨大；二是在知道用户的账号后（如电子邮件@前面的部分）利用一些专门软件强行破解用户口令，这种方法不受网段限制，但黑客要有足够的耐心和时间；三是在获得一个服务器上的用户口令文件（此文件为Shadow文件）后，用暴力破解程序来获取用户口令，该方法的使用前提是黑客获得口令的Shadow文件。

(2) 放置特洛伊木马程序

特洛伊木马程序可以直接侵入用户的电脑并进行破坏，它常伪装成工具程序或者游戏，诱使用户安装或下载，一旦用户执行了这些程序，它们就会像古特洛伊人在敌人城外留下的藏满士兵的木马一样留在电脑中，并在计算机系统中隐藏一个可以在windows启动时悄悄执行的程序。当用户连接到因特网上时，这个程序就会通知黑客，并报告用户的IP地址以及预先设定的端口。黑客在收到信息后，再利用这个潜伏的程序，任意修改用户计算机的参数设定、复制文件、窥视整个硬盘中的内容等，从而达到控制计算机的目的。

(3) WWW的欺骗技术

用户可以利用IE等浏览器进行各种各样的WEB站点的访问，如阅读新闻组、咨询产品价格、订阅报纸、电子商务等。然而一般的用户不会想到有这些问题存在：正在访问的网页已经被黑客篡改过，网页上的信息是虚假的。例如，黑客将用户要浏览的网页的URL改写为指向黑客自己的服务器，当用户浏览目标网页的时候，实际上是向黑客服务器发出请求，那么黑客就可以达到欺骗的目的了。

（4）电子邮件攻击

电子邮件攻击主要表现为两种方式：一是电子邮件轰炸和电子邮件“滚雪球”，也就是通常所说的邮件炸弹，指的是用伪造的 IP 地址和电子邮件地址向同一信箱发送数以千计、万计甚至无穷多次的内容相同的垃圾邮件，致使受害人邮箱被“炸”，严重者可能会给电子邮件服务器操作系统带来危险，甚而致其瘫痪；二是电子邮件欺骗，攻击者佯称自己为系统管理员（邮件地址和系统管理员完全相同），给用户发送邮件要求用户修改口令（口令可能为指定字符串）或在貌似正常的附件中加载病毒及其他木马程序，只要用户提高警惕，这类欺骗一般不会造成太大危害。

（5）通过一个节点来攻击其他节点

黑客在突破一台主机后，往往会以此主机作为根据地，攻击其他主机，以隐蔽其入侵路径，避免留下蛛丝马迹。他们可以使用网络监听方法，尝试攻破同一网络内的其他主机；也可以通过 IP 欺骗和主机取得信任关系，攻击其他主机。这类攻击很狡猾，但由于某些技术（如 IP 欺骗）很难掌握，因此较少被黑客使用。

（6）网络监听

网络监听是主机的一种工作模式。在这种模式下，主机可以接受到本网段在同一条物理通道上传输的所有信息，而不管这些信息的发送方和接受方是谁。此时，如果两台主机进行通信的信息没有加密，只要使用某些网络监听工具，如 NetXray for windows 95/98/nt、sniffit for linux、solaries 等，就可以轻而易举地截取包括口令和账号在内的信息资料。虽然网络监听具有一定的局限性，但监听者往往能够获得其所在网段的所有用户账号及口令。

（7）寻找系统漏洞

许多系统都存在一定的安全漏洞，其中某些是操作系统或应用软件本身具有的，如 Sendmail 漏洞、win98 中的共享目录密码验证漏洞和 IE5 漏洞等，这些漏洞在补丁未被开发出来之前一般很难防御黑客的破坏，除非将网线拔掉；还有一些漏洞是由于系统管理员配置错误引起的，如在网络文件系统中，将目录和文件以可写的方式调出，将未加 Shadow 的用户密码文件以明码方式存放在某一目录下，这都会给黑客带来可乘之机，应及时加以修正。

（8）利用账号进行攻击

有的黑客会利用操作系统提供的缺省账户和密码进行攻击，例如，许多UNIX主机都有FTP和Guest等缺省账户（其密码和账户同名），有的甚至没有口令。黑客用Unix操作系统提供的命令如Finger和Ruser等收集信息，不断提高自己的攻击能力。只要系统管理员提高警惕，将系统提供的缺省账户关掉或提醒无口令用户增加口令，这类攻击一般都能克服。

（9）偷取特权

利用各种特洛伊木马程序、后门程序或是黑客自己编写的导致缓冲区溢出的程序进行攻击，前者可使黑客非法获得对用户机器的完全控制权，后者可使黑客获得超级用户的权限，从而拥有对整个网络的绝对控制权。这种攻击手段一旦奏效，危害性极大。

（四）思考小结

1. 网络安全包括什么内容？
2. 在使用计算机时如何能有效防止黑客入侵？

二、Google Hacking

（一）引入

2010年1月12日上午7时40分，有网民发现百度首页登陆发生异常情况。上午8时后，在中国内地大部分地区和美国、欧洲等地都无法以任何方式正常登陆百度网站，而百度域名baidu.com的WHOIS传输协议被无故更改，网站的域名被更换至雅虎属下的两个域名服务器，修改时间为2010年1月11日。部分网民更发现网站页面被篡改成黑色背景以及伊朗国旗，同时显示“This site has been hacked by Iranian Cyber Army”（该网站已被伊朗网军入侵）字样以及一段阿拉伯文字，然后跳转至英文雅虎主页，但仍可以利用百度 IP 地址 http：//202.108.22.5/正常登陆。8 时 30 分，网民表示域名已暂恢复至原服务器，但 WHOIS 数据仍然未被恢复；虽然百度方面多次重新修正域名服务器地址，但是之后一段时间内屡次被黑客篡改至“hostgator.com”。9 时 10 分，页面显示变成“This account is suspended”（账户已被暂停）。9 时 15 分，根据网站 IP 分析，原百度网站主页服务器已发生故障，而所显示的伊朗网军图片位于提供离岸主机托管服务的“pink2.warez—host.com”，而该网站数据处理中心位于伊朗、荷兰以及德国。

9 时 40 分，百度表示故障已解决，服务可在短时间内恢复正常。10 时 54 分，百度发出声明，表示故障已基本排除，然而域名服务器仍然多次被黑客篡改。11 时 30 分，北京地区可正常登陆百度主页，二级页面也开始陆续恢复。下午 2 时，百度主页完全恢复正常，各地可正常登陆，但百度空间、百度贴吧等仍未恢复。下午 4 时，百度所有服务基本修复完毕。

这是百度成立以来最严重的服务器故障事件，且此事件造成百度直接损失超过 700 万人民币。

（二）DNS 原理及百度域名解析过程

域名解析就是国际域名或者国内域名以及中文域名等申请后 IP 地址的转换过程。IP 地址是网路上标识站点的数字地址，为了简单好记，采用域名来代替 IP 地址标识站点地址。域名的解析工作由 DNS 服务器完成。

whois 就是一个用来查询域名是否已经被注册，以及注册域名的详细信息（如域名所有人、域名注册商、域名注册日期和过期日期等）的数据库。通过 whois 来实现对域名信息的查询。

ICANN Whois服务对baidu.com的查询结果

- **Registrar: REGISTER.COM, INC.**
- **Whois Server: whois.register.com**
- **Referral URL: http://www.register.com**

Register.com Whois服务对baidu.com的查询结果

- **Registrant:**
  Beijing Baidu Netcom Science and Technology Co.Ltd
- **Administrative Contact:**
  Beijing Baidu Netcom Science and Technology Co.Ltd.
  ...
  Email: shaohui@baidu.com
- **DNS Servers:**
  ns.baidu.com, ns2.baidu.com, ns3.baidu.com

正常情况下 Whois 对 baidu 的查询结果

Domain Name: BAIDU.COM
Registrar: REGISTER.COM, INC.
Whois Server: whois.register.com
Referral URL: http://www.register.com
Name Server: NS2303.HOSTGATOR.COM
Name Server: NS2304.HOSTGATOR.COM
Status: clientTransferProhibited
Updated Date: 11-jan-2010
Creation Date: 11-oct-1999
Expiration Date: 11-oct-2014

被劫持后 whois 对 baidu 的查询结果

（三）Google Hacking

1. 什么是 Google Hacking

Google Hacking 原指利用 Google 搜索引擎搜索信息来进行入侵的技术和行为，现指利用各种搜索引擎搜索信息来进行入侵的技术和行为。

2. Google Hacking 的特点

快速：搜索引擎预先准备了大量处理好的信息以供检索。

准确：搜索引擎做了关联性、重要性等各种过滤处理措施。

隐蔽：搜索、查询都是通过搜索引擎的数据库进行。

智能：搜索引擎自身具备智能特性。

缓存：保留了已经实际不存在的敏感信息。

3. Google Hacking 示例

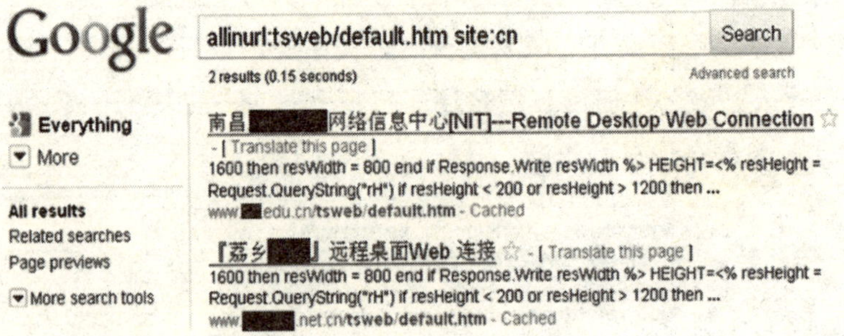

4. Google Hacking 练习

（1）学生任务：尝试找出学生身份证号和信用卡信息。

（2）任务提示：“filetype：xls 身份证号 site：edu. cn”。

“filetype:xls 身份证号 site:edu.cn”

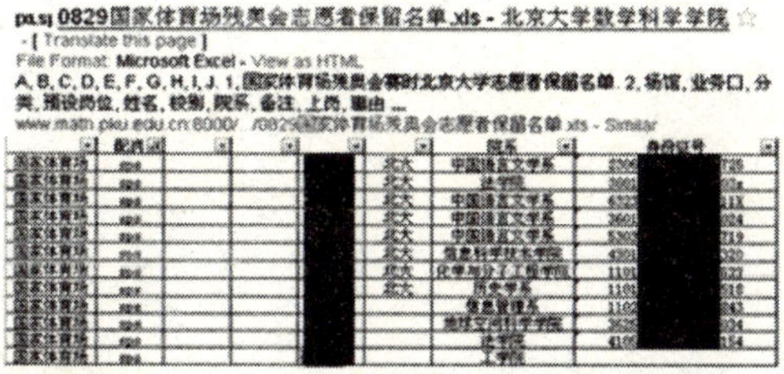

“filetype:xls 信用卡 site:edu.cn”

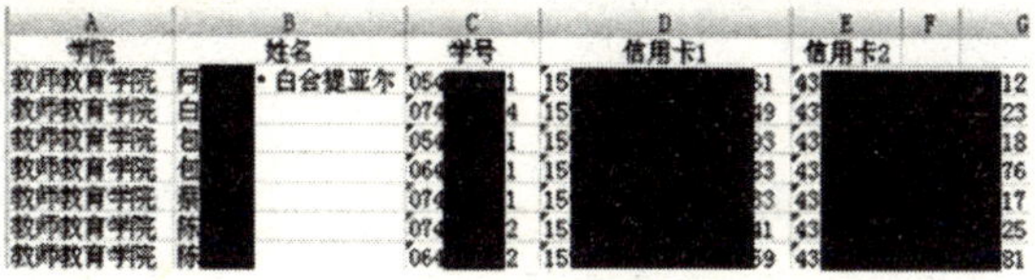

（四）总结引申

1. 利用 Google Hacking 技术追踪自己的身份信息，查看是否已泄露。
2. 思考如何预防各种网络入侵手段。

第五章

课程实践总结、反思与展望

本章主要是对“国际安全下的科学技术”这门课程的实践总结，针对本课程的开设和实施进行反思，并展望清华附中特色校本课程的进一步开发。具体内容涉及本课程在创新人才培养方面取得的成果；对跨学科综合类校本课程实施的建议，包括课程主题的统一性、题材的广泛性、对授课教师的要求以及选课人数的控制等方面；对课程的展望则包括提高课程的综合度、加强课程的实践性和多元化等。

第一节　本课程在创新人才培养方面取得的成果

一、本课程培养了学生的创新意识与创新人格

问题意识是创新人才的重要标志，判断一个学生是否真正在课程中获得了启示也要从他的问题呈现来考察。问题的产生、探究与解决很大程度上取决于学生在课堂中如何训练自己的思维，创新性人才具有的创造思维有助于学生产生问题并参与问题的探讨。本课程的设置正是基于学生的质疑意识，所有的主题探究都有多种角度与途径，教师仅仅提供一个思路，有意留下没有标准答案的问题让学生体会。在讨论问题的过程中，小组合作是最有效的形式之一，通过组内与组外的交流，学生能够逐渐培养起合作、责任、宽容的创新人格。

“新十年的国际安全”课堂上，针对其中谈到的“伊朗与核军控”问题，许多同学提出自己的想法：尽管老师所讲全世界需要严格限制核军事研究、防止核军备竞赛的论断是合理的，但是，那些研究核军事技术的国家的目的是否同一？美国和伊朗的研究出发点是否一样，其态度与处理方式是否相同？伊朗核问题的严峻性与西方国家的威胁有无关系？如果有，解决之道是什么？学生们正是通过发散思维进行联想，扩展了课堂空间，在质疑授课教师的权威的同时进行独立的探究与思考。在接下来的教学过程中，有的同学在教师的指导下阅读《文明的冲突与世界秩序的重建》和《自由四论》，继而将此问题引申到“积极自由”与“消极自由”的讨论。

对“化学与战争”“化学武器”“化学炸药”等问题的讲授与讨论，使学生增强了国家安全意识，初步树立了新时代安全观，由此培养了学生学习化学的兴趣，提高了学生的实验操作能力。最终达到培养学生的创新意识和创新思维、提高学生的创新能力的目的。

学生们通过查找资料了解不同时期的战争中的化学知识，通过讨论理解化学与战争的关系，理解化学炸药的原理和炸药在国家安全中的作用。通过小组讨论的学习形式培养学生评价和质疑信息的能力以及参与竞争合作的能力。通过化学实验的改进和实验设计的创新，培养学生的创新意识、创新思维和创新能力。

对“国家安全中的生物技术”的学习，使学生对现代生物技术如转基因技术、食品中亚硝酸盐含量的测定技术等有所了解，能对生物入侵、食品安全等关乎国家安全的问题进行分析，能尝试从自然、社会、国家、家庭等多角度对某生物技术或现象进行利弊分析，在比较中培养了学生懂科学、讲道理、析利弊、不盲从的品质以及正确作出决策的能力。

在“国际安全中的转基因技术”一节课的教学前，学生对转基因食品的安全问题有了一定的认识，但很多观点都是从网络等媒体中得到的间接想法，对于转基因技术的本质并不清楚，通过对学生课前与课后的访谈调查可知，经过这节课的学习，因为有了科学证据的支持，他们对自己的观点也更坚定。在“转基因技术”本身就存在争议的今天，教会学生判断是非和真伪，比强加观点和态度更有益于培养其逻辑思维能力，也更容易让学生接受。

在“国家安全中的生物入侵”一节课的实验设计中，为了培养学生的创新能力，在小组讨论时只给出讨论题目“根据入侵植物的繁殖特点和危害，如何设计实验证明其超强的繁殖能力?”而不是统一课题，此外结合清华大学等校外资源给出3个可操作的建议活动，这样既有利于培养学生的实验与探究能力，又有利于对其创新思维的培养。

关于“物理原理与技术”一课，通过对科学技术的学习，学生们开阔了视野，并对国际关系的重大问题如“核不扩散条约”“伊朗核问题的解决”“和平利用太空”等有了较为深刻的认识。对于科学技术在国际关系中发挥的重要作用，能充分了解到科学技术是基础，国际关系中政策和策略的制定要依照科学技术的特点和限定。通过相关物理知识的学习以及参观北京正负电子对撞机等，激发了学生学习科学知识的兴趣。

二、清华附中学生参与国际交流

2011年4月26日至5月2日，清华附中高10级学生冀嘉昱、夏元瑾、金笑言代表学校赴美国蒙特雷国际研究生院（MIIS）参加由该院“防核扩散中心”（CNS）举办的国际中学生论坛（Critical Issue Forum）。本次参加论坛的同学都通过附中校本课程“国际安全与科学技术”训练与挑选。

该论坛于1998年创办，主要就“核安全”进行教育与交流。2001年，俄罗斯受邀参加，2011年，中国学校首次受邀，清华附中作为唯一代表参加论坛。本次论坛主题为“Nuclear Energy and Nuclear Weapons in the Middle East”（中东核问题），共有中、美、俄三国的19所中学参加。会议分论文准备与主题演讲两个阶段，经过半年的资料搜集与写作，赴会学生在参加论坛期间得到了难得的学术指导；在主题演讲时，学生的独到见解、答辩风度获得了与会师生的一致好评，附中也获得了论坛授予的“杰出表现”（Award of Excellent）奖。

本次国际中学生论坛（CIF）以核安全为主题，清华附中作为首次应邀的中国学校，学生代表充分展示并进一步锻炼了学习能力、搜集整理信息的能力、分工合作的能力和全面分析问题的能力。同时，以青少年博爱的情怀，对国际社会中的弱势力量表示了同情，并呼吁沟通、强调公平、追求和平。管窥蠡测，足见清华附中创新人才培养的宗旨与成效。

成果汇报严格按照CNS（防核扩散中心）的要求进行，内容涉及核能源的军事和民事应用，核安全以及国际政治、经济、文化、科技、环境对核安全的影响。我校学生代表勇敢地选择了中东地区的核问题这一话题，兼具深度、广度、热度，以及历史、地理、政治、文化、宗教、民族交错的复杂性。以讲座知识为基础，大量阅读相关资料，并加以归纳整理，以客观的态度鉴别取舍，采纳用以支撑观点的数据。

三篇文章分别论述中东地区、核问题和中东地区的核问题，分工恰当，且都坚持实事求是的客观态度。第一篇论文中，学生用联系的观点看问题，综合考虑中东石油能源、国际政治对核问题的影响，大胆假设、理性分析，从国家安全的角度对伊朗表示理解，从大国利益的角度对国际组织的作为表示期待。

第二篇文章全面论述核武器的利弊，既肯定了核武器对一国国际地位的提升作用和对国家安全的保障作用，以及核燃料作为能源的清洁高效，同时也指出由于安全保障措施不到位、核废弃物处理不当等问题造成的巨大风险。对于中东核问题的解决方案，第二篇文章通过横向分析世界各地核扩散形势，颇为尖锐地指出中东地区在国际政治中没有发言权，以及国际社会在对待伊朗和以色列的核武器问题上态度迥异、欠缺公平，进而强调发达国家和已有核武器的国家，尤其是大国的责任。第三篇文章通过纵向的史料分析，提出地区无核化的建议，并指出问题的关键所在是伊朗的让步。

能够从事实出发，独立思考、科学怀疑，全面深入分析并提出创造性建议，正是创新行为的实践和创新思维的体现。提到两伊战争，语带谴责，满怀对逝去生命的痛惜；述及伊朗核问题，略感遗憾，更呼吁阿拉伯世界与国际社会的沟通；结语声明，核能源可用于军事也可用于民事，在对一个国家的行为进行判定时，应公平公正，而非从自身利益出发，草率得出结论。这既是心地宽容的青少年的兼爱，亦是对和平理想的执着，更是一份以天下为己任的责任感。

第二节　对跨学科综合类校本课程实施的建议

一、对课程设置的建议

要想继续推进综合类校本课程建设，改进课程设置非常重要。我们认为以下几方面值得重视：

第一，要有统一的主题。综合类校本课程由于融合了各专门学科的内容，难免会涉及不同的学术背景，这就需要各授课主体明确课程的总体要求与不同学科的侧重点，引导课程参与者也明确参与的目的。正如本课程，并不是仅仅为了探讨国际政治或者科学技术，而是注重科技在国际安全中的作用。对于每一门综合类校本课程，这一理念要在设置课程之前进行强化。

第二，要求授课教师成员稳定。稳定的团队更有利于保持课程的连贯性。

作为各模块的引领者，授课老师本身就必须着眼于创新人才素质的培养，参与课程的所有教师形成创新人才培养问题研究的学习共同体，只有保持这个共同体的稳定，才可能建立良好的沟通机制，从而使整个课程的设置和实施达到事半功倍的效果。

第三，要求授课教师具有探索交叉学科知识的意识与能力。所有参与该课程的教师构成了一个统一的有机体，如承担本课程的老师中，化学教师应该具有史学修养，物理教师也需要人文情怀，政治教师也需要了解核能利用的基本概况，等等。

第四，选课人数控制在 30 人左右为宜。通过实践发现，当选课人数超过 50 人时，课堂很不容易控制，尤其是学生不能在课堂上获得表达的空间，在课下也不能得到教师的专门指导。选课人数过多，还会造成相关活动难以开展，例如，一些具有一定危险性的化学实验，如果人数太多就不能有效保证安全；又如外出访问活动，很多实验室或研究所由于条件限制而不能接待过多访客。

第五，以转变教育思想、更新教育观念为先导，以优化知识结构、重视能力培养为出发点，以实施素质教育、促进学生全面发展为目标，以培养学生创新精神和实践能力为重点，以优化整体课程结构、构建新的知识体系为主线，及时更新教学内容，优化课程体系，进行网络互动平台资源的开发与建设。利用现有的互动的数字式教学平台，丰富教学资源，实现网上实时答疑、网上提交作业、网上答题和自我测评，为学生提供一个立体化的、实用的自主学习环境。

二、对课程开发与实施的建议

第一，活动设计与实施是综合类课程的重要方面。传统课堂以讲授为主，即使教师巧妙设计，学生也只是在进行脑力活动，这远远不能满足年轻人的求知欲望。“国际安全下的科学技术”课程正是考虑到这个方面，力求使授课形式多样化，但经过几年的实践，某些活动的实施仍有一定难度。所以，一定要保证学校的硬件支持，如计算机实验室的开放，化学、生物实验室的相关准备，校外研究所的联系以及交流访问的平台搭建等。

第二，加强对学生的关注与发动。课上只有40分钟的有限时间，若把课堂延伸到学生的课余生活，则有助于其创新思维的培养与训练。课程组织者不仅用心于课堂的设置，还可以指导学生组织相关的读书小组或研讨沙龙。例如，可以分学科实行“导师制”，每一位导师每一学年公布一个研讨主题，有兴趣的同学可以加入这一主题的讨论小组，导师布置阅读书目或者实验项目，学生定期举行任务汇报，并在学年末组织一场关于该课程的学生论坛，每一小组推荐1～2个团队进行本小组的研究成果展示，在交流与思考过程中继续推进该课程。

第三，课程开发还需要对资源的开拓与利用。由学校出面聘请一些知名学者来校作相关报告，组织学生定期参加大学相关主题的讲座报告，还可以组织学生参观相关设施院所等，以使综合类课程更加立体、更加丰富。

第四，在跨学科综合类校本课程内容的开发过程中，选题尤其重要。一门综合课程的核心是题目，选题不仅要考虑到多学科进行综合的核心词，还要考虑到各学科针对该核心词分别进行哪些内容的教学，在教学过程中分别教授哪些创新知识和技能，是否能培养学生的创新思维和创新精神。在我校综合类校本课程“国际安全下的科学技术”的备课过程中，多次进行多学科的集中备课，我们在交流中发现，不同学科的思维方式差异很大，围绕同一关键词的多学科多角度的分析给各科教师的教学设计带来很多灵感。

第五，综合类校本课程的选题可以非常广泛。其特点包括：形式多样性，如集体讨论、小组交流、活动参观等；内外结合性，课上课下各有分工；学生主导性，更加激发学生的创新思维；时效性，如“国际安全下的科学技术”这门课程可利用国际社会热点创设选题；新颖性，关注最新的科技前沿；可变性，即与时俱进，不抱残守缺；深刻性，一旦确定选题，应该广泛寻找相关知识，渗透相关原理。

第六，激发学生兴趣，调动学生学习积极性。比如，老师在讲授“数学密码与国家安全”时，从二战时期的加、解密案例谈起，让学生了解数学在二战中的重要作用。然后着重介绍了几种简单的加、解密方法，并让学生亲身体会如何进行简单的加、解密，学生对这一教学环节尤为感兴趣，亲身体会了如何把一堆看似乱码的密文一步一步转化为明文的乐趣。

第七，联系生活，拓展思路，激发学生的学习潜能。比如，“国际安全中的网络安全”校本课程开设以来，其开放的互联网授课环境，使学生思路得到了极大的拓展，同时，本课题结合身边的互联网环境，既是关于国防知识的重要课题，也跟日常生活紧密相关，在授课过程中强化了学生的网络安全意识，激发了学生的学习潜能。

第三节　课程展望

一、进一步提高课程的综合度

高中新课程改革已有多年，改革不仅体现在课程资源的选择和呈现上，还体现于课程结构的较大改变——每个学科内容有多个学习模块，且学科与学科之间也互相交叉、融合。比如，在高中生物教学中就涉及化学学科的原子、分子、化学键、极性等内容，还涉及能量守恒和转化等物理知识；化学教材也有多处涉及蛋白质等生物组织的鉴定方法及蛋白质的生物学特性等内容。鉴于对基础课程的分析，为培养复合型人才，不仅可以设置跨学科综合类校本课程，还可以在学科教学中进行实践，培养授课教师的跨学科意识，以基础课程与校本课程相结合的方式，持续培养学生的跨学科综合性思维，以期提升学生的创新能力。

此外，综合类校本课程无论对于老师还是对于学生，都是很好的教学平台与提高自身的机会。各专门学科的教师在多年的合作过程中增进了解、加强沟通，形成统一的学习共同体，从而促进复合知识的完善，并使得各自教授的板块更加丰富，学生从任何一个模块的教学中都能获得全景式的思考，并逐步学会从系统全面的角度看待相关问题。

二、加强课程多元化与实践性

如果说目前的课堂还在凸显教师的引领作用的话，那么，随着信息技术的普及和学生学习渠道的越发广阔，学生的自主性也更为重要。作为自主学习的主体，学生们完全可以就一定的主题进行探究与分析，在未来的课程实施过程中，教师应逐渐"退居台下"充当聆听者，要让学生们力争成为讲授者与论辩者。

综合类课程的最大特点即在于综合，其本质就是和而不同。不同特色的教师，不同志趣的学生，不同背景的学科，以及不同角度的问题，在日新月异的国际安全形势变化中，"国际安全下的科学技术"这门课程的设计与实施需要增强理论课程的实践性，这是该课程未来的发展方向。

三、课程实施经验的总结与借鉴

作为跨学科综合类校本课程的典型代表之一，"国际安全下的科学技术"为此类课程的开设积累了一定经验。这里，我们立足于本课程的经验与失误，对此类课程的开设作进一步的展望。

（一）学生思考与感言选录

What is our motivation for joining the CIF project? Firstly, we are all very interested in the international affairs. Nuclear issue is a hot point which has attracted the world's attention for years, and we are not the exception. We have attended a class which mainly focuses on nuclear safety in school. Besides the class, we are keen to do some more researches on this topic, and the CIF project gives us the chance.

Secondly, the project learning of CIF is a new way of learning for us. To some extent, Chinese students are more used to learning from the teacher rather than learning by themselves, but the CIF project makes us to abandon the traditional way of learning and start a new pattern of learning: find the material, write the essay, exchange the ideas, and improve the work. This pattern which is usual in the US is really a great attraction to us.

Thirdly, it can lead us to improve ourselves. To do the project, we need to search materials from many English websites and write it in English. It will be a great challenge but, much more than the difficulties, we can have a deep understanding in nuclear and other hot issues in international politics, as well as improving our English. Also, we will gain more about how to find the resources, how to write the paper and so on during this process.

Fourthly, joining the CIF project is an opportunity to exchange our ideas with students from other nations. Doing the project is a great process itself, and of course we can benefit a lot from the process, but we are also looking forward to the chance of exchanging the idea with foreign students, which is valuable for us to broaden our horizon. We also hope students from other nations can hear our voices, our perspectives of the world.

——清华附中高 1001 班　冀嘉昱

What do we want to achieve in doing the project? On the one hand I join the CIF project dedicated to showing our own perspective on this topic—we should have a gentle, kindly soul to treat everything and everyone on this world and contribute ourselves to achieving world peace, just like the greatest ancient Chinese sages Confucius did. And we also want to let them know our opinion is representative of the Chinese, a nationality with a heart for peace.

On the other hand we want to listen to the various kinds of different opinions from students from the other countries and communicate with them, and actually we did.

——清华附中高 1001 班　夏元瑾

What kind of impact do we think the CIF project will have in our community and our life?

To be honest, I have to express my great appreciation to the CIF project, because it not only gave me such a valuable opportunity to travel abroad for the first time, but also it may change my future, that is, what kind of people I want to be.

As it was the first time for Chinese students to participate in this event, we could hardly learn from others' experience and I wasn't even familiar with the Middle East. But after joining CIF I thought I discovered my future dream to contribute to the world peace in this region. What's more, I've realized something which I've never thought about before. After learning about different perspectives from students from other countries which were totally different from mine, I recognized that all of us shall obtain more opportunities to communicate with each other. We first receive various kinds of different opinions then try to forgive and understand, or we would fall into continuous misunderstanding and conflicts.

——清华附中高 1003 班　金笑言

（二）教师开课感受选录

我开展“国际安全下的生物技术”课程的感受

吴丹丹

在设计本课程之初，我曾在教学内容的选择上犹豫很久。之所以难以下笔，是因为关于国际安全视野中的生物技术，目前热点问题有很多，前沿问题更多。可以说，21 世纪是生物的世纪，不仅是因为生物技术的发展如此迅速、其成果影响如此巨大，更因为我们能感受到生物技术对个人生活、社会关系、国家安全等方面的影响。如果是正面影响则能推动发展，倘若是负面的甚至是危害安全的呢？想到这里，我将本选修课生物部分的课程内容设置为“国际安全中的转基因技术”“国际安全中的生物入侵”“国际安全中的食品安全”三部分。

设置这三个板块的内容，以期使学生在了解生物技术发展的同时，能面对实际问题进行正确的判断，能在生物技术的发展和社会伦理道德规范间作出正确的决策，并建立强烈的社会责任感；在实验方案的探讨、设计和实践过程中，能提高科学探究的基本能力，并作为一个独立的个体提出自己科学合理的见解。

在今后设计本选修课校本课程时，可以提前进行调查以了解学生对有关国家安全的生物技术的兴趣点，使得学生自己也能成为课程的开发者。

我开展“化学与国家安全”课程的感受

陈新福

起初，刚接触这个课题时我很茫然，不知从哪入手，总觉得这个课题太大，不好把握。经过赵鸿雁主任的课题报告介绍，我确定了大致的方向，找了大量的资料，并对资料进行分类、整合。

又经过几次进展通告的会议，我逐步确定了总体定位和课程目标：

1. 培养学生学习化学的兴趣，提高学生的实验操作能力。

2. 培养学生的逻辑思维能力、创新意识和创新能力。

3. 通过“化学与战争”“化学武器”“化学炸药”等问题的讲授与讨论，加强学生的国家安全意识，使之初步树立新时代安全观。

接着我又确定了课时规划及教学目标，根据课程安排，我的课程共有4个课时，具体如下：

“化学与战争”1个课时；“化学炸药”1个课时；“化学武器”1个课时；“化学炸药的有关化学实验”（活动课）1个课时。

进而我又具体确定了三维目标：

[知识与技能] ①了解化学与战争、化学武器、化学炸药。②理解化学武器、化学炸药的原理。③理解化学学科在国家安全中的作用。

[过程与方法] ①培养学生获取信息的能力、评价和质疑信息的能力以及参与竞争合作的能力。②培养学生的逻辑思维能力、创新意识及创新能力。

[情感态度与价值观] ①增强学生的民族自豪感，培养其爱国主义精神。②培养学生学习化学的兴趣、搜集与加工信息的能力、竞争与合作的能力、自我反省与监控的能力。

又经过海淀区教研组支瑶老师的指点，我确定了以下几个创新能力点：通过改进化学实验和创新实验设计，培养学生的创新意识、创新思维和创新能力。通过上网查资料和小组讨论，培养学生获取信息的能力、评价和质疑信息的能力以及参与竞争合作的能力。通过对化学炸药的理解和化学炸药的设计，培养学生的逻辑思维能力和创造性解决问题的能力。

最后，在具体实施时，我感触颇深。本来我打算把我的讲义印好，课堂上发下去，学生先看一会儿，我再讲一下就可以了。可是经过讨论，为达到培养学生能力的目的，我们把课程改为讨论课、网络课、网络讨论课，我也把讲义作为一种课程资源，以电子稿的形式发给学生，再为他们提供一些网站资源，尤其是清华大学的一些校内网资源。然后让学生上网查资料、进行讨论，最后生成知识、形成能力。我给了他们一些知识点标题，来调控他们查资料的方向，给他们一些讨论提纲，调控他们的讨论方向。

希望和改进措施：

1. 给我的课时太少，再增多一些，如8个课时。

2. 再多一些控制学生上网的措施，多一些调控学生讨论方向的措施，以保证学生全身心地投入到课题中去。

3. 随时增添和补充一些新的知识点。

我觉得这门课的积极意义主要在于使学生加强国家安全意识、初步树立新时代安全观，促使学生把知识转化为能力，从而培养其创新意识、创新思维和创新能力。

（三）学生作业与教师评价示例

学生作业：近现代火炸药的起源与发展

高1108班　温心怡

1. 近代火炸药的起源

近代火药起源于1771年，英国的P. 沃尔夫合成了苦味酸。这是一种黄色结晶体，最初是作为黄色染料使用的，这也是黄色火药这一名称的由来。后来，又发现了它的爆炸功能，19世纪被广泛用于军事，用来装填炮弹。它是一种猛炸药。值得注意的是，这种炸药的产生并没有受到所谓“黑火药的影响”，是偶然发现的。后来，在近现代火药的发展过程中，黑火药逐渐被淘汰，黄火药系统一步步地独立发展起来，并最终导致了近代军事的重大变革。

1779年，英国化学家E. 霍华德发明了雷汞，又称雷酸汞。它是一种起爆药，用于配制火帽击发药和针刺药，也用于装填爆破用的雷管。

1807年，苏格兰人发明了用氯酸钾、硫、碳制成的第一种击发药。1838年，T.J. 佩卢兹首先发现棉花浸于硝酸后可爆炸。1845年德国化学家C.F. 舍恩拜因将棉花浸于硝酸和硫酸混合液中，洗掉多余的酸液，发明了硝化纤维。

1846年，意大利化学家A. 索布雷把半份甘油滴入一份硝酸和两份浓硫酸混合液中而首次制得硝化甘油，硝化甘油是一种烈性液体炸药，轻微震动即会剧烈爆炸，危险性大，不宜生产。

1860年，普鲁士军队的少校E. 郐尔茨用硝化纤维制成枪、炮弹的发射药，俗称棉花火药。至此，硝化纤维火药取代了黑火药作为发射药。

瑞典的A.B. 诺贝尔以其活跃的思维，经过50多次试验，终于在1862年完成了一项重要的发明——诺贝尔专利雷管。他先将硝化甘油装在玻璃管里，再把玻璃管放进装满火药的锡管内，再装上导火线。装好后，邀他两个哥哥来到河边，将导火线点燃，投入水中，“轰”的一声，爆炸力果然比黑火药大。这表明他发现了引爆硝化甘油的办法，但是这次爆炸的主体仍是黑火药。为此他继续潜心研究。

1863年，J. 威尔勃兰德发明了梯恩梯（TNT）。梯恩梯的化学成分为三硝基甲苯，这是一种威力很强而又相当安全的炸药，即使被子弹击穿一般也不会燃烧和起爆。它在20世纪初开始广泛用于装填各种弹药和进行爆炸，逐渐取代了苦味酸。

1866年，诺贝尔助手们把刚从工厂拉来的硝化甘油从湖岸往实验船上搬运时，由于运输途中的晃动，一个盒子破漏了，流出来的硝化甘油全部被下面的硅藻土吸入，诺贝尔由此萌生了用硝化甘油来制造炸药的想法。诺贝尔很快配好了一袋渗入了硝化甘油的硅藻土，开始了爆炸实验。他意外地发现，硝化甘油与硅土混合物不仅使炸药威力不减，而且生产、使用和搬运更加安全。经过大量实验，他把硅藻土和硝化甘油二者的比例确定为1∶2，制成了被称为黄色炸药的安全炸药。大量投产后，用户使用时一直未发生过事故。这项有时代意义的重大发明使诺贝尔重新获得了信誉，他的炸药生产工厂迅速蔓延到20多个国家，给诺贝尔带来了巨额的经济财富。他由此发明了“达纳”炸药，并于1867年取得了专利权。1872年，诺贝尔又在硝化甘油中加入硝化纤维，发明了一种树胶样的胶质炸药——胶质达纳炸药，这是世界上第一种双基炸药。

1884年，法国化学家、工程师P. 维埃利发明了无烟火药。无烟火药燃烧后没有残渣，不发或只发少量烟雾，却可使发射的弹丸射程、弹道平直性和射击精度均有较大提高。这一发明具有极重要的意义，促进了连发火器的诞生。因为依靠以前的有烟火药，产生杂质太多，会导致阻塞，无法用于机枪子弹的发射。至此有烟火药被取代，无烟火药成为普遍使用的发射药。

1887年，诺贝尔用硝化甘油代替乙醚和乙醇，也制成了类似的无烟火药。他还将硝酸铵加入达纳炸药，代替部分硝化甘油，制成更加安全而廉价的“特种达纳炸药”，又称“特强黄色火药”。

1899年，德国人亨宁发明了黑索金，它是一种比梯恩梯威力更大的炸药。这是威力仅次于核武器的炸药。

随着无烟火药、双基火药、雷管、TNT等的出现，产生了真正意义上的军事革命，才有了现代意义上的枪炮、火箭、炸弹、导弹。

2. 第一次世界大战前后

为满足战争的需要，火炸药的制造摆脱了陈旧的作坊式生产而成为间歇式的工业生产，产品品种增多，产量有了大幅度提高。

1900年，接触法制造发烟硫酸成功，为工业生产火炸药所需的“硝—硫混酸”提供了原料。

1901年至1906年，硝化甘油的间歇法生产工艺逐渐完善，达到了工业化程度。

1902年，德国人首先用梯恩梯取代苦味酸以装填炮弹，成为第一次世界大战中最主要的炸药。

1906年，鉴定出特屈儿为猛炸药，可作传爆药用。

1920年，G.C. 赫尔茨测定出黑索金为优良的高能炸药。

此外，在第一次世界大战期间，也出现了很多代用炸药作为梯恩梯的补充，用于装填炸弹、迫击炮弹和手榴弹等。

3. 第二次世界大战前后

根据第一次世界大战的经验，军用装备装甲进一步加强，弹药的消耗量进一步增大，火炸药生产也向高能、优质、资源广等方向发展，尤其是生产工艺的变革和混合炸药的开发更是这一时期的突出特点。

1927年，硝化甘油完成了连续化生产线。

1935年，世界上最大的代那迈特炸药工厂在南非建立。

1937年，德国人为了消除大口径火炮使用单基、双基火药引起的身管烧蚀、炮口焰、炮尾焰等问题，曾创制了含硝基胍和硝化二乙二醇的三基火药。

1940年，美国制成了一类复合火药，对大型导弹及航天事业的发展起到了推动作用。

1941年，用醋酐法生产黑索金时，发现其中存在奥克托金，后者的爆炸威力比黑索金更大。

1944年，美国解决了双基火药大型化的铸装问题，使双基火药适用于导弹。1945年中国也成立了双基火药厂。

1947年，美国制出了聚硫橡胶、高氯酸铵、铝粉复合火药等。

50年代相继制出以聚氯乙烯、聚氨酯、聚丁二烯类为可燃剂而以高氯酸铵为氧化剂的一系列复合火药。在浇铸双基火药的基础上，加入了高氯酸铵和铝粉等，又创造了复合双基火药类型，使它具有复合和双基两种火药的优点。同期，中国也发展了这一类火药。在美国还出现了一系列新型混合炸药，除军用黏结炸药外，还有工业用铵油炸药、浆状炸药等。这一时期的火炸药生产已使用了自动、遥控的大规模连续化生产方式。

60年代美国曾制成耐热炸药（如塔柯特和六硝基芪等）、工业用乳化炸药，并成功地爆轰了“燃料—空气”炸药。

中国从研制浆状炸药和制成乳化炸药以来，已形成一个独具特色的、较完整的抗水工业炸药体系。如一种新型的破甲战斗部装药——聚奥黑炸药是以HMX/RDX两种单质炸药为主体炸药的压装高聚物黏结炸药，其主要特点是可以通过改变HMX/RDX的组成比例，得到不同爆炸能量的系列化产品，更为突出的是，合理选择HMX/RDX比例，使PBX装药具有与HMX相近的高爆炸能量，而成本费用却大幅度降低。经过在破甲战斗部的应用试验表明，聚奥黑炸药的装药密度高，破甲威力大，是一种适合装填各类破甲战斗的新型装药。

[参考文献]：

[1] 肖淦．现代化学与火药[J]．火炸药，1983，(1)．

[2] 刘景华．近代枪炮的起源[J]．历史教学，2006，(7)．

[3] 洪有秋．现代工业炸药发展概况[J]．爆炸与冲击，1982，(4)．

陈新福老师的评价：

温心怡同学经过课上的学习和上网查资料以及与同学们进行讨论，写了论文“近现代火炸药的起源与发展”。她主要论述了现代化学炸药的发展历史，又论述了现代火炸药的发展过程。同时也讲述了中国在现代火炸药发展中的贡献。

现代化学炸药的发展历史内容翔实，指出了战争的爆发推动了现代化学炸药的发展，且文采飞扬。

她经过查资料和讨论，提高了搜集与加工信息的能力，同时又培养了主动学习化学的兴趣，理解了化学炸药的原理和炸药在国家安全中的作用，同时又训练了逻辑思维能力。

在将来的学习中，相信这门课程能激发同学们更高的学习热情与更多的思维灵感。相信这门课能帮助同学们拥有更为广阔的国际视野，能培养同学们关注与热爱世界和平的情感。

四、本课程继续改进的要点、措施与展望

1. 课程安排的内容丰富多样，但也会导致每一门课的系统性稍显不足。针对多学科的介入，关键是如何定位学生的位置。而丰富的内容是为了起到对学生活动的指导作用，而不仅仅是知识的传授。

解决建议：以现在的课程安排模式，划分一学年中的小学期，例如，36课时可以分为6个小学期，6课时为1个学期，每个学期集中讨论一个主要议题（如福岛核电站问题），这个主题涉及各个学科的知识，可以由各学科指导老师分别给出学习指导意见，形成学案，要求学生分小组就学案指导方向进行自主探究，形成论文与报告，通过研究、汇报、交流的过程接受各学科教师的指导，从而真正实现学生自主探究能力的提高。

2. 对外交流活动应得到学校更多的支持，只有在不断交流中才能找出自己的不足，从而取长补短、开阔视野。

解决建议：不仅要组织学生参加国际交流，还要创造条件让学生多参加国内交流，如和相关专业背景的大学生、专家学者以及对本课程内容有兴趣的兄弟学校进行交流讨论。以此提高学生的科学素养，培养其人文情怀和爱国主义精神，增强其维护世界和平的信念。

3. 如何将当前社会热点问题与课程设计有机融合，如何更深入地帮助师生转变传统教学方式，也是这门课程需要继续探讨的问题。

解决建议：关注时政热点，提升学生参与理论和政策讨论的兴趣，增强学生的国防科技意识，使其形成政策分析能力。通过各学科综合实践活动，拓展学生的国际视野，增强其合作交流能力，激发学生自主学习的热情，改变自身的传统学习方式。培养学生在课堂内外主动获取信息和分析资料的能力，提高学生的学术研究原创能力。

附录一：

清华附中“基于校本课程进行探究学习与科技创新人才培养的教育模型”简介

在课程建设的探索与实践中，清华附中大胆创新、不断实践，探索课程研究的新思路，并在探索中发现问题、分析问题，在实践中解决问题，形成了具有清华附中特色的科技创新人才培养课程体系——“基于校本课程进行探究学习与科技创新人才培养的教育模型”。

我们的设计思路是：注重实践与创新，以学生个性与能力发展为核心，整体规划各类课程，将课程按人才培养目标和学生发展水平进行划分，形成以四大板块为依托的基础类、拓展类、研究型三级立体化课程体系。如图所示：

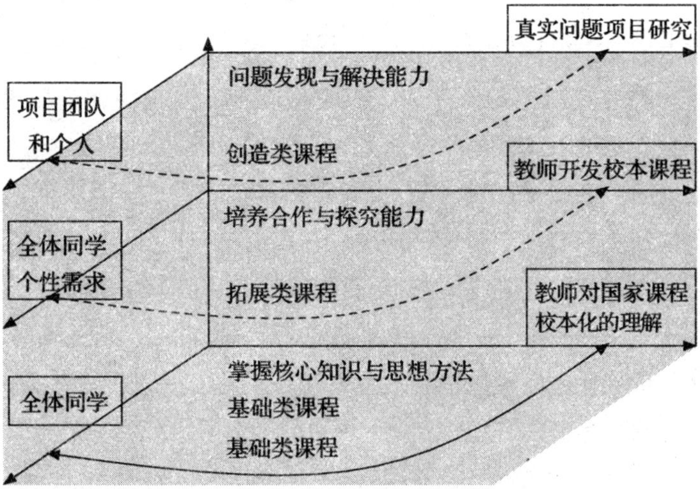

我校将课程结构划分为核心课程类、综合课程类、领导力课程类、学生自创课程类四大板块。如图所示：

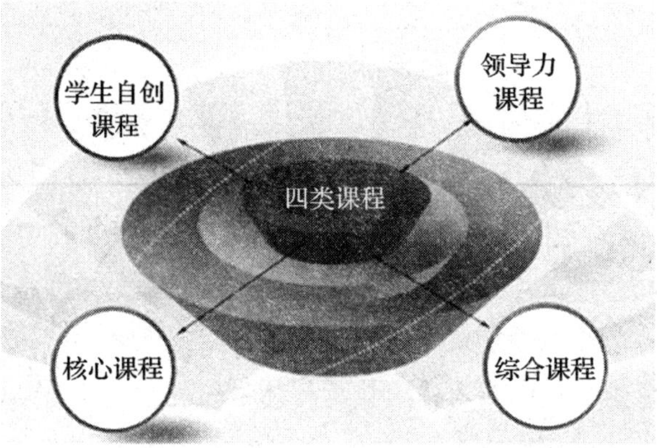

我校课程体系构建的两个创新特色：

第一，把“关注学生的发展”作为构建课程体系的核心和支撑。

关注学生的个性发展，整合国家课程和校本课程，学科课程和德育课程，针对学生的不同性格禀赋、不同兴趣爱好设置课程，在国家八大基础学习领域之上，增设实践与领导力领域、学生自主与创新领域，共组成十大学习领域。

关注学生的能力发展，在课程框架中针对每一板块的课程内容，将课程按功能分为基础类课程、拓展类课程、研究型课程。基础类课程要面向全体学生；拓展类课程要针对课程的个性需求；研究型课程则要面对由学生自主组成的任务型项目团队和专家指导下的科学探究活动。

关注学生在大综合观下的通识培养，在高二年级不做完全的文理分科，除了语文、数学、英语学科外，全年开设国家课程中物理、化学学科的选修内容，在此基础上，提供有利于综合素质提升的跨学科综合课程，力求在全面发展的基础上，培养文理兼通的通识人才。

关注学生的发展方向和认知水准，把国家课程中同一学科的模块内容按学生发展方向进行重组，把同一模块内容根据学生的认知水准进行分层设计。例如，同一模块内容分为 A、B、C 三个层次，以满足不同发展方向及不同类型学生的需求，真正实现国家课程校本化，高标准落实国家课程。

关注学生的实践活动和动手操作，通过与清华大学实验室的对接项目研究，使学生真正走进大学科研实验室，进行动手实践操作，感受项目研究的全过程，为学生走向科研、走向社会奠定基础。

第二，开设有利于学生实践探究、自主创新的学生自创类课程。

专门为学生设计了学生自创类课程板块，把为学生搭建动手实践操作、成果交流、探索研究的平台作为课程设计的关键。通过学生自创类课程中的自主讲座课程和自主活动课程两项内容，搭建完全属于学生的课程平台。

模块教学时间和课时安排方面，严格遵守北京市及海淀区关于课程设置的规定，在开足开好国家课程和地方课程的前提下，把学校课程中的国家课程和校本课程进行合理搭配，把国家课程中必修课程和选修课程进行重新整合，创设丰富多样的课程，为有兴趣或学有余力的同学提供更加广阔的学习空间。

为了更好地突出学校课程建设的设计思路，将十大学习领域按人才培养需求划分为四大板块：核心类课程板块、综合类课程板块、领导力课程板块、学生自创类课程板块。“综合类课程板块”在本书第一章已作专门介绍，这里重点介绍其他三大板块。

第一板块：核心类课程板块

核心类课程板块包括国家课程和校本课程。对于国家课程部分，学校利用每天的前六节课，全面落实必修课程，为学生全面发展打好基础。在全面完成必修模块的教学内容的基础上，依据学校的特色和学生的认知水平，适当调整部分模块的内容顺序，适当强化科学与社会生产实践的联系，加强科学素养和创新素养的渗透。

学校在高一、高二年级政治、历史、地理、物理、化学、生物等学科必修课程的开设上，设计出不同的排课方式供学生自主选择，高二年级不做完全的文理分科，利用下午两个课时，全年开设国家课程中物理、化学、生物、历史、地理、政治学科的选修内容。在全面落实国家必修课程标准的前提下，每个模块分基础类课程、拓展类课程、研究型课程三个层次，每层次分选修类与活动类两种。有 A、B、C 三种组合方案供学生选择：A 组合方案，面向各方面均衡发展、需要全方位提升能力且学有余力的学生；B 组合方案面向理科较有优势、今后向理工方向发展的学生；C 组合方案面向文科方面具有优势、今后向人文社科类方向发展的学生。

在全面完成必修模块的教学内容的基础上，针对学校开设的校本课程也为学生提供 A 基础类课程、B 拓展类课程、C 研究型课程三个层次的校本课程内容。这种方案设计大大增加了学生选择学习科目、学习方式、学习程度的灵活性。

第二板块：领导力课程板块

领导力课程由综合实践课程和德育校本课程构成，着重于对学生的领袖意识的培养，包括面向全体学生的基础类课程、满足同学个性需求的拓展类课程和针对项目团队与个人的研究创造类课程三个层级。

1. 基础类课程：主要是综合社会实践课程，包括生涯规划课程、军训课程、综合素质提升课程、入境教育课程、主题教育系列课程等。

2. 拓展类课程：主要是校本化课程，包括领袖训练营课程、模拟联合国课程、JA 经济学课程、学生党校课程等。

3. 研究型课程：主要是项目研究课程。学校提供重大活动的策划、组织、实施和总结机会，以供完成前两个层级的学生选学。完成项目后学生提交项目管理作业，要求学生把自己经历过的项目作为课程研究对象进行分析。

第三板块：学生自创类课程板块

学生自创类课程板块完全是由学生自主开发申报，在教务部门统一审批、规范管理下，为学生搭建动手实践、探索研究、成果交流的平台。该板块包括学生自主讲座课程和自主活动课程两类，目前比较成熟的学生自创类课程有"The art of comedy""从日本动漫看日本文化""硬笔书法基础与中国书法史""早期希腊"等 20 种课程。对这类课程，学校将严格审批，并深入挖掘、逐步扩展课程内容。

附录二：

创新观点与国际交流

（一）

美国蒙特雷国际研究生院（MIIS）自1998年开始创办“防核扩散中心”（CNS），举办国际中学生论坛（Critical Issue Forum）。从2001年开始，俄罗斯受邀参加；2011年4月，中国学校首次受邀，清华附中作为中国学校唯一代表参加论坛。

本次学生国际交流材料（节选）由我校高一年级学生撰写，并于2011年4月在上述“国际中学生论坛”活动中宣讲讨论。

Students from Tsinghua High School
present Iran and Israel as a case study
（从左往右依次是：冀嘉昱、夏元瑾、金笑言）

A student from Tsinghua High School raises a question
（夏元瑾在论坛上）

Nuclear Energy and Nuclear Weapons in the Middle East (Excerpts)

Participants: Xia Yuanjin, Jin Xiaoyan, Ji Jiayu

Coordinators: Qiu Lei, Duan Jiayi

Benchmark I: Background

As a new source of energy for the new century, undoubtedly, nuclear energy has its own advantages. Environmental protection and high efficiency make it better than oil and coal fuel. But the power of nuclear energy can be applied in many fields. Particularly, the nuclear energy has a dual use: civil and military.

Among the countries with nuclear weapons, America and Russia are in the lead. The two countries own more nuclear weapons than the sum of all other countries. So we believe that the two countries should hold the largest responsibility to prevent further spread of nuclear weapons to high risk areas like the Middle East. But at the same time, they still have many nuclear centers in Europe.

Why do many countries want to develop nuclear weapons? The reason is very simple. Nuclear weapons have both military and political advantages. As a kind of weapon, it uses a simple principle to gain the maximum energy. For political reasons, nuclear weapons provide a higher status and a stronger voice on the world stage. First, it means international power. Second, nuclear weapons offer powerful bargaining chips. Third, nuclear weapons represent a form of pride and nationalism. No matter if nuclear weapons are necessary, people do believe they provide a guarantee of security.

We have to admit nuclear energy was not initially developed along a civilian path. But we should realize that nuclear energy should be developed more in the civilian rather than military context. Nuclear energy has a wide application such as to using radio technology to produce seeds and to powering nuclear power plants. Nuclear power plants can be found almost everywhere in the world. Since nuclear power appeared in the mid—1950s, it has made rapid progress. 33 countries and regions have nuclear power, providing a total of 17% of the world's energy.

However, nuclear power stations cannot afford to make mistakes. The tragic accident that occurred at the Chernobyl plant is a case in point. To dismantle a nuclear power station takes several times or even ten times as much as the cost of building it. Moreover, very few people know about the difficulties of handling nuclear waste, which leads to the indifferent attitude of the public to nuclear arms.

Benchmark II: Background

Although developed countries possess ripe nuclear technology and have strategies dealing with different kinds of nuclear accidents, anti—nuclear activities and the divergence of views of government politics make the development of nuclear construction come to a bottleneck.

On the other hand, situations in newly developing countries seem to be kind of different. With the development of trade and industry, the increasing need of energy sources makes those countries eager to seek for new forms of energy. In addition, public opinions in developing countries concern more about the pollution from chemical industry, coal and petrol. As their nuclear reactors are new and many under construction, they have seldom suffered from accidents like a nuclear leak.

In conclusion, newly developing countries are in a golden time to develop nuclear energy, while developed countries will keep playing an important role in the global nuclear trade, exporting nuclear technology.

Benchmark III: Nonproliferation Efforts in the Middle East

As we showed in BM1 and BM2, the development of nuclear technology in the Middle East has increased rapidly in recent years. It is clear that there are two forces which set back the nuclear weapons free zone. First, Israel never officially agrees to establish a nuclear weapons free zone. Its fuzzy attitude lays pressure on the international society. Israel is the only country with nuclear weapons. Without the cooperation of Israel, the hope of a nuclear weapons free zone seems to be very dim. And there are still some other countries that are doing research on the nuclear energy and many countries are interested in nuclear development. For example, though Iran has claimed time after time that they would not work on nuclear weapons and that they agree to establish a nuclear weapons free zone in the Middle East, it is the most dangerous country in this region.

If Iran gives in, stops the uranium enrichment, and restarts international negotiations, and at the same time, the US and other EU countries permit Iran to use nuclear energy peacefully and release part of the limits, Iran will achieve peaceful use of nuclear energy. Also, other countries that need nuclear energy in the Middle East can move a small step forward.

…All in all, developing nuclear weapons does improve the countries' military strength, and it could be the ambition of nations in an unstable region like the Middle East. There are some countries that develop nuclear energy for military use, but there are also many countries that develop their nuclear program for resources. Most of the time, nuclear power is something dangerous, to be prohibited, but in the changing world, we also need to gain a deep understanding before rushing to a conclusion. We hope for proper use of nuclear energy and long-lasing world peace.

（二）

2011 年日本 Fukushima 事件之后，联合国秘书长潘基文呼吁国际社会关注核安全，由此各国对核能源的态度更加慎重。2011 年 12 月，国际中学生论坛以此为契机，展开关于核安全的讨论与学习。与会学生需要对核安全的现状、挑战与未来有所把握，在充分调查的基础上发表个人见解，最终成文。论坛所涉及的知识包括辐射形式、核能源循环、核电站建设、核能源的军事和民事应用、核安全的定义以及国际政治、经济、文化、科技、环境对核安全的影响等。与会学生以校为单位进行分组合作学习，学习成果向防核扩散中心（CNS）汇报。

2011年国际中学生论坛（CIF）——主题“核安全”

第一讲　核能源概览

主要内容包括：核裂变的过程、设备，核能源的优势，国际社会对核能源的应用以及生活中的辐射等。

第二讲　“核复兴”的可能性与威胁性

Pomper主要从事防止核扩散研究，他介绍了当前国际社会的核军备扩张、核扩散的预防措施，并强调政府的关键作用。

第三讲　核安全：防止核扩散和核武器扩张

内容包括：核能源对人类的潜在威胁、历史上重大的核泄漏事故、核武器扩张对国际安全的威胁、国际社会保障核安全的措施和协议等。

第四讲　预防核恐怖主义

主要内容涉及核恐怖主义的现实可能性和具体事例。

第五讲　CIF与核安全

简单介绍核能源的特殊性、历史上重大核泄漏事故并提出供与会学生思考的问题。

第六讲　核废弃物处理

介绍核废弃物的产生、处理原因和处理方式。

第七讲　管理：国际社会对核安全的治理

主要介绍国际核安全组织、国际峰会及其面临的资金紧缺、政治压力问题。

第八讲　东亚地区的核安全

以日本、韩国、中国和东南亚新兴核国家为例，介绍了东亚地区的核能源利用、核武器发展、核安全措施等。

认真的与会者

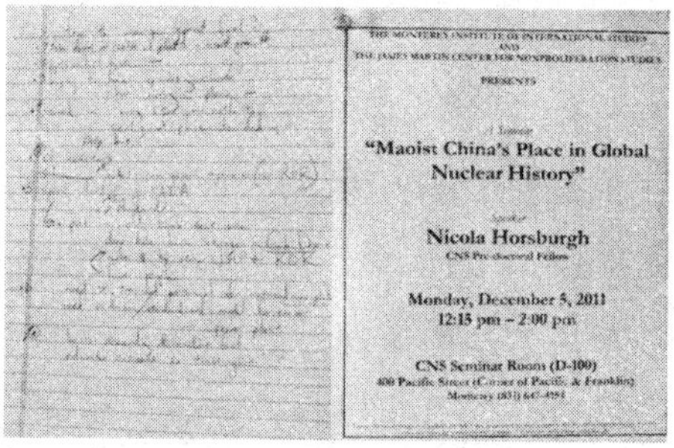

参会人员的笔记和讲座海报